한 권으로 끝내는
필수 한국사

 **머리말**

　오천 년을 이어 온 자랑스러운 우리 역사를 어린이 여러분에게 쉽고 재미있게 전하기 위해 오랫동안 노력해 왔습니다.

　저를 비롯한 여러 작가의 즐거운 수고로 여러분이 읽고 배울 만한 역사책이 우리 주변에 참으로 많아졌지만, 여전히 역사를 지루해하거나 낯설어하고 또 어려워하는 친구들이 많은 것 같습니다. 그래서 여러분이 보다 쉽고 흥미롭게 받아들일 수 있는 역사 이야기를 쓰기 위해 지금도 여러 가지 궁리와 연구를 거듭하고 있지요.

　'우리 역사의 뼈대를 이루는 주요 사건들을 시대별로 재미있게 정리한 딱 한 권의 역사책. 역사의 흐름을 한눈에 훑어보는 동시에 전체를 훤히 꿰뚫어 볼 수 있는 역사책. 흥미진진하게 펼쳐지는 역사적 사건들을 한숨에 읽으며 이해해 나갈 수 있는 역사책. 역사적인 사건을 단 몇 줄의 문장, 몇 개의 핵심 키워드를 통해 연상하고 기억하게 해 주는 역사책. 그런 책을 펴내면 참 좋을 텐데⋯.'

　이러한 고민 끝에 편집자와 그림 작가를 포함한 여러 분들과 뜻을 모으고 힘을 합쳐 《한 권으로 끝내는 필수 한국사》라는 결실을 맺기에 이르렀습니다. 이 책은 다음과 같은 구성과 특징을 지니고 있습니다.

　첫째, 시대별 제목에서 역사의 중심이 되는 사

건을 알 수 있습니다.

둘째, 하나의 사건을 길지 않게 풀어냄으로써 한눈에 보고 한숨에 읽을 수 있습니다.

셋째, 본문 맨 앞에 실어 둔 짤막한 요약 글로 역사의 흐름과 사건의 전개를 미리 맛보고 짐작할 수 있습니다.

넷째, 역사적 인물들이 나누는 간단한 대화를 통해 다음에 이어질 사건에 대한 궁금증과 흥미를 느낄 수 있습니다.

다섯째, 주요 사건이나 인물 등 역사 키워드를 진한 글씨로 나타내어 보다 편하게 지식을 쌓을 수 있습니다.

여섯째, 역사적 사건과 관련된 본문 삽화와 사진을 통해 상상력과 집중력을 높일 수 있습니다.

이 책이 부디 어린이 여러분의 한국사 여행에 좋은 친구가 될 수 있기를 바랍니다.

지 호 진

차례

1. 선사 시대

① 역사 이전의 시대, 선사 시대 _ 016
② 구석기 시대의 대표 도구, 주먹 도끼 _ 019
③ 동굴에 살면서 불을 사용하다 _ 022
④ 흥수아이는 슬기사람 _ 024
⑤ 신석기 시대의 농경과 목축, 정착 생활 _ 026
⑥ 신석기 시대의 대표 그릇, 빗살무늬 토기 _ 029
⑦ 신석기 시대 사람들, 씨족 사회를 이루다 _ 032
⑧ 청동으로 특별한 물건을 만든 청동기 시대 _ 034
⑨ 청동기 시대 사람들, 벼농사를 짓다 _ 036
⑩ 고인돌과 계급 사회 _ 039

2. 고조선과 그 후의 나라들

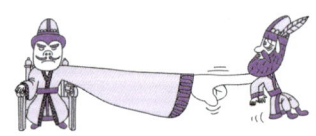

① 단군 조선은 신화? 역사! _ 044
② 단군 조선의 청동기 문화와 8조법금 _ 046
③ 비파형동검에서 세형동검으로 _ 048
④ 고조선과 연나라와의 전쟁 _ 050
⑤ 쫓겨나는 준왕, 새 임금이 된 위만 _ 052
⑥ 한나라, 왕검성을 침략하다 _ 055

- ❼ 연맹 왕국 부여의 사출도 _ 058
- ❽ 고구려 초기, 5부족 연맹으로 다스리다 _ 060
- ❾ 고구려와 다른 옥저의 민며느리 풍속 _ 062
- ❿ 한반도 동해안에 위치한 나라, 동예 _ 064
- ⓫ 한반도 중남부 지역의 세 나라, 삼한 _ 066

3. 삼국 시대

- ❶ 알에서 태어난 삼국 시대 시조 임금들 _ 070
- ❷ 졸본에 고구려를 세운 주몽 _ 073
- ❸ 비류의 미추홀, 온조의 위례성 _ 076
- ❹ 국내성으로 도읍지를 옮긴 고구려 _ 079
- ❺ 을파소 등용, 진대법 실시 _ 082
- ❻ 신라의 통치자, 차차웅·이사금·마립간 _ 084
- ❼ 낙동강 주변 여섯 나라가 모인 가야 _ 086
- ❽ 6좌평 16관등·공복 제도 실시, 고이왕 _ 089
- ❾ 낙랑군을 정벌한 소금 장수 출신 미천왕 _ 092
- ❿ 백제의 전성기를 이끈 근초고왕 _ 094
- ⓫ 삼국의 불교 수입 _ 096
- ⓬ 최고의 정복왕, 광개토 대왕 _ 099
- ⓭ 평양성으로 도읍지를 옮긴 장수왕 _ 102
- ⓮ 신라와 백제가 맺은 약속, 나제 동맹 _ 104
- ⓯ 도읍지를 웅진으로 옮긴 백제 _ 106

⑯ 백제를 다시 강한 나라로 만든 무령왕 _ 109
⑰ 신라의 이름을 정한 지증왕 _ 112
⑱ 우산국을 정벌한 신라 장군 이사부 _ 114
⑲ 율령을 반포하고 공복을 제정한 법흥왕 _ 116
⑳ 금관가야를 통합한 신라 _ 118
㉑ 도읍지를 사비로 옮긴 백제 _ 120
㉒ 신라의 화랑 제도와 화백 제도 _ 123
㉓ 서동요의 주인공, 무왕 _ 126
㉔ 진흥왕과 순수비 _ 128
㉕ 수나라, 고구려를 침략하다 _ 130
㉖ 을지문덕과 살수 대첩 _ 132
㉗ 신라의 신분 제도, 골품제 _ 134
㉘ 삼국 통일의 터를 닦은 선덕 여왕 _ 136
㉙ 화랑 출신 김유신과 진골 출신 김춘추 _ 138
㉚ 대막리지에 오른 연개소문 _ 140
㉛ 안시성에서 당나라군을 물리친 양만춘 _ 142
㉜ 황산벌 싸움과 계백 장군 _ 144
㉝ 백제와 고구려의 멸망 _ 146

4. 남북국 시대

① 신라와 당나라의 전쟁, 나당 전쟁 _ 150
② 대왕암과 문무왕 _ 152

③ 발해를 세운 고구려 유민, 대조영 _ 154

④ 독서삼품과를 설치한 원성왕 _ 157

⑤ 해동성국으로 불린 발해 _ 160

⑥ 청해진을 설치한 장보고 _ 163

⑦ '임금님 귀는 당나귀 귀'의 주인공, 경문왕 _ 166

⑧ 진성 여왕과 최치원의 시무 10조 _ 168

⑨ 후고구려를 세운 궁예 _ 170

⑩ 후백제를 세운 견훤 _ 173

⑪ 발해의 정혜 공주·정효 공주 무덤 _ 176

⑫ 궁예를 몰아내고 고려를 세운 왕건 _ 178

⑬ 포석정과 신라 경애왕의 죽음 _ 180

⑭ 공산 전투와 고창 전투 _ 182

⑮ 고려, 후삼국을 통일하다 _ 184

5. 고려 시대

① 호족 정책과 북진 정책 _ 188

② 왕건의 유언, 훈요십조 _ 191

③ 과거 제도를 실시한 광종 _ 194

④ 12목·국자감·상평창과 성종 _ 197

⑤ 요나라 장수와 외교 담판을 벌인 서희 _ 200

⑥ 귀주 대첩과 강감찬 _ 202

⑦ 고려의 국제 무역과 벽란도 _ 205

⑧ 별무반 설치와 윤관의 여진족 정벌 _ 208

⑨ 이자겸과 묘청의 난 _ 210

⑩ 정중부의 난과 무신 정권 _ 213

⑪ 무신들의 권력 행사, 중방·도방·교정도감 _ 216

⑫ 몽골군, 고려를 침략하다 _ 218

⑬ 처인성 전투와 삼별초 항쟁 _ 220

⑭ 공민왕의 반원·자주 정책 _ 222

⑮ 신돈을 앞세워 개혁 정치를 펼친 공민왕 _ 224

⑯ 신흥 무인 세력의 등장, 최영과 이성계 _ 226

⑰ 신진 사대부로 떠오른 정몽주와 정도전 _ 228

⑱ 최영의 요동 정벌, 이성계의 위화도 회군 _ 231

⑲ 최영과 정몽주의 죽음, 고려의 멸망 _ 234

6. 조선 시대

① 나라 이름을 조선으로 정하다 _ 238

② 도읍지를 한양으로 옮기다 _ 240

③ 사대교린·숭유억불·농본민생 _ 242

④ 종묘와 사직을 보호하소서! _ 244

⑤ 정도전의 신권과 이방원의 왕권 _ 246

⑥ 왕자의 난 _ 248

⑦ 조선의 기틀을 다진 태종 _ 251

⑧ 궁중에 집현전을 설치한 세종 대왕 _ 254

- ⑨ 훈민정음은 백성을 가르치는 소리글자 _ 256
- ⑩ 세종 대왕의 업적들 _ 258
- ⑪ 계유정난을 일으켜 왕이 된 세조 _ 261
- ⑫ 조선의 최고 법전, 《경국대전》 _ 264
- ⑬ 연산군과 흥청망청 _ 266
- ⑭ 성리학을 발전시킨 이황 _ 268
- ⑮ 정치가이자 학자로 이름을 떨친 이이 _ 270
- ⑯ 사림파와 붕당 정치 _ 272
- ⑰ 일본, 임진왜란을 일으키다 _ 275
- ⑱ 임진왜란의 3대첩 _ 278
- ⑲ 바다를 지켜 나라를 구한 영웅, 이순신 _ 280
- ⑳ 광해군과 실리 외교 _ 283
- ㉑ 인조반정과 정묘호란 _ 286
- ㉒ 병자호란과 남한산성 _ 288
- ㉓ 효종이 펼치고자 한 북벌 정책 _ 290
- ㉔ 공납을 쌀로 대신한 대동법 _ 293
- ㉕ 숙종과 정치판이 뒤바뀐 환국 _ 296
- ㉖ 상평통보로 통하는 세상 _ 298
- ㉗ 영조와 탕평책 _ 300
- ㉘ 군역을 옷감으로, 균역법 _ 302
- ㉙ 독서왕 정조와 왕실 도서관 규장각 _ 304
- ㉚ 화성으로 행차한 정조 _ 307
- ㉛ 조선 후기의 실학자들 _ 310
- ㉜ 외척들의 세도 정치 _ 312

㉝ 고종 대신 권력을 휘두른 흥선 대원군 _ 314
㉞ 프랑스의 병인양요, 미국의 신미양요 _ 316
㉟ 조선의 개방과 신사 유람단 _ 318
㊱ 임오군란과 갑신정변 _ 321
㊲ 전봉준과 동학 농민 운동 _ 324
㊳ 일본의 명성 황후 시해 사건 _ 327
㊴ 러시아 공사관으로 피난한 고종 _ 330
㊵ 고종의 대한 제국 선포 _ 332
㊶ 을사조약으로 일제에 외교권을 빼앗기다 _ 334
㊷ 헤이그 특사 파견과 국채 보상 운동 _ 336
㊸ 이토 히로부미를 저격한 안중근 _ 338
㊹ 한일 강제 병합, 국권 피탈 _ 340

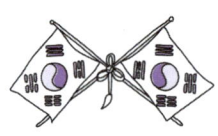

7. 일제 강점기

① 민족 자결주의와 독립 선언 _ 344
② 1919년에 일어난 민족 독립운동, 3·1 운동 _ 346
③ 감옥에서도 대한 독립 만세를 외친 유관순 _ 348
④ 상하이와 대한민국 임시 정부 _ 351
⑤ 봉오동·청산리 전투와 독립 전쟁 _ 354
⑥ 국산품 애용과 물산 장려 운동 _ 356
⑦ 의열단과 한인 애국단 _ 358
⑧ 일제의 민족 말살 정책 _ 360

- ⑨ 일본의 진주만 공격과 태평양 전쟁 _ 362
- ⑩ 일본에 떨어진 원자 폭탄 _ 364
- ⑪ 일본의 패망과 대한민국 광복 _ 366

8. 대한민국

- ① 미국과 소련의 신탁 통치 _ 370
- ② 대한민국 정부 수립과 남북 분단 _ 372
- ③ 한국 전쟁을 일으킨 북한 _ 374
- ④ 인천 상륙 작전으로 전세가 역전되다 _ 376
- ⑤ 4·19 혁명을 불러일으킨 3·15 부정 선거 _ 378
- ⑥ 5·16 군사 정변과 군사 정권 _ 380
- ⑦ 경제 개발로 국민을 풍요롭게 _ 382
- ⑧ 독재의 뿌리가 된 유신 헌법 _ 384
- ⑨ 신군부와 5·18 민주화 운동 _ 386
- ⑩ 6월 민주 항쟁의 불꽃, 독재를 몰아내다 _ 388
- ⑪ 세계 속의 대한민국 _ 390

찾아보기 _ 392

사진 출처 _ 398

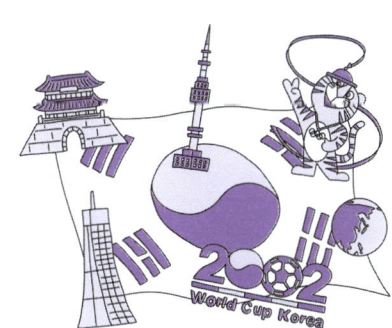

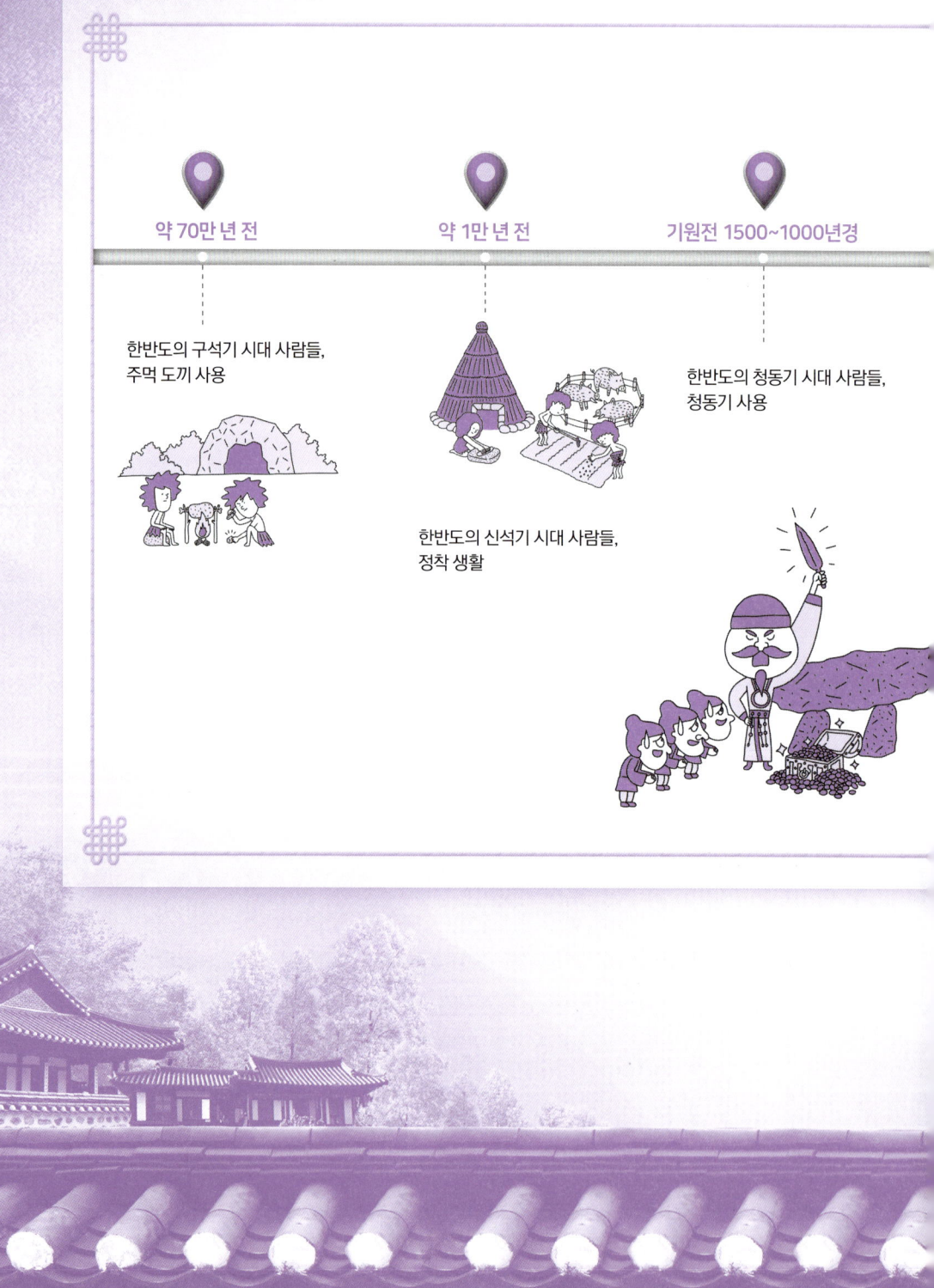

1

선사 시대

 # 역사 이전의 시대, 선사 시대

역사적 사실을 문자로 기록하기 이전의 시대를 선사 시대라고 해. 선사 시대는 석기 시대, 청동기 시대, 철기 시대로 나누기도 하는데 이렇게 시대를 나누게 된 배경과 그 기준은 무엇일까?

> **원시인 1:** 생긴 건 동물 같지만 우리도 인류야.
>
> **원시인 2:** 맞아. 우린 동굴에서 살고 불도 사용할 줄 알지.
>
> **원시인 1:** 돌을 깨뜨리거나 떼어 내 도구로 사용할 수도 있어.
>
> **원시인 2:** 한마디로 머리 좀 쓸 줄 알지. ㅋㅋ

1831년, 프랑스의 고고학자 폴 투흐날이 프랑스 남부에서 한 동굴을 발굴했어.

'이 동굴은 문자나 기호를 전혀 모르던 원시인들이 살았던 동굴 같구

나. **역사 이전**부터 있었던 까마득히 오래된 동굴!'

이때 폴은 자신이 발굴한 동굴을 설명하며 역사 이전, 즉 **선사**(先史)라는 말을 처음 사용했지.

1851년에는 영국계 캐나다인 고고학자 대니얼 윌슨도 스코틀랜드에 대한 고고학과 역사를 설명하는 글에서 선사 시대라는 말을 사용했어. 그 뒤로 사람들은 **문자로 역사를 기록하기 이전의 시대**를 선사 시대라고 부르기 시작했는데, 이때부터 선사 시대는 역사 시대 이전의 시대를 뜻하는 말로 자리 잡았어.

또한 이 무렵, 덴마크 박물관장이자 고고학자였던 크리스티안 위르겐센 톰센은 선사 시대에 대한 박물관 전시를 기획하던 중 깊은 고민에 빠졌어.

'선사 시대 유물들을 박물관에 어떻게 전시해야 관람객이 좀 더 쉽고 편하게 이해할 수 있을까?'

톰센은 고민 끝에 인류가 만들고 사용한 **도구의 재료**에 따라 선사 시대를 **석기**, **청동기**, **철기**의 세 단계로 구분했지.

구석기 시대와 신석기 시대

1865년, 고고학에 큰 관심을 가졌던 영국의 은행가 러벅은 이런 제안을 했어.

"석기 시대가 너무 길어서 이를 다시 나누는 게 좋겠어요. 석기 시대 중 구식 석기를 썼던 시기를 구석기 시대, 그보다 신식 석기를 썼던 시기를 신석기 시대라고 하면 어떨까요?"

그 뒤로 사람들은 돌을 깨뜨리거나 떼어 내 만든 도구인 뗀석기를 사용했던 시대를 구석기 시대, 돌을 갈아 만든 도구인 간석기를 사용했던 시대를 신석기 시대로 구분해 불렀어.

 ## 구석기 시대의 대표 도구, 주먹 도끼

초기 구석기 시대 사람들은 돌을 깨뜨리거나 떼어 내서 도구를 만들었는데, 이를 뗀석기라 불러. 뗀석기의 대표 도구는 주먹 도끼야. 그렇다면 우리 한반도 땅에도 구석기 시대 사람들이 살았을까?

구석기인 1: 휴! 손으로 땅을 파거나 나무를 자르는 게 힘들어.

구석기인 2: 손 말고 다른 방법을 사용할 수는 없을까?

구석기인 1: 이렇게 돌을 깨뜨려서 사용하는 건 어때?

구석기인 2: 와! 땅을 쉽게 팔 수 있고 나무도 잘 잘리네!

지금으로부터 약 **70만 년 전** 어느 날, 한반도 중부 지역 어딘가에서 꼿꼿이 선 채 두 발로 걸어 다니던 고릴라 혹은 침팬지를 닮은 인류가 강가에 웅크리고 앉아 무언가를 열심히 하고 있었어.

툭탁툭탁, 뚝딱뚝딱!

바로 **돌로 돌을 때리는 것**이었지.

"그래, 이게 좋겠다. 끝부분은 뾰족하고 한쪽 옆면도 제법 날카롭군. 자, 이제 사냥하러 가자!"

강가에 앉아 돌을 깨뜨리고 그 일부를 떼어 낸 다음, 앞은 뾰족하고 옆은 날카로운 주먹만 한 돌을 만든 사람은 과연 누구일까?

학자들은 그를 인류의 진화 과정 중 꼿꼿하게 서서 걸어 다닌 사람이라는 뜻으로 **곧선사람**이라고 불러. 그가 바로 한반도에 처음 등장한 인류야. 그리고 그가 살던 시대를 **구석기 시대**, 그가 돌로 만든 주먹만 한 돌을 **주먹 도끼**라고 해.

▶ 주먹 도끼

구석기 시대 사람들은 주먹 도끼를 땅을 파는 데 쓰는 것은 물론, 식물을 자를 때나 동물을 사냥할 때, 사냥한 동물의 가죽을 벗길 때 등 만능 도구처럼 다양하게 사용했어. 덕분에 주먹 도끼는 구석기 시대에 꾸준한 인기를 끌었지. 우리나라에는 경기도 연천군 **전곡리**에 세계적인 주먹 도끼 유적지가 있어.

인류의 진화 과정과 곧선사람

학자들은 인류의 진화 과정을 겉모습이 원숭이에 가까운 오스트랄로피테쿠스 → 손을 사용할 줄 알았던 호모 하빌리스(손쓴사람) → 허리를 펴고 서서 걸어 다닌 호모 에렉투스(곧선사람) → 현생 인류와 제법 비슷한 정도의 슬기를 지닌 호모 사피엔스(슬기사람) → 생김새뿐 아니라 생각이나 행동도 현생 인류와 비슷했던 호모 사피엔스 사피엔스(슬기슬기사람)로 구분해. 이 중 호모 에렉투스, 즉 곧선사람이 바로 한반도에 처음 등장한 인류로 짐작해.

동굴에 살면서 불을 사용하다

구석기 시대 사람들은 맹수와 비바람을 피하기 위해 주로 동굴 같은 곳에서 살았어. 또한 먹을거리가 떨어지면 다른 곳으로 옮겨 다니는 이동 생활을 했지. 이 외에 구석기 시대 사람들의 큰 특징으로는 무엇이 있을까?

구석기인 1: 너, 사나운 짐승들도 무서워하는 게 뭔지 알아?

구석기인 2: 자기보다 더 크고 날쌔고 사나운 짐승?

구석기인 1: 아니, 바로 불이야!

구석기인 2: 하긴, 불 옆에 있으면 어떤 짐승도 얼씬 못 하겠다.

구석기 시대 사람들은 주로 **동굴**에 살면서 사냥을 통해 식량 문제를 해결했어. 나무 열매를 따 먹거나 나무뿌리를 캐 먹기도 했지만, 맛있고 배부른 고기를 먹기 위해 짐승이나 물고기를 사냥한 거야.

또 이들은 나뭇가지와 풀을 엮어서 만든 **막집**을 짓고 그곳에 잠시 머물거나 큰 바위 틈에서 지내기도 했지.

구석기 시대 사람들의 또 다른 큰 특징은 **불**을 이용했다는 거야. 불을 피워 놓으면 으스스한 추위를 견딜 수 있었고, 무시무시한 맹수도 슬금슬금 도망을 쳤거든. 그리고 이 시대의 사람들은 나뭇잎이나 풀잎, 나무껍질, 짐승의 가죽으로 **옷**을 만들어 입기도 했어.

그러다가 추운 계절이 오고 사냥감이나 나무 열매 등이 떨어지면 따뜻한 곳과 먹을거리를 찾아 지낼 곳을 옮겨 다녔는데, 이를 **이동 생활**이라고 해. 이와 같은 구석기 시대 사람들의 삶의 흔적은 충북 **단양 금굴**이나 평안남도 **상원**의 **검은모루동굴**에서 찾아볼 수 있어.

# 4 흥수아이는 슬기사람

구석기 시대 사람들 중 대략 10만 년 전~4만 년 전에 도구를 발달시킨 사람들을 호모 사피엔스, 즉 슬기사람이라 불러. 그들은 한반도의 어디에 살았고, 어떤 도구를 사용했을까?

구석기인 1: 우린 여러 가지 도구들을 만들었어. 그중 긁개는 떼어 낸 돌의 끝을 얇고 날카롭게 만들어 짐승의 가죽을 벗기거나 나무랑 뼈를 깎는 데 사용했지.

구석기인 2: 밀개는 돌의 한쪽 끝에 둥글고 가파른 날을 만들어서 나무껍질을 벗기거나 짐승의 살을 얇게 베어 내는 데 썼어.

구석기인 3: 물건을 자를 때는 자르개를 사용했지.

1983년, 충북 청주시에 있는 **두루봉 동굴**에서 한 아이의 뼈 화석이 발견되었어. 이 화석은 처음 발견한 김흥수라는 사람의 이름을 따서

흥수아이라고 부르지. 흥수아이는 다섯 살 정도 된 아이의 유골로, 그 뼈를 조사한 결과 **구석기 시대** 사람의 뼈라는 것이 밝혀졌어.

학자들은 흥수아이를 통해 당시 사람들은 아이의 시신을 함부로 다루지 않고 일정한 곳에 매장했다는 것도 알아냈어. 이때를 대략 10만 년 전에서 4만 년 전쯤으로 짐작하고 있지.

이 무렵의 구석기 시대 사람들은 **뗀석기**를 여러 가지 종류로 발전시켜 사용했어. 뗀석기의 대표 도구인 주먹 도끼뿐 아니라 긁개, 밀개, 자르개 등 각각의 기능이 있는 도구로 구분해서 사용한 거야.

이때의 사람들을 도구를 발달시키는 슬기를 갖춘 사람이라는 뜻으로 **슬기사람**이라 불러. 이들의 흔적은 두루봉 동굴 외에도 함경북도 **굴포리** 바닷가와 충청남도 공주시 **석장리** 등에서 찾아볼 수 있어.

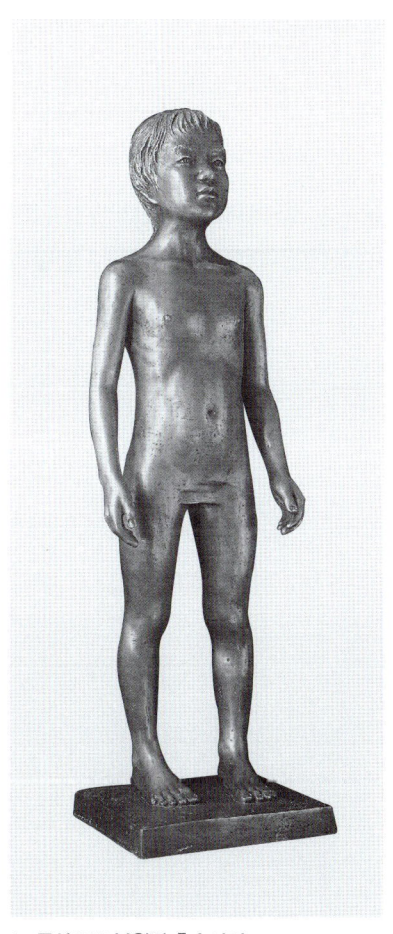

▶ 동상으로 복원된 흥수아이

5 신석기 시대의 농경과 목축, 정착 생활

구석기 시대와 마찬가지로 돌로 만든 도구를 사용했지만 사는 모습이 다른 인류가 등장했어. 과연 그들은 어떤 사람들이었으며, 구석기 시대 사람들과 어떤 점이 달랐을까?

신석기인: 우린 동물을 사냥하거나 나무 열매를 따 먹고 살던 너희와는 달라.

구석기인: 어떻게 다른데?

신석기인: 농사짓는 법을 알아냈고, 온순한 동물을 기르기 시작했지.

구석기인: 그게 다야?

신석기인: 아니, 가장 중요한 건 이리저리 떠돌아다니지 않고 한곳에 살았다는 거야.

약 **1만 년 전**쯤 동굴이나 바위틈에 머무르면서 사냥을 하고 나무 열매를 따 먹던 인류와는 다른 인류가 등장했어. 그들은 씨앗을 땅에 심으면 곡식을 얻을 수 있다는 놀라운 사실을 발견했고, 이를 통해 농사짓는 방법을 알아냈지. 또한 성질이 온순한 동물을 기르면서 멀리 사냥을 나가지 않아도 되었어.

"아! 이리저리 떠돌아다니는 것도 힘들고, 멀리 사냥을 나가기도 너무 귀찮아."

"곡식이 잘 자라는 땅 주변에 정착해서 살면 어떨까? 울타리를 치고 동물도 직접 기르면서 말이야."

그래서 그들은 농사를 지을 만한 땅을 찾아 조, 피, 수수 등의 잡곡을 키우는 **밭농사**를 짓기 시작했어. 이를 밭을 갈아 농사를 짓는다는 뜻으로 **농경**이라 불러. 또한 그 주변에서는 소나 개, 돼지 등을 가축으로 길렀는데, 이를 **목축**이라고 하지.

농경과 목축을 시작한 이후부터 사람들은 더 이상 먹을 것을 찾아 떠돌아다니지 않았어. 이처럼 농사를 짓고 가축을 기르는 곳 가까이에서 머물러 사는 것을 **정착 생활**이라고 해. 그리고 인류가 사냥과 채집을 하며 떠돌이 생활을 하던 시대와 달리, 농경과 목축을 하며 정착 생활을 시작한 시대를 **신석기 시대**라고 불러.

신석기 혁명

사냥이나 채집 활동만 하며 살던 인류가 농경이라는 전혀 다른 방법으로 식량을 얻고자 정착하면서 맞은 큰 변화를 '신석기 혁명'이라 부르기도 해. '혁명'이란, 사회가 급격하게 변화한 것을 말하지. 신석기 혁명은 1936년 오스트레일리아 출신의 영국 고고학자인 고든 차일드가 처음 사용한 말로, 농경 생활이 시작되면서 그전과는 전혀 다른 새로운 시대가 열렸다는 의미를 담고 있어.

신석기 시대의 대표 그릇, 빗살무늬 토기

신석기 시대 사람들은 농사를 짓고 한곳에 머물러 사는 정착 생활을 시작하면서 집을 짓고 음식을 보관할 수 있는 그릇을 만들었어. 그들이 만든 집과 그릇은 어떤 모양이었을까?

신석기인 1: 한곳에 머물러 살려면 동굴처럼 비바람을 막아 주면서도 편히 쉴 수 있는 아늑한 곳이 필요해.

신석기인 2: 뚝딱뚝딱! 안전하고 아늑한 집 완성!

신석기인 1: 농사를 짓고 가축도 기르니 음식이 계속 남네. 남은 음식을 담아 둘 그릇이 있으면 좋을 것 같아.

신석기인 2: 뚝딱뚝딱! 음식을 보관하는 토기 완성!

신석기 시대 사람들은 땅을 파서 바닥을 다진 뒤, 가운데에 튼튼한 나무로 기둥을 세우고 그 위에 풀이나 갈대로 지붕을 덮은 집을 만들어 살았어. 이를 **땅을 파서 만든 집**이라 하여 **움집**이라 불러.

또 신석기 시대 사람들은 진흙으로 음식을 담아 둘 그릇을 빚은 다음, 불에 구워 단단하게 만들어 사용했어. 이런 그릇을 **흙으로 만든 그릇**이라 하여 **토기**라고 부르는데, 모양은 주로 바닥이 뾰족하거나 둥근 것이 많았지.

신석기 시대에 만들어진 그릇에는 진흙에 풀이나 식물의 줄기를 섞

▶ 1. 빗살무늬 토기 2. 밑면이 납작한 빗살무늬 토기 3. 신석기 시대의 움집

어 만든 토기, 겉면에 띠 모양의 진흙을 덧붙여 무늬를 낸 토기, 겉면에 빗금 모양의 선이나 점으로 무늬를 새긴 토기 등이 있어.

그중 가장 대표적인 것이 **표면에 빗금을 새겨 만든 토기**로, 이를 **빗살무늬 토기**라고 불러. 신석기 시대에 한반도 전 지역에 걸쳐 가장 오랜 기간 사용된 그릇인 빗살무늬 토기는 서울의 **암사동** 유적과 부산의 **동삼동** 유적 등 한반도의 여러 신석기 유적에서 발견되었어.

그릇에 빗살무늬를 새긴 이유는 뭘까?

신석기 시대 사람들이 토기 겉면에 빗살무늬를 새긴 이유에 대해서는 여러 가지 추측을 할 수 있어. 우선 토기를 굽고 말리는 과정에서 잘 깨지지 않도록 빗살무늬를 새겨 넣었다는 주장이 있고, 손으로 잡을 때 미끄러지지 않게 하기 위해서였다는 주장도 있어. 또한 제때 비가 와서 농사가 잘되기를 바라는 마음을 담아 토기에 빗줄기나 번개 모양을 빗금으로 새겨 넣은 것일 수도 있다고 해.

7 신석기 시대 사람들, 씨족 사회를 이루다

신석기 시대 사람들은 핏줄을 중심으로 여러 가족이 모여 살며 공동체 생활을 했어. 이를 '씨족 공동체' 또는 '씨족 사회'라고 해. 또 이들은 생활에 필요한 여러 가지 도구를 개발했는데, 과연 어떤 것들이었을까?

신석기인 남편: 저 움집은 첫째 아들네 집!
그 뒤에 있는 움집은 둘째 아들네 집!
그 아래 움집은 첫째 아들의 첫째 아들네 집!
그 뒤는 첫째 아들의 둘째 아들과 딸들의 집!

신석기인 부인: 이렇게 우린 한 핏줄에서 갈라져 나온 가족들끼리 모여 마을을 이루고 살지요.

신석기 시대 사람들은 주로 물고기 잡기도 쉽고, 물을 구해 농사짓기도 편한 강가나 바닷가에 움집을 짓고 살았어. 이렇게 정착 생활을 하면서 사람들은 아이들을 많이 낳아 키울 수 있었고, 그 아이들이 자라

  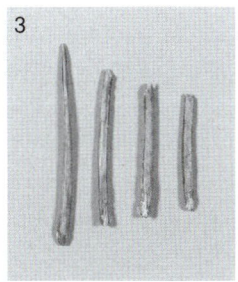

▶ 1. 가락바퀴 2. 갈돌과 갈판 3. 뼈바늘

다시 아이들을 낳으면서 사람의 수는 점점 더 늘어났지.

사람이 늘어난 만큼 움집도 하나둘씩 늘어났고, 이는 곧 마을을 이루었어. 이렇게 핏줄을 중심으로 여러 가족이 모여서 마을을 이루고 생활한 형태를 씨족 사회라고 불러.

신석기 시대 사람들은 생활이 안정되자 여러 가지 새로운 기술도 개발했어. 음식을 저장해 두는 토기뿐 아니라 돌이나 동물의 뼈를 갈아서 다양한 도구를 만들었는데, 이를 간석기라고 해.

간석기에는 나무를 베고 다듬는 데 사용했던 돌도끼와 밭을 갈 때 사용했던 돌괭이, 곡식의 이삭을 벨 때 사용했던 돌낫, 그리고 곡식의 껍질을 벗기거나 갈 때 사용했던 갈돌과 갈판 등이 있어.

또한 사람들은 짐승의 가죽이나 풀잎을 엮은 것으로 몸을 가리는 대신, 가락바퀴나 뼈바늘 같은 도구를 이용해 옷을 만들어 입기도 했어. 가락바퀴는 실을 만들 때 썼던 도구야.

청동으로 특별한 물건을 만든 청동기 시대

한반도에서는 기원전 1500~1000년 무렵 청동으로 도구를 만들어 사용하는 청동기 시대가 시작되었어. 하지만 청동으로는 물건을 만들기가 쉽지 않았는데, 그렇다면 청동은 주로 무엇을 만드는 데 사용되었을까?

> **청동기인 1:** 흙이나 돌 속에 있는 두 가지 물질을 섞어 뜨거운 불로 오랫동안 열을 가했더니 새로운 물질(청동)이 만들어졌습니다!

> **청동기인 2:** 오, 번쩍번쩍 빛나는 신기한 물질이로군!

> **청동기인 1:** 그 물질을 다시 불에 녹여서 이것저것 만들 수 있지만, 아쉽게도 만들기가 무척 어렵고 힘듭니다.

> **청동기인 2:** 그렇다면 아주 귀한 물건만 만드는 수밖에.

흙이나 돌 속에 있는 두 가지 물질을 가열해 만든 새로운 물질이란 바로 **청동**을 말해. 인류는 **기원전 3000년** 무렵부터 청동으로 도구를 만들기 시작했는데, **한반도**에서는 **기원전 1500~1000년** 무렵에 청동으로 도구를 만들어 사용했어. 이 시대를 **청동기 시대**라고 불러.

"청동은 원료를 구하기가 어려워서 도구나 물건을 만들기가 너무 힘들어!"

"차라리 그냥 전처럼 돌을 갈아서 사용하는 게 낫겠어. 청동으로는 아주 특별한 물건만 만들면 돼."

이처럼 청동으로 물건을 만드는 일이 쉽지 않아서, 사람들은 일상생활에서 돌을 갈아 만든 간석기를 계속해서 사용했어. 그리고 청동으로는 특별한 물건만 만들었지.

청동으로 만든 특별한 물건은 칼이나 창, 화살촉 같은 **무기**나 목걸이와 귀걸이, 거울 등의 **장신구**, 또 하늘에 **제사**를 지내는 데 쓰인 방울과 같은 **도구**였어.

▶ 1. 청동 거울 2. 청동 방울(팔주령) 3. 청동 방울(조합식 쌍두령)

청동기 시대 사람들, 벼농사를 짓다

청동기 시대에는 처음으로 벼농사를 짓기 시작했어. 하지만 이 시대의 사람들은 조, 기장, 수수, 보리, 콩 등의 잡곡 농사를 여전히 많이 지었지. 왜 청동기 시대에는 벼농사가 아닌 잡곡 농사를 계속해서 지었던 걸까?

> **신석기인**: 우리는 인류 최초로 농사짓는 방법을 알아낸 사람들이야! 어때, 대단하지?

> **청동기인**: 뭐 그 정도쯤이야. 우리 청동기 시대 사람들은 농사 중에서도 그 어려운 벼농사를 지은 사람들이야. 그러니까 우리가 더 대단하지!

신석기 시대에 이어 등장한 청동기 시대 사람들은 청동으로 특별한 물건을 만들었을 뿐 아니라 **벼농사**를 짓기 시작했어.

벼 열매의 껍질을 벗긴 알맹이를 쌀이라고 하는데, 바로 이 쌀로 지은 밥이 오늘날 우리가 주로 먹는 음식인 쌀밥이야.

하지만 벼는 조나 수수, 기장, 보리, 콩 등의 잡곡과 달리 추운 곳이나 마른 땅에서는 제대로 자라지 않는 곡식이라서 **기르기**가 매우 **까다롭다**는 단점이 있었어.

벼농사를 지으려면 봄에 때를 잘 맞춰 볍씨를 뿌리고, 벼가 자라는 땅이 마르지 않도록 물도 적당하게 주어야 해. 또 벼가 잘 자라기 위해서는 기름진 땅이 필요한데, 이 말은 땅속에 벼를 자라게 할 양분이 풍부해야 한다는 뜻이야. 그러기 위해서는 거친 땅을 갈아엎어 주는 일도 필요하지.

벼농사를 짓기 시작했다는 것은 그만큼 **농사짓는 기술**이 **발전**했다는

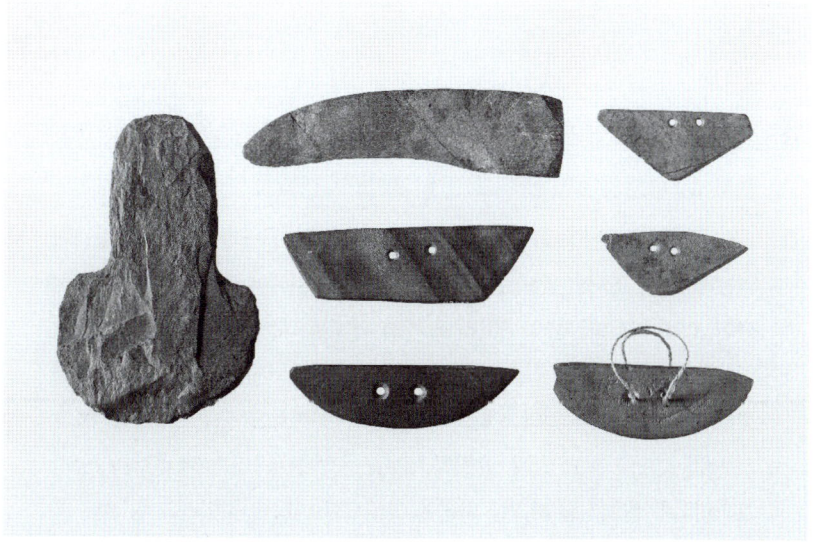

▶ 돌괭이(맨 왼쪽)와 돌낫(두 번째 줄 맨 위), 반달 돌칼(그 외 나머지) 등 청동기 시대의 농사 도구

선사 시대 _ 37

말이기도 해. 청동기 시대에는 신석기 시대보다 훨씬 발달된 도구를 만들어 사용했기 때문에 농사를 보다 수월하게 지을 수 있었어. 그 결과 식량이 풍족해지고, 인구도 더 늘어나게 되었지.

이때 사용한 대표적인 도구가 **반달 돌칼**이야. 곡식의 낟알을 거둬들이는 데 사용한 반달 모양의 석기지. 겉을 매끈하게 갈고 한쪽 끝에 날을 세운 이 도구의 가운데에는 한두 개의 구멍이 뚫려 있는데, 이 구멍에 끈을 넣어 꿴 다음 끈 사이로 손가락을 집어넣어 사용했어.

그런데 왜 청동기 시대에 돌로 만든 석기를 사용했냐고? 그 이유는 청동기 시대에도 청동기는 몹시 귀했기 때문이지.

선사 시대 사람들이 바위에 그린 생생한 그림들, 반구대 암각화

1971년 울산의 반구대라 불리는 절벽에서 그림이 새겨진 바위가 발견되었는데, 이를 조사한 결과 신석기 또는 청동기 시대에 그려진 것으로 밝혀졌어. 너비 10미터, 높이 3미터 크기의 이 바위에는 사슴, 거북, 새, 호랑이, 멧돼지, 고래 등의 각종 동물과 사람, 그물이나 배 등 모두 75종 200여 점의 그림이 그려져 있다고 해. 이 그림들은 날카로운 도구로 바위를 쪼아서 새긴 것으로 보고 있지. 그림의 대부분은 동물들이었는데, 당시 사냥과 고기잡이가 잘되기를 바라는 마음을 그림으로 나타낸 것이라고 짐작해.

⑩ 고인돌과 계급 사회

청동기 시대에는 개인의 재산 차이가 생겨나기 시작했어. 또한 권력을 가지고 부족을 다스리는 족장이 등장했지. 이에 따라 권력과 경제력을 가진 사람의 신분은 높아지고 그렇지 못한 사람의 신분은 낮아졌는데, 이와 같은 신분의 차이는 어떤 문제를 불러왔을까?

> **청동기인 1:** 으쓱으쓱~ 나는 재물이 넉넉하고 청동으로 만든 물건도 제법 많은 부자야!

> **청동기인 2:** 굽신굽신~ 나는 재물도, 청동 물건도 없어서 부자들 앞에서 늘 고개를 숙이지.

벼농사뿐 아니라 밭농사와 가축 기르기도 비교적 수월하게 할 수 있었던 청동기 시대 사람들은 가족끼리만 일해도 먹고 남을 정도로 많은 곡식을 거둬들였어. 그래서 마을 사람들이 공동으로 힘을 모아 농사를 짓던 신석기 시대와 달리, 이들은 각자 농사를 지어 거둔 만큼 곡식을 가질 수 있었지. 즉, **개인**이 **재산**을 가질 수 있었던 거야. 그러면서 집집마다 또는 개인에 따라 사는 형편에 점점 차이가 생겨나기 시작했지.

청동으로 만든 무기나 장신구를 많이 가진 사람들은 번쩍거리는 청동기를 내세우며 우쭐거리고, 그렇지 못한 사람들은 청동기를 가진 사람에게 기세가 눌려 그들 앞에서 굽신거리곤 했어. 이렇게 부자는 가난한 사람 앞에서 떵떵거리고 가난한 사람은 부자 앞에 머리를 조아리면서, 부자와 가난한 사람 사이에는 **불평등**이 생겨났지.

마을이나 부족들도 이와 같은 문제를 겪기는 마찬가지였어. 청동제 무기를 많이 가진 부족과 그렇지 못한 부족 사이에 힘의 차이가 나타났는데, 이는 지배하는 자와 지배를 받는 자, 즉 **신분**의 높고 낮음이 생겨난 것을 의미해.

　이런 신분의 차이를 **계급**이라고 하는데, 재산을 많이 가지고 있거나 청동기를 사용하며 힘을 얻게 된 사람들이 주로 높은 계급을 차지했어. 그리고 이렇게 계급이 높았던 사람들은 죽고 난 뒤 **고인돌**이라는 무덤에 묻혔지.

큰 부자 또는 권력자의 무덤이었던 고인돌

고인돌은 '고여 있는 돌' 또는 '고여 놓은 돌'이란 뜻의 순우리말로, 고여 놓은 돌이 큰 뚜껑돌을 받치고 있다 해서 지어진 이름이야. 청동기 시대의 무덤이었던 고인돌은 보통 사람들의 무덤이라기보다는 큰 부자나 권력자의 무덤이었을 거라고 짐작해. 커다란 고인돌을 만들려면 많은 사람의 수고가 필요했으니, 아무나 고인돌의 주인이 될 수는 없었을 거야. 또 고인돌에서 청동 검이나 청동 거울, 옥 등 귀한 보물들이 발견된 경우가 많아서 이와 같은 주장에 힘이 실리고 있지.

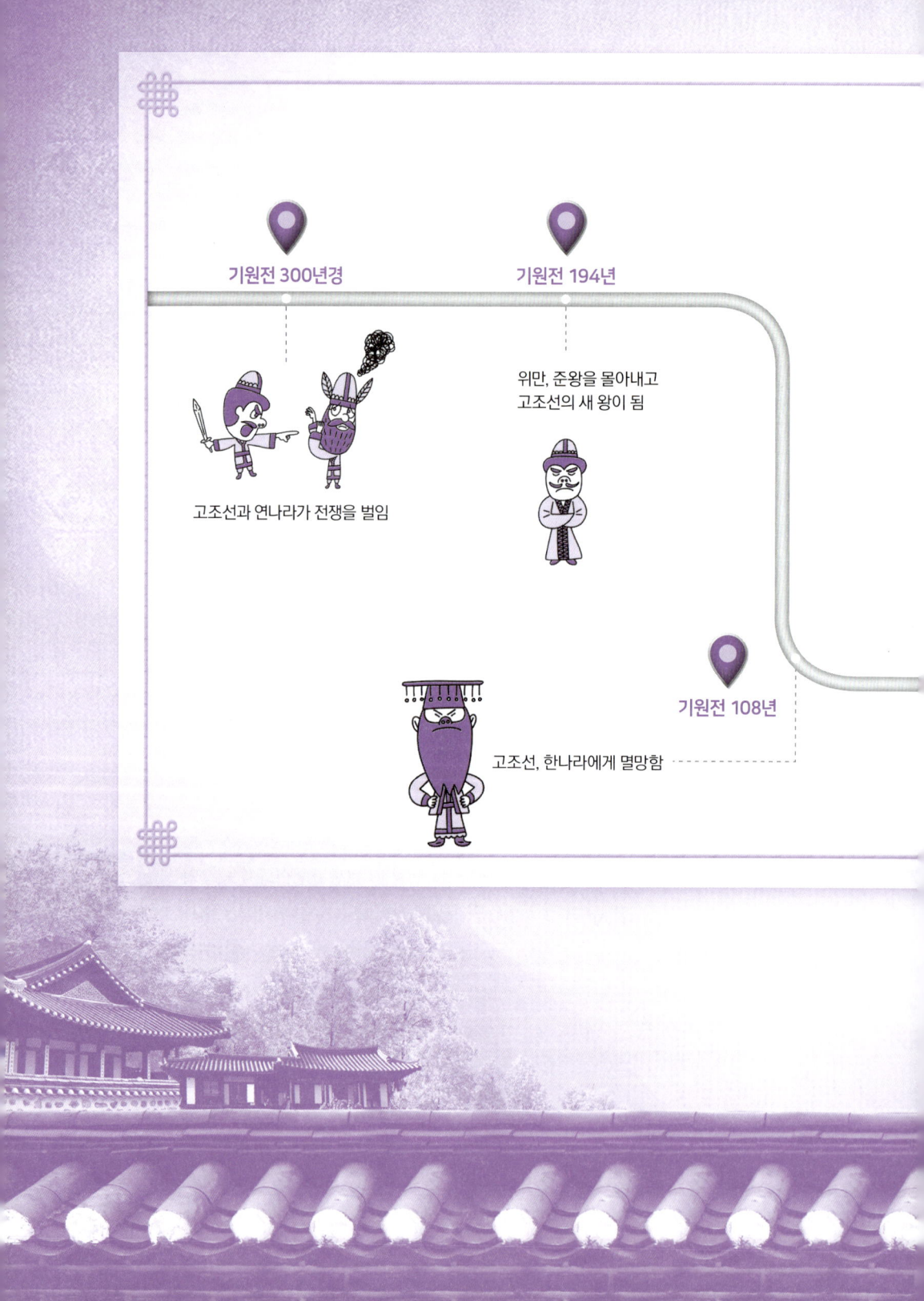

2

고조선과
그 후의 나라들

200~300년경

한반도 남쪽에
삼한이 세력을 이룸

단군 조선은 신화? 역사!

청동기 시대에 우리 역사상 최초의 국가가 등장했어. 이 나라는 곰이 여자로 변하여 하느님의 아들과 혼인을 한 뒤 낳은 아들인 단군왕검이 세웠다고 전해 지지. 과연 이 이야기는 훗날 사람들이 지어낸 허무맹랑한 신화일 뿐일까?

곰과 호랑이: 사람이 되고 싶어요. 도와주세요!

환웅: 자, 여기 쑥 한 자루와 마늘 스무 쪽이 있다. 동굴에 들어가 이것을 먹으며 100일간 햇빛을 보지 않으면 사람이 될 것이다.

호랑이: 으…. 더 이상은 못 참겠어!

곰: 난 꾹 참고 버텼더니 아름다운 여인이 됐지!

우리 역사상 최초로 등장한 나라의 이름은 조선으로, 훗날 등장하는 위만 조선 또는 이성계가 세운 조선과 구분하기 위해 **단군 조선** 또는

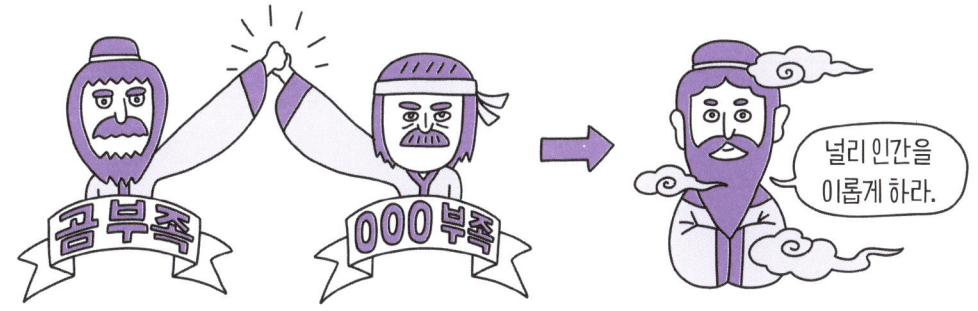

고조선이라 불러. 고려 시대에 쓰인 역사책 《삼국유사》에는 단군이 조선이라는 나라를 세운 인물로 기록되어 있지.

《삼국유사》에 따르면, 하늘의 신 환인의 아들 환웅과 동굴 속에서 마늘과 쑥만 먹는 시련을 견딘 끝에 곰에서 여자로 변한 웅녀 사이에서 태어난 아이가 바로 **단군왕검**이야. 단군왕검은 평양성에 도읍을 정하고 나라 이름을 조선이라 했지.

이와 관련하여 역사학자들은 환웅이 다른 지역에서 온 부족의 우두머리를, 곰과 호랑이가 당시 한반도에 살던 **곰**을 숭배하는 **부족**과 **호랑이**를 숭배하는 **부족**을 상징한다고 짐작해. 즉, 환웅과 웅녀의 혼인은 다른 지역에서 온 부족과 곰 부족의 연합이라는 것이지. 결국 단군 신화는 **역사적 사건**을 쉽고 흥미롭게 정리한 이야기라고 볼 수 있어.

단군 조선의 청동기 문화와 8조법금

고조선은 백성들이 지켜야 할 법률을 만들고, 그 법률을 바탕으로 나라를 다스렸어. 고조선의 법률과 그 내용을 살펴보면 당시 고조선 사회의 모습을 짐작할 수 있지. 과연 어떤 모습이었을까?

왕: 부족이 늘고 백성도 많아져서 나라를 다스리기가 쉽지 않군. 무슨 좋은 수가 없을까?

신하: 모든 사람이 다 같이 지켜야 할 규칙을 정하면 어떨까요? 규칙을 어기면 엄하게 벌을 주는 것이지요.

왕: 좋다! 모든 백성이 지켜야 할 규칙을 만들도록 하라!

고조선에는 나라의 질서를 세우고 백성들을 잘 다스리기 위한 **법률**이 생겨났어.

이 법률은 '사람을 죽인 자는 즉시 사형에 처한다', '남에게 상처를 입힌 자는 곡식으로 보상해야 한다', '남의 물건을 도둑질한 자는 도둑맞은 자의 노비로 삼는다(또는 도둑질한 자가 자기 죄를 벗으려면 돈을 내야 한다)' 등 여덟 가지 조항으로 이루어져 있어서 8조법이라고 해. 그리고 이 여덟 가지 조항이 나쁜 짓을 하지 않도록 금하는 것이어서 8조법금이라고 부르기도 하지. 8조법의 내용은 《한서지리지》라는 역사책을 통해 위의 세 가지 조항만 전해지고 있어.

8조법을 통해 고조선 사회에 법 또는 법률이 있었다는 것과, 이러한 법을 바탕으로 개인의 생명과 신체, 재산을 보호했다는 것을 알 수 있어. 또한 이 가운데 '곡식으로 보상해야 한다'는 조항은 고조선이 농경 사회로서 곡식을 화폐처럼 사용했고, 개인이 재산을 소유했다는 것을 짐작케 하는 부분이야.

또 '도둑질한 자는 노비로 삼는다'는 조항을 통해 고조선이 노비 제도가 있는 신분제 사회였음을 알 수 있어. '죄를 벗으려면 돈을 내야 한다'는 내용은 당시 사람들이 화폐를 사용했음을 짐작케 하지만, 돈에 대한 기록은 나중에 추가되었거나 고쳐진 항목일 것이라 예상하고 있지.

비파형동검에서 세형동검으로

고조선 사람들은 주로 어느 지역에서 살았을까? 이는 고조선의 대표 유물인 비파형동검과 세형동검이 발견되는 지역을 통해 짐작할 수 있어. 그렇다면 이를 통해 예상할 수 있는 고조선 사람들의 세력 범위와 이동 방향은 어떠했을까?

고조선 사람 1: 요즘 우리나라에서는 비파형동검이 유행이야. 손잡이와 칼날을 따로 정교하게 만들어 조립하는 칼이지. 어때, 칼날 모양도 아래가 볼록한 것이 아주 멋지지 않아?

고조선 사람 2: 아래가 볼록한 동검은 너무 구식이야. 난 손잡이는 짧고 칼날이 가느다란 이 세형동검이 더 멋진 것 같아.

　기원전 1000년 무렵, 고조선 사람들은 청동으로 물건을 만들어 사용하기 시작했어. 이때 만들어진 청동기 가운데 대표적인 것이 바로 무기류인 칼이야. 청동으로 만들어지고 칼날이 양쪽에 있는 이 검을 **청동검**이라 부르지.

"청동 검의 모양이 꼭 비파를 닮았네!"

고조선 사람들이 사용한 이 청동 검은 옛날 현악기 가운데 목이 곧고 길며 몸통이 타원형으로 생긴 비파를 닮아 **비파형동검**이라 불러. 오늘날 중국 동북 지역인 랴오닝 지방을 비롯해 한반도 곳곳에서 발견되었지.

기원전 500년 무렵에는 비파형동검보다 칼날이 더 가느다란 동검을 만들어 사용했는데, 이 동검을 날렵한 모양의 동검이라 하여 **세형동검**이라 불러. 비파형동검보다 좀 더 발전된 형태인 세형동검은 한반도 북쪽에서 발견되어 **한국식 동검**이라 부르기도 해.

비파형동검과 세형동검은 **고조선**의 **영역**을 짐작케 해 주는 중요한 유물이야. 또한 이 유물이 발견되는 지역을 통해 고조선이 랴오닝 지역에서 힘을 키우다 점점 더 세력을 넓혀, 이후 한반도 북쪽 지역으로까지 이동했음을 알 수 있어.

▶ **세형동검**(한국식 동검, 왼쪽)과 **비파형동검**(요령식 동검, 오른쪽)

4 고조선과 연나라와의 전쟁

세월이 흐른 뒤 고조선에서는 철기 문화가 발달하기 시작했어. 또 기원전 300년경 세력을 키운 고조선은 중국 연나라와 전쟁을 벌였는데, 그 결과는 어땠을까?

> **연나라 왕**: 감히 조선이 철제 무기로 무장하여 흉노족과 동호족을 물리친 우리 연나라를 공격하다니!

> **고조선 왕**: 연나라의 공격이 거세니 잠시 뒤로 물러서 있는 게 낫겠군.

기원전 400년 무렵, 중국에서는 일곱 개의 나라가 서로 힘겨루기를 하며 세력 다툼을 벌이고 있었어. 그중 북방에 있던 연나라가 세력을 키워 고조선과 국경을 마주하게 되었지.

고조선도 청동기 문화를 바탕으로 **철기** 문화를 발달시키며 성장해

갔고, **기원전 300년 무렵**에는 연나라를 공격해 동부 지역을 차지했어.

땅을 빼앗겨 자존심이 상한 연나라의 왕은 진개라는 장수에게 군사를 주어 고조선을 공격하게 했어. 이렇게 **고조선**과 **연**나라 사이에 **전쟁**이 벌어졌는데, 이때가 대략 기원전 300~282년 사이라고 해.

연나라의 거센 공격을 받은 고조선은 후퇴했고, 이로써 연나라가 고조선의 **영토 2,000여 리**를 빼앗았다는 기록이 중국의 《위략》이라는 역사책을 통해 전해지고 있어. 전투에 관한 자세한 내용은 기록되어 있지 않지만, 당시 고조선이 중국 대륙의 여러 힘 있는 나라들과 어깨를 나란히 하며 세력을 키웠음을 짐작할 수 있지.

5 쫓겨나는 준왕, 새 임금이 된 위만

연나라의 장수 위만은 자신의 무리를 이끌고 고조선으로 내려와 힘을 키운 뒤 준왕을 쫓아내고 왕위를 차지했어. 위만은 어떻게 고조선의 새 왕이 되었으며, 이후 위만 조선의 역사는 어떻게 펼쳐졌을까?

> **위만:** 원래 우리의 조상은 조선 사람이었습니다. 그래서 우리도 이렇게 조선 사람들처럼 머리에 상투를 틀고 조선 옷을 입었지요. 한나라의 압박 때문에 살 수가 없어 조선 땅으로 도망쳐 온 것이니, 우리를 받아 주시옵소서. (나중에 준왕을 몰아내고 조선을 꿀꺽해야지. 흐흐!)

기원전 195년, 한나라의 지배를 받던 연나라의 정치적 상황이 어수선해지자, **연**나라 장수 **위만**이 자신의 무리 1,000여 명을 데리고 고조선으로 도망쳐 왔어. 위만은 당시 고조선의 왕이었던 **준왕**을 찾아가 고조선의 변두리에서 국경을 지키며 살겠으니 자기들을 받아 달라고 부탁했지. 위만의 말을 믿은 준왕은 그에게 관직을 내린 뒤 고조선의 서쪽 땅 100리를 주어 변방을 지키게 했어. 하지만 위만은 몰래 군사를 훈련시키며 점차 자신의 세력을 키워 나갔어.

기원전 194년 어느 날, 위만은 준왕에게 부하를 보내 자신이 거짓으로 쓴 편지를 올리게 했어.

"대왕님, 한나라 군대가 고조선을 향해 쳐들어오고 있습니다. 저희들이 왕궁으로 가서 대왕님을 지켜 드리겠습니다."

준왕이 위만의 뜻을 받아들이자, 위만은 자신의 군사들을 이끌고 고조선의 왕궁으로 향했어. 하지만 결국 준왕을 쫓아내고 스스로 **고조선의 새 왕**이 되었지. 위만은 왕위에 오른 뒤에도 준왕 때 나라를 다스리던 제도를 이어받았고, 나라 이름도 그대로 조선이라 불렀어. 이렇게 위만이 준왕을 몰아내고 다스린 조선을 **위만 조선**이라고 해.

한편, 위만에게 왕의 자리를 빼앗긴 준왕은 겨우 목숨만 건진 채 자신을 따르는 신하들과 배를 타고 남쪽으로 도망쳤어. 그리고 그곳에 살던 사람들을 모아 다스리며 새 왕이 되었다고 해.

위만에게 쫓겨난 준왕은 이후 어떻게 되었을까?

위만에게 왕위를 빼앗긴 준왕은 자신을 따르는 신하와 백성들을 거느리고 바닷길을 통해 한반도 남쪽으로 도망쳤어. 그들이 도망친 곳은 한(韓), 즉 마한 지역으로, 그곳에서 준왕은 스스로를 한왕(韓王)이라 칭했다고 여러 역사책에 기록돼 있어. 역사학자들은 준왕이 세력을 펼쳤던 마한 지역을 지금의 충청남도 직산(천안) 지역의 목지국, 혹은 전라북도 익산 지역이었을 거라 예상해. 그런데 마한의 여러 작은 나라들 중 건마국이 위치했던 익산 지역에 준왕과 그 세력이 내려와 살았을 것이라는 주장이 많은 편이야. 고대의 전북 익산 지역에 살던 사람들이 준왕을 위한 제사를 지냈다는 이야기도 전해지고 있어.

6 한나라, 왕검성을 침략하다

한나라가 중국 대륙을 통일한 뒤, 고조선은 주변 나라들과 한나라 사이에서 중계 무역을 통해 큰 이익을 거두어들였어. 이를 못마땅하게 여긴 한나라는 대규모 군사를 움직여 고조선을 침략했는데, 이후 고조선은 어떤 운명을 맞이했을까?

한나라 신하: 조선이라는 나라 때문에 우리 한나라의 경제적인 피해가 큽니다.

한나라 황제: 안 되겠군. 조선을 공격하라!

한나라 신하: 우리 한나라 대군이 조선군에게 패해 돌아오고 있다고 합니다!

한나라 황제: 뭐라고? 조선에 다시 대군을 보내거라!

기원전 109년, 위만의 손자인 **우거왕**이 고조선을 다스릴 때 고조선

고조선과 그 후의 나라들 _ 55

은 **중계 무역**을 통해 큰 이익을 얻었어. 한반도 주변의 나라나 집단이 **한**나라와 직접 교역하는 것을 막고, 반드시 고조선을 통해서만 교역할 수 있도록 한 거야. 이를 못마땅하게 여긴 한나라는 결국 **고조선을 침략**하기에 이르렀지.

당시 한나라의 황제였던 **무제**는 장군 양복에게 7,000명의 수군을, 순체에게는 5만 명의 육군을 주어 수군과 육군이 동시에 공격하는 작전을 펼쳤어. 그러나 고조선은 이를 모두 물리쳤지.

그 뒤 다시 한나라 대군이 고조선을 공격하여 **왕검성**을 포위했으나, 이번에도 고조선의 군사와 백성들은 힘을 합쳐 한나라의 공격을 막아

냈어. 하지만 1년이 넘도록 이어지던 전쟁이 좀처럼 끝날 기미가 보이지 않자, 결국 고조선 내부에서 분열이 일어나고 말았지.

"전쟁이 길어질수록 힘들고 불리하니, 그만 버티고 저들의 요구를 들어줍시다!"

"안 됩니다! 끝까지 맞서 싸워야 합니다!"

기원전 108년, 우거왕이 계속해서 한나라에 맞서 싸우려고 하자 이를 반대하던 세력이 우거왕을 암살했어. 그 뒤에도 고조선은 성기라는 대신을 중심으로 최후까지 한나라 군대에 맞섰지만, 왕검성이 한나라 군대에 점령당하면서 고조선은 끝내 멸망하고 말았지.

한나라가 고조선 영토에 세운 한사군

기원전 108년, 고조선을 무너뜨린 한나라는 고조선 땅을 다스리기 위해 행정 구역을 설치하고 관리를 보냈어. 낙랑, 임둔, 진번, 현도 등 네 개의 군으로 이루어진 이 행정 구역을 '한사군'이라고 부르지. 한사군은 옛 고조선 백성들의 거센 저항과 이후 등장한 고구려의 공격으로 인해 결국 사라지고 말아.

연맹 왕국 부여의 사출도

고조선이 멸망한 뒤, 고조선의 옛 영토와 한반도에는 여러 나라들이 새롭게 등장했어. 그중 부여라는 나라는 훗날 고구려와 백제의 뿌리가 되었는데, 과연 어떤 나라였을까?

부여인 1: 우리 부여는 영토를 네 개의 지역으로 나누어 다스리는데, 그 부족장을 각각 마가, 우가, 저가, 구가라고 해.

부여인 2: 하늘에 '영고'라는 제사도 올리지.

부여인 3: 도둑질한 자는 훔친 물건의 열두 배를 갚아야 한다는 무서운 법도 있어.

고조선이 한나라 군대와 맞설 즈음, 고조선 주변에는 여러 부족들이 힘센 부족을 중심으로 뭉쳐 국가의 모습을 갖춘 **연맹 왕국**이 등장했어. 그중에는 만주 쑹화강 부근의 넓고 평평한 땅에 자리 잡은 **부여**라는 나라도 있었지.

　가축을 많이 기르기로 소문이 난 부여는 왕이 나라 전체를 다스린 것이 아니었어. 왕은 중앙 지역만 다스렸고, 그 외의 영토를 넷으로 나누어 우두머리인 부족장이 각각 그곳을 다스리게 했어. 이 네 개의 지역을 사출도라 불렀는데, 사출도를 다스리는 부족장인 마가, 우가, 저가, 구가를 통틀어 제가라고 불렀지. 마가, 우가, 저가, 구가라는 이름은 각각 말, 소, 돼지, 개를 뜻해.

　또한 백성들은 추수를 마치고 12월이 되면 하늘에 제사를 지내는 의식을 치렀는데, 이를 영고라 불렀어. 도둑질한 자에게 훔친 물건의 열두 배를 갚게 하거나 무서운 벌을 내리는 법률도 있었지. 이 법률의 이름을 1책 12법이라고 해.

　부여는 사방 2,000리나 되는 영토에 40만 명의 인구를 가졌던 나라인 데다, 고구려와 백제를 건국한 인물이 부여 출신이었으므로 고구려와 백제 탄생의 뿌리가 된 나라라고 볼 수 있어.

고구려 초기, 5부족 연맹으로 다스리다

고조선의 뒤를 이어 생겨난 나라들 가운데 고구려는 지금의 압록강 중류 지역에 세워진 나라야. 문화와 제도가 부여와 비슷했지만, 고구려만의 독특한 풍습이나 문화도 있었어. 초기의 고구려는 어떤 모습이었을까?

고구려인 1: 우리 고구려는 5부족의 족장이 모여 의견을 모아 나라를 다스리지.

고구려인 2: '데릴사위'라는 풍습도 있어.

고구려인 3: 음력 10월에는 '동맹'이라는 축제를 열어 하늘에 제사를 올리기도 해.

《삼국사기》에 따르면, 고구려는 '기원전 37년 부여에서 살던 활을 잘 쏘는 **주몽**이 자신을 따르는 사람들을 이끌고 **졸본**이라는 곳에 가서 세운 나라'라고 기록돼 있어. 하지만 그보다 훨씬 이전에 졸본 지역을 중심으로 연맹 국가의 모습을 갖추었을 것이라는 의견도 있어. 졸본은 압록강 중류 지역으로, 지금의 중국 랴오닝성 환런현으로 짐작해.

초기의 고구려는 왕이 큰 힘을 얻기 전에 나라를 세우는 데 중심이 된 5부족의 우두머리인 족장들이 모여 함께 의견을 모아 나라를 다스렸어. 소노부, 계루부, 절노부, 관노부, 순노부의 다섯 부족이 힘을 모아 나라를 이루고 이끌어 간 이 정치 집단을 **5부족 연맹**이라 불러.

당시 고구려에는 그들보다 먼저 연맹 왕국의 모습을 갖춘 **부여의 제도**를 본떠 도둑질한 자는 훔친 물건의 열 배 또는 열두 배를 갚게 하고, 소나 말을 함부로 죽인 자는 노비로 삼는 등의 **엄격한 법률**이 있었어. 또 결혼을 하면 신랑이 신부의 집에서 사냥과 밭일 등을 하며 자녀가 자랄 때까지 함께 사는 **데릴사위**라는 풍습과, 음력 10월에 하늘에 제사를 올리고 춤과 노래를 즐기던 **동맹**이라는 풍습도 있었어.

9 고구려와 다른 **옥저의 민며느리 풍속**

지금의 함경도 해안 지방과 두만강 부근에 옥저라는 나라가 있었어. 고구려와 비슷한 점이 많다고 알려진 옥저는 어떤 나라였을까?

옥저 사람 1: 고구려 아래 지방에 위치한 우리 옥저에는 민며느리제라는 풍속이 있어.

옥저 사람 2: 가족의 뼈를 나무로 만든 커다란 곽 안에 함께 넣는 가족 공동묘 풍속도 있지.

　지금의 **함경도 해안 지방**과 **두만강 부근**에 고구려와 비슷한 나라가 세워졌어. 바다와 가까워 해산물이 풍부하고, 고구려에 비해 기름진 땅도 많아 농사가 발달했던 **옥저**라는 나라야. 나라 이름은 착하고 순박한 느낌이지만, 옥저 사람들은 성품이 강직하고 용맹스러웠대. 역사책에는 '언어와 음식, 옷, 집, 예절 등에서 고구려와 비슷한 점이 많았다'고

기록되어 있지만, 결혼이나 장례 풍속 등에서는 고구려와 다른 점도 여럿 있었어.

옥저에는 여자가 열 살 정도의 나이가 되면 약혼을 하고 신랑이 될 사람의 집에 미리 가서 살다가, 성인이 된 후 친정에 가서 혼례를 치른 다음 다시 신랑의 집으로 가서 사는 결혼 풍속이 있었어. 이를 **민며느리제**라고 해. 민며느리는 '민머리인 채로 데려온 며느리'라는 뜻으로, 여기서 민머리는 쪽을 찌지 않은 머리, 즉 시집을 가지 않은 어린 처녀를 이르는 말이야.

또 사람이 죽으면 곧바로 장사를 지내지 않고 시신을 다른 곳에 임시로 묻어 두었다가, 시간이 지나면 그 뼈를 거두어 다른 가족의 뼈와 함께 하나의 커다란 목곽 안에 넣는 **가족 공동묘** 풍속도 있었어. 훗날 옥저는 고구려의 지배를 받다가 결국 고구려에 흡수되고 말지.

한반도 동해안에 위치한 나라, 동예

옥저의 남쪽에 위치한 지금의 동해 지역에는 동예라는 나라도 있었어. 동예 역시 언어와 풍속이 고구려와 비슷했지. 동예만의 독특한 제도나 풍속에는 어떤 것이 있었을까?

> **동예 사람 1:** 우리 동예 사람들은 같은 부족끼리 결혼할 수 없어.

> **동예 사람 2:** 동예에서는 해마다 음력 10월이면 '무천'이라는 축제를 벌여 하늘에 제사를 올려.

옥저와 마찬가지로 한반도의 동해 지역에 세워졌다가 나중에 고구려에 속하게 된 또 다른 나라가 있어. 바로 **동예**라는 나라야. 동예의 영토는 지금의 함경남도 남부와 강원도 북부, 경상북도 일부 지역에 이르는 곳이라 예상하고 있어.

역사책에는 동예에 대해 '풍속과 언어가 고구려와 비슷했고, 의복만 조금 달랐다'고 기록되어 있는데, 명주와 삼베를 짜는 기술이 특히 발달했다고 해. 특산물로는 **단궁**이라는 활과 산악 지대에서 주로 타는 말인 **과하마**, **바다표범 가죽** 등이 유명했어.

동예에는 독특한 법이 있었어. 자신들의 영역과 생활권을 매우 중요하게 여긴 동예의 여러 부족은 산과 하천을 경계로 나뉜 다른 부족의 땅에 함부로 들어가는 일을 금했다는 거야. 만약에 다른 부족의 영역을 침범했다면 그에 대한 벌로 소나 말을 대신 물어 주어야 했는데, 이를 **책화**라고 해. 만일 물어 줄 소나 말이 없다면 그 부족의 노비, 즉 **생구**가 되어야 했지.

한편, 동예에는 **족외혼**이라는 제도가 있어서 결혼은 반드시 같은 부족 사람이 아닌 다른 부족 사람과 해야 했어. 또한 **무천**이라는 제천 의식을 통해 부여나 고구려처럼 동예 사람들도 하늘에 제사를 지내고 밤낮으로 음식과 술을 먹고 마시며 노래 부르고 춤을 추었다고 해.

한반도 중남부 지역의 세 나라, 삼한

한반도의 중남부 지역에는 세 개의 나라가 있었어. '삼한'이라고 불리는 이 세 나라는 각각 어떤 특징이 있었을까?

마한 사람: 우리는 삼한 중에 가장 힘이 세고 넓은 영토를 가진 마한! 삼한의 우두머리라 할 수 있지.

변한 사람: 우리 변한은 철을 많이 생산해!

진한 사람: 우리는 한반도 동쪽 끝에 위치한 진한!

    고조선이 만주와 한반도 북부 지방을 중심으로 세력을 펼칠 무렵, **한반도 남쪽**에는 **진**(辰)이라는 나라가 있었어. 이 나라는 나중에 마한, 진한, 변한이라는 세 개의 나라로 나뉘어 각기 세력을 키우며 성장해 갔는데, 이 세 나라를 합쳐 **삼한**이라고 불러.

마한은 지금의 충청도와 전라도, 경기도 일부 지역에 속한 54개의 나라이고, 진한은 강원도와 충청북도, 경상북도에 위치한 12개의 나라야. 그리고 변한은 경상남도 일대에 있던 12개의 작은 나라들이 모여 연맹을 이루었지. 이들 가운데 가장 힘이 센 나라는 마한이었어.

마한에는 목지국이라는 나라가 있었는데, 이 나라의 지배자가 왕으로 받들어져 삼한을 이끌었어. 그리고 나머지 나라들 가운데 비교적 큰 나라들은 '신지'와 '견지', 작은 나라들은 '읍차'와 '부례'라는 이름의 부족장이 다스렸지.

또 삼한에는 5월과 10월 두 차례에 걸쳐 하늘에 제사를 지내는 천군이라는 제사장이 있었어. 천군이 다스리는 지역인 소도는 매우 신성한 곳으로 여겨져서 죄를 지은 사람도 이곳에 들어가면 함부로 잡을 수 없었지.

삼한에서는 농업이 크게 발달했고 철로 만든 농기구를 사용했어. 또한 저수지를 만들어 농사짓기 좋은 땅을 만들었지. 특히 변한에서는 철이 많이 생산되어 주변 나라들에까지 수출을 했다고 해.

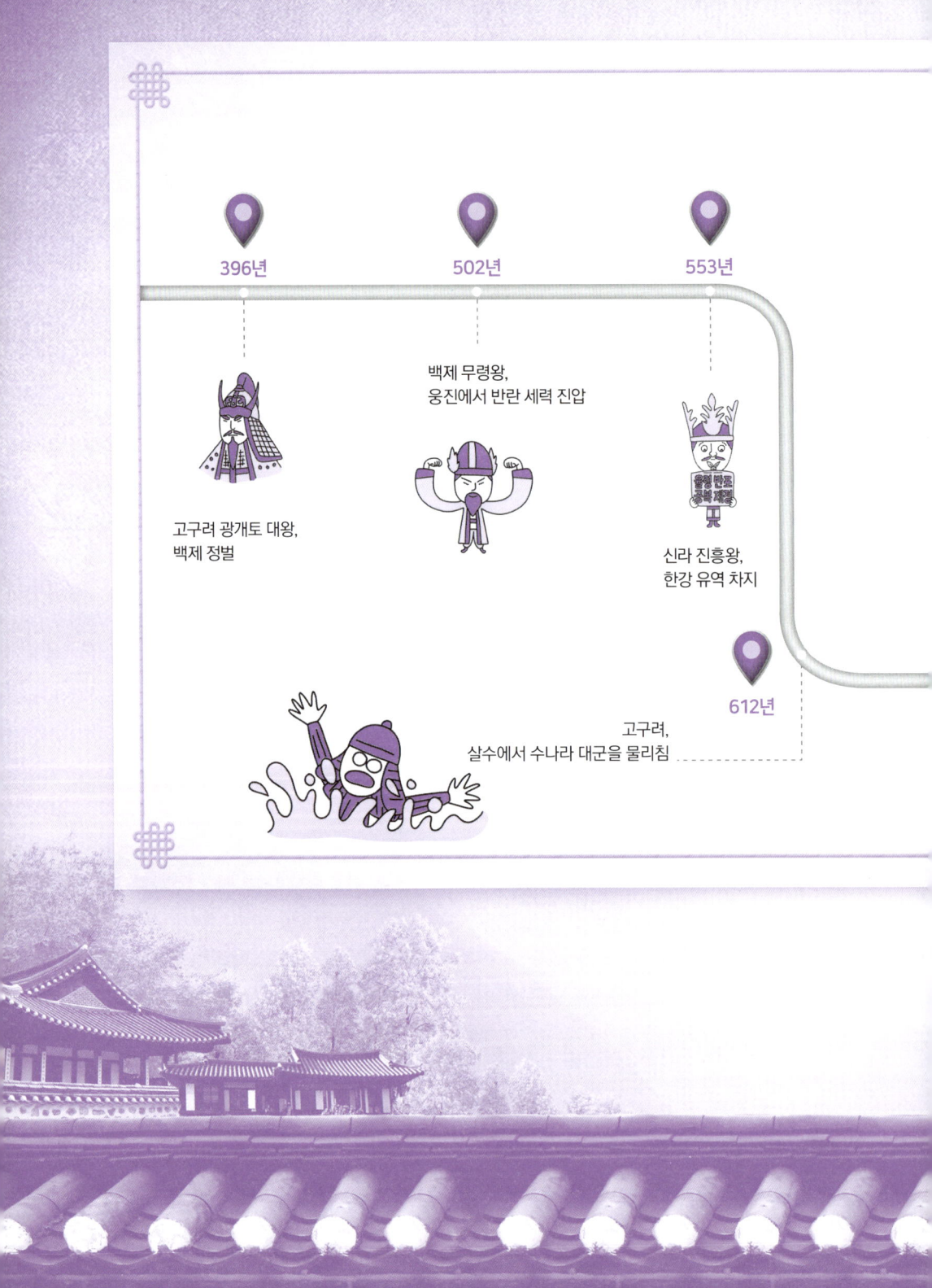

3

삼국 시대

660년
백제,
신라·당나라 연합군에게 멸망함

668년
고구려,
신라·당나라 연합군에게 멸망함

알에서 태어난 삼국 시대 시조 임금들

고대 국가 중 고구려와 신라를 처음 세운 임금이 모두 알에서 태어났다는 신화가 우리 역사에 전해지고 있어. 가야를 세운 임금도 마찬가지야. 왜 고대 국가의 신화 속에 등장하는 시조 임금들은 대부분 알에서 태어났을까?

박혁거세: 난 신라를 세운 혁거세. 박처럼 생긴 큰 알에서 나왔다고 해서 성을 '박'이라고 지었대.

주몽: 난 고구려를 세운 주몽. 활을 잘 쏘는 아이여서 주몽이라 불렸지. 우리 어머니가 낳은 알에서 내가 나왔대.

김수로: 난 가야를 세운 김수로. 황금 상자 속 황금 알에서 나왔지. 황금 상자에서 나와서 성을 '김', 세상에 처음 나타났다고 하여 이름을 '수로'라고 지었대.

박혁거세: 그럼 우린 모두 알에서 태어났네!

먼 옛날 **한반도 동남쪽**에 여섯 부족이 모여 작은 나라를 이루어 살고 있었어. 나라 이름은 사로국!

 그러던 어느 날, 양산이라는 곳의 우물가에서 신비한 알이 발견되었지. 그 알에서는 곧 사내아이가 태어났고, 각 부족의 우두머리들은 이 아이를 잘 키워 훗날 자기들의 지도자로 삼기로 했어.

 "아이의 이름은 세상을 밝혀 준다는 뜻의 **혁거세**로 짓고, 성은 박처럼 큰 알에서 나왔으니 **박**씨로 합시다."

 결국 아이는 커서 왕이 되었고, 나라의 이름을 **서라벌**이라 새로 정했어. 서라벌은 나중에 **신라**가 돼.

 그 무렵, **한반도 북동쪽** 두만강 주변 지역에는 **동부여**라는 나라가 있었어. 어느 날, 동부여의 왕 금와는 태백산 강가에 갔다가 우연히 유화라는 여인을 만났어. 금와는 유화를 데리고 와 궁궐에서 살게 했는데,

유화는 이미 북부여의 왕이었던 해모수의 아이를 임신하고 있었지.

그 뒤 유화가 낳은 알에서 사내아이가 나왔는데, 그 아이가 바로 **주몽**이야. 주몽은 커서 졸본 부여로 내려간 뒤 새 나라 **고구려**를 세웠고, 훗날 **동명성왕**으로 불리지.

알에서 태어나서 '난생 신화'

한 민족이나 한 나라의 맨 처음 조상을 '시조', 시조 임금들이 나라를 세운 이야기를 '건국 신화'라고 해. 신라와 고구려의 건국 신화는 《삼국사기》와 《삼국유사》에 기록돼 있어. 또 《삼국유사》에는 금관가야를 세운 김수로왕의 건국 신화도 실려 있는데, 수로왕이 가야의 다른 다섯 임금과 함께 알에서 태어났다는 기록이 전해지고 있지. 그런데 왜 고대 국가의 건국 신화 속 시조 임금들은 대부분 알에서 태어났을까?

그 이유는 한 나라를 세운 인물인 만큼, 보통 사람들과는 출생 이야기부터 다르다는 것을 보여 주기 위해서야. 시조 임금들이 신비롭고 위대한 존재임을 나타내기 위해 알에서 태어났다는 이야기를 만들어 낸 거지. 이처럼 알에서 태어난 신화를 '알 난(卵)', '날 생(生)'이라는 한자를 써서 '난생 신화'라고 불러. 삼국 시대의 나라 중에서는 백제의 시조 임금만이 알에서 태어나지 않았어.

2. 졸본에 고구려를 세운 주몽

기원전 37년, 주몽은 자신이 살던 부여를 탈출한 뒤 졸본성이라는 곳으로 가서 나라를 세웠어. 졸본은 압록강의 북쪽, 즉 현재 중국의 랴오닝성 환런현에 위치한 우뉘산성으로 짐작해. 주몽이 세운 새 나라 고구려의 역사는 어떻게 펼쳐질까?

주몽: 나는 해모수의 아들이자 하백의 외손자다.
군사들이 나를 뒤쫓고 있는데, 이를 어찌하면 좋겠는가?

신하들: 물고기들과 자라들이 물 위로 떠올라 다리를 이루었습니다!

주몽: 자, 모두들 놀라지 말고 어서 강을 건너자.

신하들: 하느님의 아들인 해모수의 아들이자 물의 신 하백의 외손자, 주몽 만세!

유화 부인이 동부여로 건너와 낳은 사내아이는 생김새와 영리함이

▶ 우뉘산성

아주 남달랐어. 특히 어려서부터 활을 잘 쏘아 **주몽**이라 불렸지. 부여에서 주몽은 **활을 잘 쏘는 사람**을 일컫는 말이었거든. 하지만 주몽은 어릴 적부터 금와왕의 큰아들 대소를 비롯해 동부여의 여러 왕자로부터 시기와 질투를 받아 수없이 죽을 위기를 넘기며 지내야 했어.

 결국 주몽은 왕자들의 괴롭힘을 피해 자신을 따르는 사람들을 데리고 동부여에서 도망쳐 나왔어. 동부여의 왕자와 군사들은 주몽을 뒤쫓았지. 도망가던 길에 주몽 일행은 엄체수라는 큰 강을 만났지만 다행히도 무사히 건널 수 있었고, 드디어 자신을 해치려는 무리에게서 벗어나 **졸본 부여**라는 곳에 도착했어.

주몽은 당시 졸본 부여에서 세력을 떨치던 **소서노**라는 여인과 결혼한 뒤에 새 나라를 세웠어. 나라의 이름은 **고구려**라 정했고, 이후 자신의 성을 '고(高)'라고 지었지. 훗날 사람들은 그를 **동명성왕**이라 불렀으며, 광개토 대왕릉비에는 **추모왕**으로 기록되었어.

소서노의 두 아들, 비류와 온조

소서노는 졸본 지역에서 큰 부자로 세력을 떨치던 연타발이라는 사람의 딸이었어. 《삼국사기》에 따르면 부여의 왕 해부루의 후손 우태와 결혼하여 비류와 온조라는 두 아들을 낳았다고 해. 그러나 남편 우태가 일찍 죽는 바람에 두 아들과 함께 과부로 살고 있었어. 그러던 중 아버지 연타발이 부여에서 도망쳐 온 주몽을 사윗감으로 생각했고, 소서노 역시 주몽을 남편으로 맞이하기로 했어. 소서노가 주몽을 자신의 남편으로 선택한 이유는, 비록 당시 그의 세력은 보잘것없었지만 앞날이 기대되었기에 함께 미래를 개척할 뜻을 세운 거야. 소서노가 주몽과 재혼할 당시 비류는 열두 살, 온조는 열 살 정도 되었을 것으로 짐작해.

③ 비류의 **미추홀**, 온조의 **위례성**

고구려를 세운 동명성왕 앞에 친아들이 나타나자, 소서노는 자신의 아들인 비류와 온조를 데리고 남쪽으로 내려가 새 나라를 세웠어. 소서노와 두 아들이 세운 나라의 이름은 각각 무엇이며, 그 도읍지는 어디였을까?

> **신하들**: 강과 산, 평야가 적당히 어우러져 있는 이곳을 도읍으로 정하면 어떻겠습니까?

> **온조**: 저는 어머니와 신하들의 말을 따르겠습니다.

> **비류**: 어머니, 저는 바다와 가까운 곳이 더 좋습니다.

> **소서노**: 어미는 신하들의 말을 따를 것이므로 온조 곁에 머물겠다.

동명성왕이 왕위에 오른 지 19년이 되던 해, 그의 앞에 불쑥 친아들이 나타났어. 동명성왕이 소서노와 결혼하기 전, 동부여에서 부인으로 삼았던 예씨 부인과의 사이에서 태어난 아들이었지. 소서노 역시 그와 결혼하기 전에 낳은 비류와 온조라는 두 아들이 있었어.

　동명성왕을 찾아온 아들 유리는 비류와 온조보다 나이가 많았지.

　이후 동명성왕이 자신의 아들 유리를 태자로 삼자, 소서노는 두 아들과 열 명의 신하들, 그리고 자신을 따르는 무리를 이끌고 남쪽으로 떠났어. 그렇게 소서노 일행은 북한산에 다다랐고, 넓게 펼쳐진 땅을 바라보며 새 나라를 세우고 살 만한 곳을 찾아보았지. 신하들은 한강 남쪽 부근을 도읍지로 삼아 나라를 세우자고 했어.

　"북쪽으로는 한강이 흐르고, 동쪽으로는 높은 산이 솟아 있으며, 남쪽으로는 너른 평야가, 서쪽으로는 큰 바다가 펼쳐져 있어 백성들이 살기에도, 나라를 세우기에도 아주 좋은 곳입니다."

▶ 백제의 도읍인 위례성의 일부였던 몽촌토성의 전경

그러나 **바닷가**에 살고 싶었던 **비류**는 함께 떠나온 무리의 일부와 서쪽 **미추홀**로 떠났어. 소서노는 둘째 아들 온조와 함께 그곳에 머무르기로 결정했지.

신하들의 의견을 받아들인 **온조**는 **한강** 남쪽 땅에 도읍을 정하고 이를 **위례성**이라 부르며 성과 궁궐을 지었어. 나라의 이름은 열 명의 신하들과 함께 세운 나라라 하여 '십제'라 정했지.

십제, 백제가 되다

비류가 선택한 미추홀은 땅에 습기가 많고 물이 짠 곳이었으므로 백성들이 겪어야 하는 불편함은 이루 말할 수 없을 정도였어. 이런 백성들을 안타까워하며 근심하던 비류가 어느 날 동생 온조가 사는 위례성을 방문해 보니, 도읍이 안정되었을뿐더러 백성들 또한 편하게 살고 있었지.

다시 미추홀에 돌아온 비류는 백성들을 힘들게 한 자신의 잘못된 선택을 후회하고 부끄러워하다가 결국 스스로 목숨을 끊었어. 이후 그의 백성들은 미추홀을 떠나 온조가 세운 위례성으로 향했어. 온조는 '미추홀의 백성들이 위례성으로 오면서 모든 백성이 즐거워하였다' 하여 나라 이름을 '백제'로 바꾸었다고 해.

4 국내성으로 도읍지를 옮긴 고구려

유리가 왕위에 오른 뒤 고구려는 점차 영토를 넓혀 나갔고, 백성들의 수도 크게 늘어났어. 이를 못마땅하게 여긴 동부여가 계속해서 고구려를 공격해 오자, 유리왕은 동부여와 멀리 떨어져 있으며 적의 공격을 막기에도 적당한 곳으로 도읍지를 옮겼지. 그곳은 어디일까?

백성 1: 돼지 잡아라! 저 돼지 잡아라!

백성 2: 돼지가 성 밖으로 빠져나갔다! 어서 쫓아라!

백성 1: 헉헉, 돼지 한 마리 잡으려고 성 밖으로 나와 며칠을 헤매다니.

백성 2: 제물로 쓸 돼지!니까 그렇지.

고구려의 첫 도읍지인 졸본성 안에서 돼지 한 마리가 이리저리 날뛰고 있었어.

돼지를 잡으려고 여러 사람이 그 뒤를 졸졸 따라다녔는데, 그중에는 **고구려 제2대 왕**인 **유리왕**도 있었어. 나라에서 지낼 큰 제사를 앞두고 제물로 바치려던 돼지가 도망치는 바람에 성안에 한바탕 소동이 벌어진 것이었지.

결국 돼지는 졸본성을 벗어나 어디론가 달려갔고, 고구려 사람들도 성을 나와 계속해서 돼지를 쫓아갔어. 그렇게 도읍을 벗어나 며칠 동안 정신없이 헤매고 다니던 고구려 사람들은 드디어 돼지를 잡았는데, 문득 주변을 살펴보고는 다들 놀라서 입을 다물지 못했어.

"와, 이렇게 좋은 터가 있다니!"

"졸본성보다 훨씬 더 좋은 것 같지?"

▶ 중국 지린성 지안시에 있는 삼국 시대 고구려 무덤군(산성하 고분군)

그곳을 자세히 살펴보니 주변에 강물이 흐르고 너른 평야가 펼쳐져 있어 농사짓기에 적당했고, 북쪽으로는 산줄기가 성곽처럼 둘러쳐져 있어 적들이 쉽게 침입하기 어려워 보였어. 즉, 도읍지로서 아주 좋은 조건을 갖춘 곳이었던 거야.

그 뒤로 고구려는 **도읍지**를 졸본성에서 그곳으로 옮겼는데, 그곳이 바로 **국내성**이야. 오늘날 압록강 북쪽 지역의 중국 지린성 지안시에 위치했을 거라 추정하고 있지.

국내성은 고구려의 유적이 가장 많은 곳이야. 만주 벌판을 누비던 고구려의 역사를 알려 주는 광개토 대왕릉비와 거대한 크기의 무덤인 장군총, 사냥하는 그림과 무용하는 그림이 벽화로 그려져 있는 무용총 등을 비롯해 고구려 옛 무덤들이 많이 남아 있지.

5 을파소 등용, 진대법 실시

고구려 제9대 왕인 고국천왕은 백성들을 괴롭히는 귀족들을 내치고 왕의 힘을 키우기 위해 평민 출신의 을파소를 등용했어. 이후 을파소는 진대법을 실시했는데, 과연 어떤 제도였을까?

고국천왕: 굶주리는 백성들을 구제하기 위한 좋은 방법이 없겠소?

을파소: 진대법이란 제도를 실시함이 좋을 듯하옵니다.

고구려의 제9대 왕인 **고국천왕**은 왕의 힘을 키워 나라를 더욱 강하게 만들고자 했어. 그래서 왕의 자리를 위협하거나 권력 다툼을 벌이는 귀족 출신이 아닌 인물 중에서 나라를 이끌 새 인재를 찾았지.

고국천왕이 찾은 인물은 **을파소**였어. 을파소는 유리왕 때의 대신이었던 을소의 후손으로, 성격이 강직하고 지혜가 깊은 인물이었어. 당시 그는 농사를 지으며 가난하게 살고 있었지.

왕은 귀족들의 반대에도 불구하고 을파소에게 고구려의 최고 벼슬인 **국상**이라는 관직을 내렸어. 국상의 자리에 오른 을파소는 나라의 법을 정비하고 백성들의 삶을 안정시켰는데, 이때 실시한 대표적인 제도가 **진대법**과 왕위 계승의 **부자 상속제**였어.

진대법은 식량이 부족한 3~7월에 나라가 백성들에게 곡식을 빌려주고, 10월에 추수가 끝난 다음 빌린 곡식을 갚도록 한 제도야. 을파소의 건의로 시행된 진대법은 우리 역사상 최초의 빈민 구제 제도라고 할 수 있지. 또한 고국천왕 때는 왕위가 형에서 아우로 이어지는 형제 상속에서 아버지에서 아들로 이어지는 부자 상속으로 자리를 잡았어.

6 신라의 통치자, 차차웅·이사금·마립간

한반도 동남쪽 땅에 여섯 부족이 모여 이룬 나라 서라벌은 박혁거세를 왕으로 세우고 고대 국가의 모습을 갖추어 갔어. 서라벌은 고대의 삼국 중 어느 나라일까?

> **탈해:** 우리 중 나이가 더 많은 사람이 먼저 왕이 되는 것이 어떻소? 떡을 깨물어 난 잇자국을 보고 이의 수가 더 많은 사람이 왕위에 오르도록 합시다.

> **유리:** 좋소. 그럼 이가 많은 사람이라는 뜻의 이사금을 왕의 호칭으로 정합시다.

한반도 동남쪽 지금의 **경주** 지역에 여섯 개의 부족이 모여 세운 사로국이란 나라가 있었어. 사로국의 여섯 부족은 기원전 57년에 **박혁거세**를 왕으로 삼고 나라 이름을 **서라벌**이라 지었어. 서라벌은 그 뒤로 점점 힘을 키워 고대 국가로서의 모습을 갖추어 갔지.

2대 왕 남해 **차차웅**에서 3대 왕 유리 **이사금**을 거쳐 17대 왕 내물 **마립간**, 21대 왕 소지 마립간에 이르기까지 서라벌은 약 500여 년이란 세월 동안 어엿한 고대 국가로 성장했어. '차차웅', '이사금', '마립간'은 통치자, 즉 임금을 뜻하는 서라벌만의 독특한 호칭이었지.

차차웅은 제사를 맡은 무당을, 이사금은 이가 많은 사람을, 마립간은 우두머리 또는 조정에서 최고 높은 자리를 뜻해. 서라벌의 왕위는 **박**, **석**, **김** 등 세 개의 성씨로 이어지다가, 마립간 시대부터 김씨로만 이어졌지. 시간이 흘러 영토를 크게 넓힌 서라벌은 나라 이름을 **신라**로 바꿨어.

7 낙동강 주변 여섯 나라가 모인 가야

서라벌이 세워진 이후, 한반도 남쪽에는 또 다른 여섯 개의 작은 나라가 모여 세운 가야라는 나라가 등장했어. 이들은 서로 힘을 합쳐 행동하기로 약속한 연맹 국가였지. 가야는 고대 국가의 모습을 갖춰 나가며 신라와 경쟁을 벌이기도 했는데, 이들은 어떻게 힘을 키웠을까?

신라 신하: 우리 신라의 아래 지방에서 여섯 개의 나라가 서로 힘을 모아 세력을 키우고 있다 하옵니다.

신라 왕: 여섯 개의 나라? 그저 조금 큰 마을 정도겠지. 이름이 무언가?

신라 신하: 가야라고 하옵니다. 그들은 계속 세력을 키워 언젠가는 우리 신라에 맞설지도 모릅니다.

신라 왕: 가야? 설마….

고구려와 백제에 이어 신라가 나라의 모습을 갖추어 갈 무렵, 신라의

▶ 가야의 갑옷

아래에 위치한 한반도 남쪽 **낙동강 중·하류** 지역에서는 몇몇 작은 나라들이 각자 나름대로 힘을 키우고 있었어. 이들은 삼한 중 **변한의 세력**이 미쳤던 곳에 위치한 여섯 개의 나라로 금관가야, 아라가야, 고령가야, 대가야, 성산가야, 소가야였지.

그중 우두머리는 김해 지역에 있던 **금관가야**로 '가락국', '구야국'이라 불리기도 했어. 금관가야는 주변의 부족들을 통합하고 힘을 키워 신라에 맞설 정도로 성장해 갔고, 77년에는 신라를 상대로 실제 전쟁을 일으키기도 했지.

가야가 이렇게 힘을 키우며 성장할 수 있었던 것은 기름진 평야를 바탕으로 **벼농사**가 발달한 데다, 과거 가야 땅에 위치했던 변한의 영향을 받아 **철기 문화**가 발달한 덕이기도 했어. 변한은 물건을 사고팔 때 철을 사용할 정도로 철기 문화가 무척 발달했었거든.

가야는 철을 비롯한 여러 가지 문물을 바다 건너 왜(일본)에 전해 주기도 했고, 이웃한 나라인 신라와 백제 사이에서 오늘날의 경남 **김해** 지방을 포함한 경북 **고령** 지방을 중심으로 세력을 이어 갔어.

> **구지가와 김수로왕 설화**
>
> 《삼국유사》에 따르면, 임금이 없던 가락국에서는 아홉 명의 족장이 백성들을 다스렸다고 해. 그러던 42년 3월, 김해 구지봉 하늘에서 신의 소리가 들리자 족장들은 백성들을 구지봉으로 불러 모아 신의 계시대로 흙을 파헤치며, "거북아, 거북아, 머리를 내놓아라. 만약에 내놓지 않으면 구워 먹으리."라는 노래를 부르게 했어. 그러자 하늘에서 여섯 개의 황금 알이 내려와 여섯 명의 귀공자로 변했고, 이들은 각각 6가야의 왕이 되었지. 그중 제일 큰 알에서 나온 사람이 수로왕이었다고 해.

6좌평 16관등·공복 제도 실시, 고이왕

백제는 제8대 왕인 고이왕 때 율령 반포와 공복 제도를 실시함으로써 왕권을 한층 강화하고 나라의 기틀을 다졌어. 고이왕이 실시한 율령 반포와 공복 제도란 무엇일까?

> **고이왕**: 백제의 기틀을 제대로 세우겠노라!
> 우선 관직의 등급을 열여섯 개로 나누고,
> 관리들의 등급에 따라 입는 옷의 색깔도 다르게 하라.

234년 백제의 제6대 왕인 구수왕이 죽자, 그의 어린 아들인 사반왕이 왕위를 이었어. 그러나 사반왕은 너무 어려서 나랏일을 제대로 볼 수 없었으므로 오래지 않아 다른 인물이 왕위에 올랐는데, 그가 바로 백제 제8대 왕인 **고이왕**이야. 고이왕은 **백제의 기틀**을 단단하게 다진 왕으로도 알려져 있지.

　고이왕은 군사 관련 업무를 담당하는 관직인 좌장을 설치하고, 그 자리에 자신의 뜻과 명령을 잘 따르는 인물을 임명하여 군사권을 손에 쥐었어. 이렇게 군사력을 키운 고이왕은 낙랑과 신라, 마한 지역을 공격하여 백제의 세력을 점점 넓혀 갔지.

　또 고이왕은 나라를 통치하기 위한 법과 제도인 **율령**을 **반포**하고 이를 따르게 했어. 260년, 나라의 행정 업무를 여섯 개의 부서로 나누어 좌평이라는 관직이 각각 이를 총괄해 처리하게 했으며, 좌평을 1품으로 하고 그 밑으로 열다섯 개의 품계를 두었지. 이로써 **6좌평 제도**와 **16관등 제도**가 자리를 잡게 되었어.

　그로부터 한 달 뒤 모든 관리는 관등, 즉 품계에 따라 서로 다른 색깔의 관복을 입는 **공복 제도**를 실시했어. 1~6품 관리들은 자주색, 7~11품 관리들은 짙은 붉은색, 12~16품 관리들은 청색 옷을 입게 한 거야.

이렇게 신하들의 지위가 겉으로 드러나면서 품계에 따라 질서가 세워졌는데, 이는 통치 조직의 정비뿐 아니라 왕권을 강화하는 데도 도움이 되었지.

백제의 6좌평

- **내신좌평:** 왕명의 출납(전달)을 담당.
- **내두좌평:** 물자와 창고에 관한 일을 담당.
- **내법좌평:** 예법과 의식을 주관하는 일을 담당.
- **위사좌평:** 왕의 호위와 왕궁을 지키는 일을 담당.
- **조정좌평:** 형벌과 감옥에 관한 일을 담당.
- **병관좌평:** 군사와 무기에 관한 일을 담당.

백제의 16관등

1품	6좌평	나랏일을 총괄.
2품	달솔	'솔(率)' 자를 공통으로 사용. 세력이 센 집단의 힘 있는 자들.
3품	은솔	
4품	덕솔	
5품	한솔	
6품	나솔	
7품	장덕	'덕(德)' 자를 공통으로 사용. '솔계' 관등보다 세력이 약한 집단의 힘 있는 자들.
8품	시덕	
9품	고덕	
10품	계덕	
11품	대덕	
12품	문독	중·하위급 실무를 맡아 일하는 자들.
13품	무독	
14품	좌군	
15품	진무	
16품	극우	

낙랑군을 정벌한 소금 장수 출신 미천왕

고구려의 미천왕은 중국 아래에 있던 세력, 즉 낙랑군과 대방군을 한반도에서 몰아내며 고구려의 영토를 크게 넓혔어. 왕이 되기 전 소금 장수로 살았던 미천왕은 어떻게 왕이 되어 고구려의 영토를 넓혔을까?

> **고구려 백성 1**: 왕께서는 원래 소금 장수셨다며?

> **고구려 백성 2**: 평범한 소금 장수가 아니었겠지. 신분을 속인 왕족 출신 소금 장수!

"소금 사시오, 소금! 소금 사시오, 소금!"

허름한 차림의 한 **소금 장수**가 장터에서 소금을 팔고 있었어. 그의 이름은 **을불**로, 고구려 제13대 왕인 서천왕의 손자이자 14대 왕 **봉상왕의 조카**였어. 봉상왕이 자신의 동생이자 을불의 아버지인 돌고에게 반역죄를 뒤집어씌워 죽이자, 을불은 목숨을 지키고자 궁궐에서 도망쳐 6년 넘게 신분을 감추고 살았던 거야.

300년, 봉상왕이 힘든 백성들의 삶은 모른 체하고 사치와 방탕을 일삼자, 이를 보다 못한 신하들이 뜻을 모아 봉상왕을 왕위에서 몰아냈어. 그리고 을불을 찾아내 그에게 왕이 되어 줄 것을 부탁하였고, 마침내 을불이 왕위에 올랐지. 그가 바로 **고구려 제15대 왕 미천왕**이야.

미천왕은 백성들의 어려움을 살펴 어진 정치를 펼쳤고, 중국의 지배 아래에 있던 **한사군** 세력을 한반도에서 몰아내어 고구려의 영토를 크게 확장시켰어. 또한 311년에는 압록강 맞은편 요동의 서안평을 점령했으며, 313년에는 **낙랑군**을, 314년에는 **대방군**을 몰아냈어. 이로써 고구려는 한반도 북부 지역으로까지 영토를 넓힐 수 있었지.

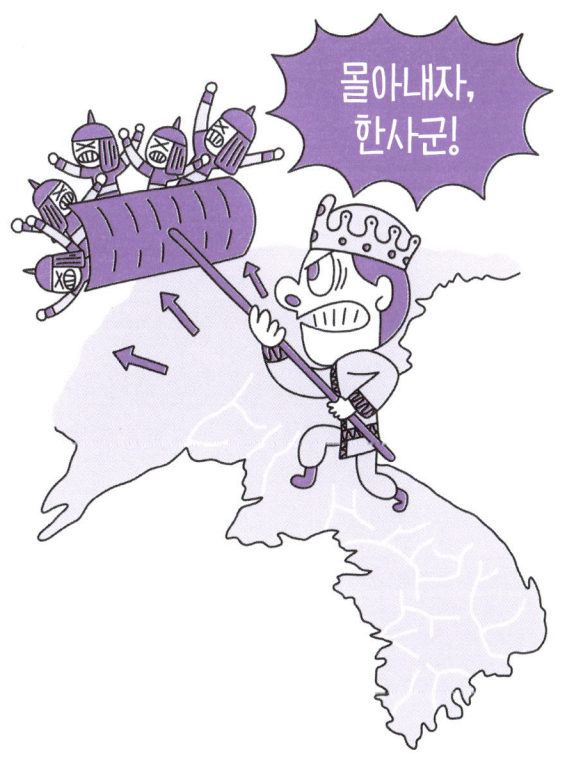

백제의 전성기를 이끈 근초고왕

백제는 근초고왕 때인 350~370년 무렵 최고 전성기를 맞이했어. 한반도 북쪽과 남쪽으로 영토를 넓혔고, 주변 나라와의 외교에도 박차를 가했지. 그 밖에 근초고왕의 업적으로는 무엇이 있을까?

근초고왕: 중국, 일본과 교역하고 고구려의 남쪽 진출을 막으려면 각각 남쪽과 북쪽으로 영토를 넓혀야겠다!

신하들: 네!

백제 제13대 왕이었던 **근초고왕**은 백제의 왕 중에서 **영토를 가장 크게 넓힌 왕**이야. 근초고왕은 마한 지역의 남은 세력을 정벌하여 지금의 전라도 전 지역을 백제의 영토로 삼았어. 또한 서쪽으로도 세력을 뻗어 소백산맥 너머 가야 연맹에 속했던 낙동강 유역의 작은 나라들을 정벌하기도 했지.

371년, 백제 군사들이 머물던 황해도 지역으로 고구려의 대군이 쳐들어왔을 때도 기습 공격을 퍼부어 크게 물리칠 수 있었어.

이 기세를 몰아 근초고왕은 그해 겨울 태자와 함께 직접 3만의 군사를 이끌고 **고구려**의 **평양성**을 **공격**했는데, 이때 고구려의 **고국원왕**이 백제 군사의 화살에 맞아 숨을 거두었지.

근초고왕의 업적은 이뿐만이 아니었어. 수군을 정비하고 **해상 무역**에 힘을 기울여 중국의 요서 지방에 '백제관'이라는 무역 기지를 설치했고, 중국 산둥 지방과 일본의 규슈 지방으로까지 진출함으로써 백제의 전성기를 이끌었지.

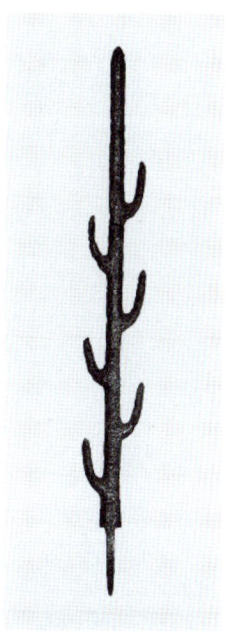

▶ 백제 칠지도(모조품)

근초고왕의 또 다른 업적들

근초고왕은 박사 고흥을 시켜 《서기》라는 백제의 역사책을 기록하게 했으며, 왕의 자리를 아들에게 물려주는 부자 상속제를 정착시킴으로써 왕권을 강화하는 데 힘썼어. 또한 일본에 칠지도(칼의 양쪽 날 부분에 나뭇가지처럼 생긴 구부러진 날이 각각 세 개씩 일정한 간격으로 뻗어 나와 있는, 총 일곱 개의 가지를 지닌 칼)라는 장식용 칼을 전해 주는 등 앞선 백제 문화를 일본에 전파했지.

삼국의 불교 수입

인도에서 탄생한 불교는 중국을 거쳐 우리나라에 들어왔어. 고구려와 백제는 300년대 후반에, 신라는 그로부터 약 100년이 지난 후에 불교를 정식 종교로 받아들였지. 삼국이 불교를 국가의 종교로 받아들이고 백성들에게 전파한 이유는 뭘까?

고구려 신하 1: 폐하, 중국에서는 부처님을 믿는 불교라는 종교가 왕실과 백성들 사이에서 큰 인기라 하옵니다.

소수림왕: 불교?

고구려 신하 2: 백성들로 하여금 불교라는 종교를 믿게 한다면, 그들의 마음을 하나로 모으는 데 도움이 될 것입니다.

불교는 고대 인도에서 태어난 종교야. **기원전 6세기경, 석가모니**에 의해 생겨난 뒤로 동양의 여러 나라에 전파되었지. 욕심을 버리고 석가모니, 즉 부처의 가르침을 따르면 누구나 구원을 얻을 수 있고, 다음 생애에 더 나은 존재로 다시 태어날 수 있다는 것이 불교의 교리야.

고구려에서는 372년 제17대 왕인 소수림왕 때 중국 전진이라는 나라에서 온 스님인 순도를 통해, 백제에서는 384년 제15대 왕인 침류왕 때 인도에서 중국 남조를 거쳐 온 스님인 마라난타를 통해 불교가 공식

▶ 1. 반가 사유상(삼국) 2. 마애여래 삼존상(백제) 3. 정림사지 5층 석탑(백제) 4. 석가탑(신라)
5. 다보탑(신라) 6. 석굴암(신라)

적으로 전해지고 인정되었어. 고구려와 백제의 왕이 중국에서 불교를 받아들인 이유는, 백성들로 하여금 불교를 믿게 함으로써 **나라를 통합하는 데 도움**이 될 것이라 여겼기 때문이지.

한편 **신라**는 눌지 마립간 시절, 고구려의 묵호자에 의해 불교가 전해졌지만 귀족들의 반대에 부딪혀 받아들이지 못했어. 그로부터 100년 뒤인 **법흥왕** 때 **이차돈**의 순교가 있고 나서야 불교를 공식적인 종교로 인정하게 되었지.

이차돈의 순교

신라의 제23대 왕인 법흥왕(재위 514~540년)은 불교를 공식적으로 인정하여 백성들의 마음을 하나로 모으고 왕권을 강화하고자 했어. 하지만 신하와 백성들은 새로운 종교인 불교를 받아들이는 것을 강하게 반대했지. 법흥왕을 가까이에서 모시던 이차돈은 법흥왕의 이런 고민을 알아챘고, 왕을 설득한 끝에 자신을 희생함으로써 불교를 받아들이게 할 계획을 세웠어. 법흥왕과 신하들이 모인 자리에서 신하들은 불교 공인을 계속해서 반대했고, 이차돈만이 불교를 받아들여야 한다는 의지를 보였어. 그러자 법흥왕은 이차돈과 미리 약속한 대로 그의 목을 치라고 명령했어. 이차돈은 처형 직전 "부처가 있다면 내가 죽은 뒤 반드시 기적이 있을 것입니다."라고 말했대. 결국 이차돈의 목을 치자 젖과 같은 흰 피가 솟구치더니, 하늘이 어두워지고 땅이 진동했으며 빗방울이 떨어졌어. 이차돈이 죽은 후 그의 말대로 기이한 일이 일어나자, 신하들은 결국 불교를 받아들이기로 했어. 이때가 527년(법흥왕 14년)이었지.

최고의 정복왕, 광개토 대왕

고구려는 백제 근초고왕에게 평양성을 공격당하고 심지어 고국원왕이 백제군과 싸우다 전사하자, 그들이 당한 치욕을 갚아 줄 날만을 기다렸어. 드디어 제19대 왕인 광개토왕 때에 이르러 고구려는 백제 정벌에 나섰고, 결국 백제의 왕으로부터 신하가 되겠다는 맹세를 받아 냈지. 사방으로 영토를 크게 넓혀 고구려를 광대한 제국으로 만든 광개토 대왕은 어떤 활약을 펼쳤을까?

고구려 백성 1: 호태왕이라고도 불리는 고구려 최고의 왕은 누굴까?

고구려 백성 2: 그야 고구려를 중국에 버금가는 큰 나라로 만든 광개토 대왕이잖아!

"영락 대왕의 은혜와 혜택이 하늘에까지 이르고, 대왕의 위력은 사해에 떨쳤다. 백성들은 모두 생업에 힘쓰고 편안하게 살게 되었다. 나

▶ 중국 지린성 지안시에 있는 광개토 대왕릉비

라는 부강하고 풍족해졌으며, 온갖 곡식들이 풍성하게 익었다."

광개토 대왕릉비에 새겨진 글의 일부야. **광개토 대왕**은 우리나라 최초로 독자적인 연호를 사용했는데, 그가 사용한 연호인 '영락'을 따서 광개토 대왕을 '영락 대왕'이라고도 불렀어. 소수림왕의 조카이자 고국양왕의 아들이었던 담덕, 즉 광개토 대왕은 18세의 젊은 나이로 **고구려 제19대 왕**이 되었고, 이후 고구려의 영토를 사방으로 크게 넓히며 고구려가 천하의 중심임을 당당하게 선포한 인물이지.

그는 중국 **후연**과의 전쟁에서 승리하여 고구려의 영토를 북쪽 요동 지역까지 넓혔으며, **거란**을 정벌하여 서쪽으로도 영토를 넓혔어. 또한 **말갈**과 **동부여**와의 전투 끝에 연해주 지역과 동쪽의 넓은 땅을 차지한 데다, **백제**를 정벌하여 남쪽으로도 영토를 넓혔으며, **왜**를 쳐부수어 어려움에 처한 신라를 도와주기도 했어.

광개토 대왕은 39세의 젊은 나이로 세상을 떠났지만, **고구려를 광대한 제국**으로 만든 통치자이자 백성들이 편안하게 살 수 있도록 나라를 잘 다스린 위대한 인물이었어. 그가 죽은 뒤 후손들은 그의 업적을 기리기 위한 무덤을 만들었는데, 이때 그의 이름을 '국강상광개토경평안호태왕'이라 지었다고 해.

국강상광개토경평안호태왕

'국강상광개토경평안호태왕'이란, 국강상이라는 곳에 묻힌 가장 큰 왕이자 땅의 경계를 넓히고 백성들을 편안하게 해 준 위대한 왕이란 뜻이야. '국강상'은 왕릉의 위치를, '광개토경'은 영토의 경계를 크게 넓혔음을 의미하고, '평안호태왕'은 백성을 평안하게 한 가장 큰 왕을 뜻하는 말이지. 우리나라에서는 이렇게 긴 이름 가운데 '광개토'라는 말을 따서 '광개토 대왕'이라 부르고, 중국에서는 '호태왕'이라 불러.

평양성으로 도읍지를 옮긴 장수왕

광개토 대왕의 뒤를 이은 장수왕은 고구려의 도읍지를 국내성보다 훨씬 남쪽에 있는 평양으로 옮겼어. 북쪽으로부터의 침입이 잦았던 것도 아닌데, 이처럼 도읍지를 남쪽으로 옮긴 까닭은 무엇일까?

고구려 신하: 폐하, 어찌 도읍지를 남쪽으로 옮기려 하십니까?

장수왕: 평양이 도읍지로서 여러모로 더 좋은 곳이기 때문이다.
(국내성에 있는 귀족들의 세력도 견제할 수 있으니까! 흐흐!)

고구려 광개토 대왕의 뒤를 이은 **장수왕**은 나라를 다스리던 중 무척 중요하고도 큰 결심을 했어. 바로 **도읍지**를 국내성보다 남쪽에 있는 **평양**으로 옮기는 것이었지.

장수왕은 평양에 두 개의 성을 짓도록 명령했는데 하나는 평지에 지어진 **궁성**이었고, 다른 하나는 평양의 가장 높은 산에 지어진 **산성**이었

어. 그리하여 427년, 장수왕은 도읍지를 국내성에서 평양으로 옮겼어. 장수왕이 도읍지를 옮긴 이유는 과연 무엇이었을까?

국내성보다는 평양성이 영토 관리가 쉽고 자원이 풍부하며 다른 나라에 위협이 될 만한 곳에 위치했기 때문이기도 하지만, 가장 큰 목적은 국내성에 뿌리를 둔 **귀족들의 세력을 약하게 하기 위해서**였어.

당시 도읍지였던 국내성의 귀족들은 왕실을 위협할 정도로 힘이 강했는데, 장수왕은 바로 이 귀족들의 힘을 억누르기 위해 평양으로 도읍지를 옮겼던 거야. 그 뒤로 장수왕은 남쪽으로 영토를 넓히려는 **남진 정책**을 펼치기도 했지.

14 신라와 백제가 맺은 약속, 나제 동맹

장수왕 때 고구려가 세력을 남쪽으로 뻗치자 백제와 신라는 큰 위협을 느꼈어. 그래서 고구려가 공격해 오면 서로 도움을 주어 함께 막아 내자는 약속을 맺었지. 백제와 신라의 약속은 잘 지켜졌을까?

백제 왕: 고구려가 도읍지를 평양성으로 옮겼다고? 그렇다면 우리 백제가 있는 남쪽으로도 세력을 넓히려 할 텐데, 이를 어쩌지? 그렇다면 신라와 동맹을…?

신라 왕: 지금은 고구려가 우리 신라와 잘 지내고 있지만, 언제 공격해 올지 모르니 불안하구나! 그렇다면 백제와 동맹을…?

고구려가 도읍지를 평양으로 옮기고 **남쪽**으로 세력을 넓히려 하자, **백제**와 **신라**는 크게 **위협**을 느꼈어.

백제의 제20대 왕인 **비유왕**은 고구려가 쳐들어올 것에 대비해 주변

나라의 도움을 받고자 중국 남조의 송나라를 비롯하여 바다 건너 왜와도 가깝게 지내기로 약속을 맺었어. 또 그때까지 서로 적으로 맞서며 싸웠던 신라에도 친하게 지낼 것을 요청했지.

"고구려가 남쪽으로 세력을 넓히면 우리 백제는 물론 신라도 괴로울 겁니다. 그러니 고구려가 공격해 오면 서로 군대를 보내 주어 함께 그들을 막아 냅시다."

"좋소! 사실 우리 신라도 광개토왕 때부터 고구려의 군사가 우리 땅에 주둔하며 간섭하는 것이 싫었소."

신라의 제19대 왕인 **눌지왕**은 백제의 요청을 받아들였지.

433년 7월, 백제의 비유왕과 신라의 눌지왕은 고구려의 공격에 대비해 서로 도움을 주고받자는 약속을 맺었어. 이를 **나제 동맹** 또는 **제라 동맹**이라 불러.

도읍지를 웅진으로 옮긴 백제

백제는 개로왕 때 고구려의 공격으로 도읍지가 함락되고 나라가 쑥대밭이 되었어. 개로왕의 뒤를 이은 문주왕은 어쩔 수 없이 도읍지를 남쪽으로 옮겼는데, 백제가 고구려의 공격에 쉽게 무너진 이유는 무엇이었을까?

문주왕: 장수왕과 고구려군에게 도읍지가 함락되고 나라가 위태롭게 되었구나!

백제 신하: 고구려군을 피해 일단 도읍지를 옮겨야 합니다!

문주왕: 아, 괴롭다! 도망치듯이 도읍지를 옮겨야 하다니. 대체 어디로 가야 한단 말이냐!

백제 신하: 웅진으로 옮기는 것이 좋겠습니다!

475년 10월, 백제의 제22대 왕인 **문주왕**은 왕실 사람들과 신하들을 데리고 남쪽을 향해 이동하고 있었어. 불과 한 달 전까지만 해도 문주

　왕은 왕자의 신분이었는데, 백제가 고구려군으로부터 공격을 당하는 바람에 위례성은 쑥대밭이 되어 버렸지.

　문주왕은 급히 신라로 가서 지원군을 보내 달라고 부탁했어. 그렇게 신라의 지원군과 함께 백제로 돌아와 보니 아버지인 **개로왕**은 이미 적군들에 의해 비참히 목숨을 잃은 뒤였고, **위례성**도 크게 **훼손**되어 도읍지로서의 기능을 할 수가 없는 상태였지. 그래서 문주왕은 눈물을 머금고 지금의 공주 땅인 **웅진**으로 도읍지를 옮겨야만 했어.

　475년 9월, 백제는 장수왕이 이끄는 고구려군의 공격을 받아 도읍지인 위례성이 함락당하고 말았어. 그 이유에 대해 《삼국사기》에는 '고구려 장수왕이 보낸 **첩자 도림**의 꾀에 속아서'라고 기록돼 있지. 장수왕은 백제의 개로왕이 평소 바둑 두는 것을 좋아한다는 사실을 알고 바둑을 잘 두는 스님 도림을 백제에 첩자로 보냈어. 도림은 바둑을 이용해 개로왕에게 접근하여 큰 신임을 얻은 뒤, 개로왕으로 하여금 백제의 궁궐과 성곽을 다시 세우는 대규모의 토목 공사를 벌이게 했지. 이로 인해 백제의 힘이 크게 약화되었던 거야.

백제가 고구려의 공격에 쉽게 무너질 수밖에 없었던 또 다른 이유는 당시에 나라가 정치적으로 혼란스러웠기 때문이라는 점도 있어. 개로왕은 힘 있는 귀족 세력을 무시하고 왕과 왕족의 힘만 키웠는데, 이로 인해 귀족 세력이 반발을 일으켜 안 그래도 나라가 어수선한 상황이었지.

바둑을 좋아한 개로왕과 고구려의 첩자 도림

고구려의 승려로 나라를 위하는 마음이 컸던 도림은 장수왕에게 자신이 백제의 개로왕을 속일 첩자가 되어 백제 땅에 들어가겠다고 했어. 장수왕은 기뻐하며 비밀리에 도림을 첩자로 보냈지. 도림과 바둑을 둔 개로왕은 그의 출중한 바둑 실력에 놀라 그를 귀한 손님으로 대접했어. 그리고 수시로 그와 마주 앉아 바둑을 두었지. 그렇게 개로왕의 신임을 받게 된 도림은 개로왕에게 대규모 토목 공사를 벌일 것을 부추겼고, 개로왕은 도림의 말대로 백성들을 강제로 불러 모아 웅장하고 화려한 성을 짓게 했어. 이로 인해 백제의 형편은 점점 더 나빠지고 말았지. 도림은 서둘러 고구려로 돌아왔고, 475년 장수왕은 백제의 상황이 어지러운 틈을 타 위례성을 함락하는 데 성공했지.

백제를 다시 강한 나라로 만든 무령왕

도읍지를 옮긴 후 쇠퇴의 길을 걷고 있던 백제를 다시 강한 나라로 만든 왕이 있었어. 바로 무령왕이야. 무령왕은 반란 세력을 잠재우고 고구려를 공격하여 빼앗긴 성을 되찾는 등 백제의 부흥을 위해 노력했지. 과연 무령왕은 어떤 인물이었을까?

《삼국사기》: '키가 8척이고 얼굴이 그림 같았다.'

《양서》: '풍채가 아름답고 얼굴이 그림 같았다.'

현재 어린이 1: 누구를 말하는 거지? 키 크고 잘생긴 꽃미남이었나 봐.

현재 어린이 2: 백제 무령왕이야!

무령왕은 백제의 제25대 왕으로 501~523년까지 백제를 다스렸어.

삼국 시대 _ 109

▶ 백제의 두 번째 도읍지인 웅진에 세운 공산성

　웅진으로 도읍지를 옮긴 백제는 바다에서 쳐들어오는 해구의 반란 등으로 계속해서 혼란을 겪다가, 제24대 임금 **동성왕** 때에 이르러서야 다시 왕권을 키우고 나라를 안정시켰어. 그러나 동성왕이 그에게 불만을 품은 귀족 백가에 의해 **살해**당하자, 그 뒤를 이어 무령왕이 왕의 자리에 올랐지.

　502년, 무령왕은 반란을 일으킨 백가와 그의 무리를 제거했고, 고구려의 수곡성을 공격하며 다시 강해진 백제의 힘을 보여 주기도 했어. 그 뒤로도 북쪽의 말갈, 고구려와의 전투에서 여러 차례 승리를 거두었고, 성을 쌓아 이들의 침입에 대비했어. 또 한편으로는 중국 남북조 시대의 **양**나라에 사신을 보내 교류를 맺으며 상업을 발달시키는 등 **외교**적인 성과를 거두기도 했지.

역사책은 무령왕에 대해 '어질고 너그러워서 백성들의 마음을 얻었다'라고 기록하고 있어. 백제의 백성들에게 새 희망을 주고, 어수선한 백제를 다시 일으켜 세워 **강한 나라**로 만든 임금이라고 말이야.

공주 무령왕릉

1971년 공주 송산리 고분군에서 일곱 번째 무덤이 발견되었어. 이 무덤에서는 3,000여 점에 이르는 보물들이 쏟아져 나와 세상을 깜짝 놀라게 했지. 게다가 다른 무덤과 달리 무덤에 묻힌 사람이 누구인지를 밝혀 주는 돌판인 '지석'이 발견되었는데, 여기에 '영동대장군 백제 사마왕'이란 글자가 새겨져 있었어. '영동대장군'은 무령왕이 중국 양나라 황제로부터 받은 벼슬의 이름이며, '사마'는 무령왕의 이름이었지.

▶ 1. 무령왕릉 외부(공주 송산리 고분군)　2. 무령왕릉 내부　3. 무령왕 유물 금제관식
4. 무령왕비 유물 베개

신라의 이름을 정한 지증왕

지증왕은 신라 제22대 왕으로, 500년부터 나라를 다스리며 여러 업적을 남겼어. 이때 신라의 사회적인 모습도 크게 변화하는데, 과연 어떻게 변했을까?

> **지증왕:** 나라의 이름을 새로 정하는 것이 좋겠다! 의견을 말해 보거라.

> **신라 신하:** '신라'가 어떻겠습니까? '신(新)'은 임금의 덕과 업적이 날로 새로워진다는 뜻이고, '라(羅)'는 널리 덮는다는 뜻입니다. 또한 우리도 다른 나라처럼 '마립간' 대신 '왕'이란 호칭을 쓰는 것이 좋을 듯하옵니다.

'신라'라는 나라 이름과 '왕'이라는 호칭은 지증왕 때부터 사용했어. 그전까지 나라 이름은 딱 정해지지 않아 '사라', '사로', '신라' 등으로 불렸고, 왕의 호칭은 '마립간'이라 했지. 당시 동아시아에서는 한자가 국제적인 문자로 사용되었기에, 나라의 품위를 높이기 위해 신라 역시 나라 이름을 한자로 새로이 정하고, 임금을 부르는 호칭도 왕으로 바꾼 거야.

지증왕은 64세의 늦은 나이에 왕이 되었지만, 14년 동안 신라를 다스리면서 여러 업적을 남겼어. 소를 이용하여 논밭을 가는 농사 방법인 **우경법**을 실시했고, 도읍지인 경주에는 **동시전**이란 **시장**을 설치하였으며, 지방 행정 제도를 정비하기 위해 관리를 파견하기도 했지. 또한 이사부라는 장군으로 하여금 **우산국**을 **정벌**하도록 했어.

우산국을 정벌한 신라 장군 이사부

신라 지증왕 때의 장군이었던 이사부는 왕의 명령을 받아 배를 타고 동해를 건너 우산국이라는 섬나라를 정벌하여 신라의 영토로 삼았어. 우산국은 지금의 어디일까?

> **이사부:** 우산국 사람들이 좀처럼 항복하지 않는다. 사자처럼 무서운 맹수로 협박하면 그들도 결국 항복할 것이다.

> **신라 병사:** (사자? 맹수?)

신라의 **지증왕**은 지방을 잘 다스리기 위해 전국을 주와 군으로 나누어 행정 구역을 정리했어. 그리고 각 주의 군대를 지휘하는 사람을 군주로 삼았는데, 이때 신라 최초로 군주가 된 사람이 바로 **이사부**라는 장군이야. 그는 512년에 아슬라주(지금의 강원도 강릉 지방)의 군주로 임명되었지.

　아슬라의 군주가 된 이사부는 동쪽에 있는 섬나라 **우산국**을 신라의 영토로 삼으려는 계획을 세웠어. 우산국은 지금의 **울릉도**와 그에 딸린 섬들을 다스리는 나라였는데, 당시 우산국에 살던 사람들은 고집이 세고 성미가 사나워서 그들로부터 항복을 받아 내기가 쉽지 않았지.

　그러자 이사부는 부하들을 시켜 **나무**로 **사자**를 여럿 만들게 한 뒤, 배에 그 나무 사자들을 싣고 우산국 해안으로 다가가 우산국 사람들에게 말했어.

　"어서 항복하지 않으면 이 배에 싣고 온 사자들을 풀어놓아 너희들을 모두 잡아먹게 하겠다!"

　그러자 우산국 사람들은 처음 보는 무시무시한 맹수의 모습에 크게 겁을 먹고 이사부와 신라 군대에게 항복했다고 해. 그때부터 우산국은 신라의 영토가 되었지.

19 율령을 반포하고 공복을 제정한 **법흥왕**

백제의 고이왕, 고구려의 소수림왕이 나라의 기틀을 다져 전성기를 이루기 위한 바탕을 마련했다면, 신라는 법흥왕 때 나라의 기틀을 단단히 세웠어. 이를 위해 법흥왕이 한 일은 과연 무엇일까?

> **신라인 1:** 신라 진흥왕이 전성기를 이룰 수 있게 기틀을 다진 왕은 누구였을까?
>
> **신라인 2:** 그야 물론 법흥왕이시지.

세력이 가장 크고 왕성한 시기를 **전성기**라고 해. 삼국 시대에 백제는 **근초고왕**, 고구려는 **광개토 대왕** 또는 **장수왕** 때가 바로 전성기라고 할 수 있지. 그런데 두 나라가 전성기를 누릴 수 있도록 그에 앞서 중요한 **기틀**을 **마련**해 놓은 왕들이 있었어. 백제의 **고이왕**, 고구려의 **소수림왕** 이 바로 그들이야. 두 왕의 공통점은 모두 **율령**, 즉 **법**과 **제도**를 만들고

백성들이 그것을 지키도록 널리 알렸다는 것이지.

 율령을 정하고 이를 널리 알렸다는 것은, 왕을 중심으로 나라를 안정시키고 정치와 사회의 질서를 잘 잡았다는 것을 의미해. 그렇다면 신라는 어땠을까?

 신라는 제23대 왕인 **법흥왕**이 나라를 다스리던 때인 520년에 율령을 만들고 이를 널리 알렸어. 또한 나랏일을 하는 관리들이 입는 옷을 붉은색과 자주색으로 나누어 등급을 구별하는 **공복**을 **제정**했지. 이렇게 법흥왕이 마련한 기틀을 발판 삼아 신라의 전성기를 이룬 왕은 바로 그 뒤를 이은 **진흥왕**이야.

20 금관가야를 통합한 신라

김해 지방을 중심으로 가야 연맹을 이끌던 금관가야의 힘이 약해지자, 신라는 법흥왕 때 금관가야를 공격하여 항복을 받아 냈어. 이후 고령 지방에 있던 대가야를 중심으로 가야 연맹이 힘을 합쳐 신라를 공격했는데, 결과는 어떠했을까?

법흥왕: '병부'라는 관청을 따로 만들어 군사와 관련된 일을 맡게 하고, '상대등'이라는 관직을 왕 아래에 두어 귀족 회의를 운영토록 하라. 또한 불교를 공식적으로 인정하여 왕실의 힘을 강하게 키울 것이다!

신라인: 법흥왕 덕분에 신라의 힘이 쑥쑥 커진다니까!

신라의 힘을 키운 법흥왕은 이웃 나라인 **금관가야**를 공격하여 차지할 계획을 품었어. 당시 **김해** 지방을 중심으로 가야 연맹을 이끌던 금관가야는 고구려의 공격을 받은 뒤로 힘이 크게 약해져 있었거든.

"드디어 우리 신라가 금관가야를 차지할 때가 된 것 같다!"

532년, 법흥왕은 금관가야를 공격할 만반의 준비를 갖추었어. 이에 금관가야의 **구형왕**은 신라에 맞서는 건 더 이상 불가능하다고 판단하여 왕족을 모두 이끌고 신라에 순순히 항복했지. 이로써 금관가야의 역사는 막을 내리게 되었는데, 이후 금관가야의 왕족들은 높은 벼슬을 받고 신라의 귀족이 되었다고 해.

그러던 554년, 지금의 **고령** 지방을 중심으로 나머지 가야국을 이끌던 **대가야**가 백제와 연합하여 신라를 공격해 왔어. 하지만 562년 신라 **진흥왕**의 명령을 받은 이사부 장군과 화랑 사다함의 활약으로 가야국은 결국 멸망하고 말아. 가야라는 나라가 역사의 뒤안길로 사라진 순간이었지.

도읍지를 사비로 옮긴 백제

법흥왕 이후 신라가 주변으로 세력을 넓히며 한창 성장해 가던 무렵, 백제의 성왕은 나라의 힘을 다시 키우기 위해 도읍지를 웅진에서 사비로 옮겼어. 성왕은 백제를 다시 강한 나라로 만드는 데 성공했을까?

성왕: 나라가 안정을 되찾고 힘도 키웠으니, 도읍지를 다시 옮기는 것이 좋겠다.

백제 신하: 네, 웅진은 도읍지로서는 터가 좁습니다.

성왕: 그렇다면 어디가 좋겠는가?

백제 신하: 웅진보다 조금 아래에 있는 사비가 어떨까요?

538년, 백제가 또 도읍지를 옮겼어. 그리하여 지금의 충남 공주 지역인 웅진에서 충남 **부여** 지방인 **사비**가 백제의 새로운 도읍지가 되었지. 그러나 이때는 63년 전 백제가 고구려군의 공격을 받고 위례성에서 웅진으로 쫓기다시피 도읍지를 옮긴 것과는 분명 달랐어.

'웅진은 금강을 두르고 있어 요새로서 적의 공격을 막기에는 좋지만, 도읍지로서는 터가 너무 좁단 말이지.'

이런 생각을 했던 백제의 제26대 왕 **성왕**은 차근차근 계획을 세우고 준비를 하여 사비로 도읍지를 옮겼던 거야. 그리고 나라 이름도 **남부여**라고 부르기로 했어. 백제는 부여 출신 사람들이 세운 나라이기도 했고, 먼 옛날 만주 벌판을 주름잡던 부여처럼 백제를 **다시 강한 나라**로 만들고자 하는 뜻이 담긴 이름이었지.

이를 위해 성왕은 도읍지를 방어해 줄 부소산성을 쌓고, 이어서 왕궁과 왕릉을 지킬 절, 불교를 받들 절, 도로 등 도읍지에 꼭 필요한 시설

▶ 백마강에서 바라본 부소산성

들을 갖추어 나갔어.

'이곳 사비에서 힘을 키워 고구려를 밀어내고 반드시 한강 지역을 되찾고 말 것이다!'

성왕은 도읍지를 사비로 옮긴 뒤, 나라를 다스리는 조직을 새로 바꾸고 왜국, 즉 일본과 중국 양나라와의 교류도 활발하게 이어 가며 왕권과 나라의 힘을 강하게 키웠어. 그리고 551년에는 신라군과 힘을 합쳐 고구려를 공격했고, 마침내 **한강 지역**을 **점령**하는 데 성공했지.

관산성 전투와 성왕의 죽음

551년, 백제의 성왕과 신라의 진흥왕은 서로 약속을 맺은 뒤 힘을 합쳐 당시 한강 지역을 차지하고 있던 고구려를 공격했어. 백제와 신라 연합군의 거센 공격에 고구려는 뒤로 물러설 수밖에 없었지. 그리하여 신라는 한강 상류 지역을, 백제는 한강의 중류와 하류 지역을 차지했는데, 느닷없이 신라가 백제와의 약속을 깨고 백제를 공격해 한강 중·하류 지역까지 가로챈 거야. 이에 몹시 화가 난 성왕은 554년 직접 군사를 이끌고 신라를 공격했어. 그러나 관산성(지금의 옥천)에서 신라군의 기습 공격을 받고 결국 전사하고 말았지.

신라의 **화랑** 제도와 **화백** 제도

신라의 독특한 제도를 꼽자면 화랑 제도와 화백 제도를 들 수 있어. 화랑은 청소년 수련 조직으로, 나라를 이끌어 갈 많은 인물을 배출했지. 화랑에 속한 젊은이들은 주로 화백 회의에 참석한 사람들의 아들이었을 거라 짐작해. 그렇다면 화백 회의는 뭘까?

신라 백성 1: 화랑들은 하나같이 인물이 좋구나!

신라 백성 2: 그러니까 화랑이라 부르지.

신라 백성 1: 화랑이 무슨 뜻인데?

신라 백성 2: 꽃처럼 잘생겼다는 뜻이야.

때는 576년, 신라 제24대 왕인 **진흥왕** 때였어. 신라의 도읍지였던 경주의 남산 기슭에서 젊은이들이 모여 무예를 익히고 있었지.

이 젊은이들은 바로 **화랑**이었어. 화랑은 '꽃처럼 잘생긴 사내'라는 뜻으로, 신라의 **청소년 수련 조직**을 이끄는 지도자를 말해. 그에 소속된 일반 청소년들은 '낭도'라고 불렸는데, 그 조직을 아울러 **화랑도**라고도 하지.

역사책에는 '진흥왕 때 외모가 아름다운 남자를 뽑아 곱게 단장시켜 화랑이라 이름하고 그를 받들게 하니 무리가 구름처럼 모여들었다'라는 기록과, '어진 재상과 충성스러운 신하가 화랑에서 나왔고, 훌륭한 장수와 용감한 병사 또한 화랑에서 생겼다'라는 기록이 있어. 즉, 신라의 발전을 위해 **공을 세운 많은 인물들**이 화랑 출신이었다는 말이야. 이 화랑은 주로 화백 회의에 참여한 대신들의 아들들로 이루어졌지.

신라는 건국 초기부터 **화백 회의**라는 모임을 통해 나라의 중요한 일

을 결정했어. 화백 회의는 모인 사람의 의견이 모두 일치해야 결정이 이루어지는 **만장일치 제도**를 원칙으로 삼았지. 시대에 따라 다르기는 하지만, 적게는 여섯 명에서 많게는 스물한 명 정도의 대신들이 화백 회의에 참여했다고 해. 이를 통해 화랑의 수도 여섯 명에서 스물한 명 정도였을 거라 짐작하고 있어.

신라 화랑들이 지켜야 할 세속 오계

세속 오계란, 신라 때의 승려 원광이 화랑에게 일러 준 다섯 가지 계율, 즉 마땅히 지켜야 할 규칙이나 실천해야 할 항목을 말해. 세속 오계의 내용은 다음과 같아.

- **사군이충**(事君以忠): 충성으로써 임금을 섬기어야 한다.
- **사친이효**(事親以孝): 효로써 어버이를 섬기어야 한다.
- **교우이신**(交友以信): 믿음으로써 벗을 사귀어야 한다.
- **임전무퇴**(臨戰無退): 싸움에 나가서는 물러남이 없어야 한다.
- **살생유택**(殺生有擇): 살아 있는 것을 죽일 때는 가림이 있어야 한다.

서동요의 주인공, 무왕

무왕이 왕위에 오를 당시, 백제는 귀족들 사이의 잦은 다툼으로 왕실의 권위가 크게 약해진 데다 신라로부터 지속적인 공격을 받고 있었어. 무왕은 백제를 다시 번성시키기 위해 어떤 노력을 기울였을까?

신라 백성 1: 요즘 경주에서 아이들이 선화 공주님에 관한 노래를 부르고 다니는데, 좀 해괴망측해.

신라 백성 2: 노래라고? 어떤 내용인데?

"선화 공주님은 서동을 남몰래 사귀어 밤에 몰래 안고 간다네."

500년대 후반 신라의 도읍지 경주에서 아이들이 여기저기 몰려다니며 부르던 **노래**야. 이 노래의 제목은 **〈서동요〉**로, 선화 공주가 밤마다 몰래 서동이라는 남자아이를 찾아간다는 내용이지. **선화 공주**는 신라 진평왕의 셋째 딸이고, **서동**은 마를 파는 백제의 장사꾼이었어.

▶ 익산 미륵사지 석탑

이에 관한 기록은 신라의 선화 공주를 좋아한 백제의 서동이 몰래 경주로 가서 아이들에게 마를 공짜로 주고 이 노래를 부르게 하여 결국 선화 공주를 아내로 얻었다는 이야기로 《삼국유사》에 남아 있어.

노래의 주인공인 서동은 **백제 제30대 왕**인 **무왕**이라고 전해지지.

600년, 왕실이 힘을 잃은 데다 귀족들마저 권력 다툼을 벌이는 혼란스러운 상황에서 백제의 왕이 된 무왕은, 귀족들의 힘을 누르고 왕권을 키우며 어지러운 나라를 바로잡으려 애썼어. 빼앗긴 영토를 되찾기 위해 계속 신라를 공격했고, 왕의 힘을 널리 알리기 위해 부여에 **궁남지**라는 인공 호수와 섬을 만들었으며, 선왕인 법왕 때 짓기 시작한 **왕흥사**라는 절을 완공하기도 했어. 또한 당시 사비, 즉 부여에서 지금의 전라남도 **익산**으로 도읍지를 옮기려는 뜻을 품고 익산에 **미륵사**라는 거대한 절을 세우기도 했지.

진흥왕과 순수비

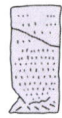

신라는 제24대 왕인 진흥왕(재위 540~576년) 때 전성기를 맞았어. 이때 영토를 사방으로 크게 넓힌 신라는 곳곳에 비석들을 세웠는데, 이 비석은 무엇일까?

함경도 주민 1: 신라 임금님이 고구려 땅이었던 우리 지역에 행차하신다니….

함경도 주민 2: 신라가 그만큼 큰 나라가 됐다는 뜻이지.

568년, 신라의 왕이 지금의 함경남도 지역에 행차한다는 소식을 듣고 주민들은 왕을 맞이할 준비를 했어. **함경도**는 고구려가 오랫동안 다스리던 곳이었지만, 신라가 고구려를 공격하여 승리함으로써 이 지역을 차지하게 되었거든.

며칠 뒤에 신라의 **진흥왕**과 신하들이 함경남도에 도착했어. 이 지역

▶ 북한산 순수비

을 둘러보던 진흥왕은 영토 확장을 기념하기 위해 **영토**의 **경계**가 될 만한 곳에 **비석**을 세우게 했지. 그때 세운 비석은 황초령과 마운령이라는 고개에 세워져 각각 **황초령비**와 **마운령비**라고 불려.

진흥왕은 이처럼 나라의 영토를 넓힌 뒤에 중요한 경계가 될 만한 곳을 직접 살피며 비석을 세웠는데, 이를 **진흥왕 순수비**라고 해. 한강 주변 지역이었던 지금의 서울 북한산에 세운 **북한산비**, 경남 창녕에 세운 **창녕비**까지 지금까지 발견된 순수비는 모두 네 개야.

진흥왕은 한강 주변 지역과 대가야를 정복하여 낙동강 주변 지역에 이어 함경남도 지역까지 모두 신라의 영토로 삼았어. 또한 《국사》라는 역사책을 편찬하고 **황룡사**를 세우게 하여 불교를 발전시켰으며, 화랑도를 국가적인 조직으로 만들어 인재를 키우는 등 여러 가지 업적을 세웠지.

수나라, 고구려를 침략하다

중국의 남북조를 통일한 수나라 황제는 고구려가 신하의 나라로서 예를 갖추지 않는다는 이유로 대군을 이끌고 고구려를 침략했어. 수나라 대군에 맞선 고구려는 어떻게 되었을까?

수나라 문제: 고구려가 감히 우리 수나라의 말을 무시하다니…. 고구려를 혼내 주어야겠다!

수나라 신하: 하오나 폐하, 고구려는 결코 만만한 상대가 아닙니다.

589년, 360년이 넘게 남과 북의 여러 나라로 갈라져 있던 중국 대륙을 **수**라는 이름의 나라가 통일했어.

수나라의 초대 황제인 **문제**는 주변 나라들로 하여금 신하의 나라로서 수나라에 예를 갖추고 예물을 바치게 했어. 그러나 고구려는 그 뜻

을 따르지 않았지. 그리하여 598년, 수나라 문제는 **30만 대군**을 이끌고 고구려를 공격했어. 그러나 장마에 전염병 등이 겹친 데다 고구려 군대가 강력히 방어하는 바람에 후퇴해야만 했지. 이렇게 수나라의 **고구려 1차 원정**은 **실패**로 돌아갔어.

612년, 문제의 뒤를 이어 수나라의 황제가 된 **양제**가 100만 대군을 이끌고 다시 고구려를 공격했어. 그러나 이번에도 고구려 **을지문덕** 장군의 뛰어난 전략으로 **살수**라는 강에서 크게 패하며 초라하게 후퇴했지. 수나라의 **고구려 2차 원정** 또한 **실패**하고 만 거야.

고구려를 정벌하려다 연달아 실패한 수나라는 결국 멸망의 길로 접어들고 말았지.

26 을지문덕과 살수 대첩

수나라 제2대 황제인 양제는 또다시 고구려를 침략해 왔어. 이때 고구려의 장수 을지문덕과 군사들은 뛰어난 지혜와 용맹함으로 수나라의 대군을 크게 물리쳤지. 을지문덕은 어떤 방법으로 수나라군을 이길 수 있었을까?

> **고구려 군사:** 을지문덕 장군님, 수나라의 대군이 또 우리 고구려를 향해 쳐들어오고 있습니다!

> **을지문덕:** 대군이라고 하여 두려워할 것 없다! 작전을 잘 세우고 용감하게 맞서면 기필코 승리하리라!

612년, 고구려 제26대 왕인 영양왕 때 **수**나라 대군이 또다시 고구려를 공격해 왔어. 고구려의 장군이었던 **을지문덕**은 한 가지 꾀를 내었어. 항복을 하러 왔다며 홀로 수나라 군대로 들어가 적군의 전력을 알아보았던 거야. 이후 을지문덕은 적진이 어수선한 틈을 타 무사히 그곳을 빠져나왔지.

　수나라군의 전력을 파악한 을지문덕은 그들이 압록강을 건너 공격해 오자 **싸우다가 지는 척 후퇴**, 또 싸우다가 지는 척 후퇴를 반복하여 적군을 맥 빠지게 했어. 겨우 힘을 낸 수나라 군사들이 평양성 30리 밖 부근에까지 이르렀지만, 너무 지친 나머지 싸울 힘조차 없었지.

　을지문덕 장군은 수나라의 장수 **우중문**에게 **시**를 써서 보냈어.

　'그대의 신기한 전략은 하늘의 이치를 꿰뚫었고, 기묘한 책략은 땅의 이치를 통달했네. 싸움에서 이겨 공이 높으니 만족함을 알고 그만두기를 바라노라.'

　이 시는 겉보기에는 우중문을 칭찬하는 것 같지만, 속뜻은 더 공격해 봐야 우리를 이기기 힘드니 **점잖게 말할 때 물러가라**는 조롱 섞인 글이었어.

　결국 지치고 사기가 꺾인 수나라 군사들을 보며 우중문은 군대를 후퇴시킬 수밖에 없었어. 그러나 을지문덕과 고구려군은 후퇴하던 수나라 대군을 끝까지 추격하여 살수, 즉 지금의 청천강에서 크게 물리쳤어. 이를 **살수 대첩**이라고 불러.

신라의 신분 제도, 골품제

고구려, 백제와는 다르게 신라에는 여왕이 있었어. 고대 역사에서 신라에만 여왕이 있었던 이유는 바로 '골품 제도'라는 신라의 독특한 신분 제도 때문이었지. 골품 제도란 무엇일까?

> **신라 청년:** 공부를 아무리 열심히 하면 뭐 해? 골품 때문에 출세를 할 수가 없는데.

> **신라 소년:** 골품? 그게 뭔데요?

골품이란 왕족을 일컫는 골족의 '골'과 왕족이 아닌 사람들을 나누는 두품의 '품'을 합친 말로, 신라에만 있었던 독특한 신분 제도야. 이를 **골품 제도**라고 부르지.

골족은 성골과 진골로, 두품제는 1두품에서 6두품까지 6단계로 신분을 나누었어. 성골은 골품 중에서 가장 높은 계급으로, 아버지와 어

머니 모두 순수한 왕족 혈통일 경우가 이에 해당돼. 신라는 이와 같은 골품에 따라 사회 활동과 정치 활동을 엄격하게 제한했어. 심지어 **왕위도 성골 출신**만 오를 수 있었지. 혈통이 끊어져 성골이 사라지기 전까지는 말이야. 신라 제26대 왕인 진평왕의 딸 덕만과 진평왕의 친동생인 국반의 딸 승만이 여자임에도 불구하고 왕위에 올라 각각 **선덕 여왕**, **진덕 여왕**이 된 것도 골품 제도의 영향이 컸어. 《삼국유사》에도 '성골 출신 남자가 없기 때문에 여왕이 즉위했다'라고 기록돼 있지.

28 삼국 통일의 터를 닦은 선덕 여왕

우리 역사상 최초의 여왕은 바로 신라의 선덕 여왕이야. 하지만 선덕 여왕은 왕위에 오른 후 여러 가지 어려움을 겪어야 했어. 과연 선덕 여왕은 이 위기를 어떻게 극복해 냈을까?

> **당나라 태종:** 음, 여인이 신라의 왕이 되었으니 고구려와 백제가 만만하게 보겠군.

> **당나라 대신:** 여왕이라고 함부로 보아선 안 될 듯합니다.

632년, 신라 **진평왕**이 세상을 떠났어. 아들이 없었던 진평왕은 **큰딸 덕만**을 자신의 뒤를 이을 후계자로 미리 정해 두었고, 화백 회의에서도 '성스러운 조상의 혈통을 이어받은 여황제'라며 덕만을 새로운 왕으로 받들어 모시기로 했어. 즉, **성골** 출신인 덕만을 정식 왕으로 모셨다는 말이지.

▶ 첨성대

이렇게 덕만은 신라의 제27대 왕이 되었어. 바로 우리 역사상 최초의 여왕인 **선덕 여왕**이야.

선덕 여왕은 왕이 된 이후 처음 얼마 동안은 나라 안팎으로 어려움을 겪어야 했어. 밖으로는 **의자왕**이 이끄는 백제군이 침략해 왔고, 안으로는 여자가 왕이 되는 것을 못마땅하게 여긴 일부 귀족들의 반발을 물리쳐야 했거든. 게다가 **당**나라 황제 **태종**으로부터는 여자 임금이라는 이유로 비웃음과 무시를 당하기도 했어.

하지만 선덕 여왕은 어진 정치를 펼쳐 결국 백성들의 믿음을 얻었고, 귀족들의 반발을 억누르고 왕권을 튼튼히 했어. 또한 당나라의 도움을 받아 고구려와 백제의 공격을 막아 냈고, **황룡사 9층 목탑**과 **첨성대**를 세우며 문화를 크게 발전시켰지.

갑옷을 입고 직접 전쟁터로 나가 싸우시는 못했시만, 선딕 여왕은 **김유신**과 **김춘추**라는 훌륭한 인재를 통해 나라의 위기를 잘 극복했고, 훗날 신라가 삼국을 통일하는 데 중요한 역할을 했어.

29 화랑 출신 김유신과 진골 출신 김춘추

선덕 여왕은 뛰어난 능력을 발휘하여 신라가 삼국 통일을 이루는 발판을 마련했는데, 거기에 힘을 보탠 인물이 바로 김유신과 김춘추야. 두 사람은 어떤 활약을 펼쳤을까?

> **김유신:** 나와 우리 가문의 앞날을 생각해서 김춘추와 친하게 지내야겠구나!

> **김유신 부하:** 김춘추는 진골이긴 하지만 훌륭한 인물이지요.

625년 무렵, **김유신**의 집 근처 공터에서 김유신과 **김춘추**가 함께 공차기를 하고 있었어. 그런데 김유신이 일부러 헛발질을 하는 척하며 김춘추의 옷끈을 밟아서 떨어뜨렸지.

김유신은 김춘추를 집으로 데려가 자신의 누이동생인 **문희**에게 김춘추의 옷끈을 꿰매게 했어. 이 일을 계기로 결국 김춘추는 문희를 부인

▶ 1. 김유신 묘   2. 무열왕릉비

으로 맞이하게 돼.

김춘추는 신라의 왕족으로, 비록 **진골**이었지만 남달리 영리하고 덕망이 두터운 인물이었어. 또한 진골 중 가장 영향력이 큰 데다 앞날이 기대되는 인물이었지.

한편 **화랑 출신**인 김유신은 신라에 항복해 귀족이 된 금관가야의 후손으로, 왕족이었던 어머니 덕에 진골 귀족이 될 수 있었어. 이후 김유신은 장수로서, 김춘추는 정치인으로서 서로 뜻을 함께하며 각자의 분야에서 뛰어난 활약을 펼쳤어. 선덕 여왕은 이들의 능력을 높이 평가하여 **국방**에 관한 일은 **김유신**에게, **외교**에 관한 일은 **김춘추**에게 맡기다시피 하며 도움을 받았지.

30 대막리지에 오른 연개소문

고구려 영양왕의 뒤를 이은 영류왕은 당나라의 요구를 들어주며 평화롭게 지내려 했어. 그러나 이에 반대한 연개소문은 결국 반란을 일으켜 권력을 손에 쥐었지. 고구려의 앞날은 어떻게 펼쳐졌을까?

고구려 영류왕: 당나라와 평화롭게 잘 지내는 것이 나라와 백성을 위해 바람직하다!

연개소문: 안 됩니다. 당나라에 굽신거리지 말고 당당하게 맞서야 합니다!

영양왕의 뒤를 이어 고구려 제27대 왕이 된 **영류왕**은 영양왕과 달리 당나라와 사이좋게 지내며 나라를 이끌어 가려 했어. 그러나 대대로라는 최고 관직에 있던 **연개소문**은 당나라에 강력하게 맞서야 한다고 주장했지.

"연개소문 때문에 나라가 위태로워질 수도 있습니다. 그를 제거해야 합니다."

조정의 대신들이 이렇게 부추기자, 결국 영류왕은 자신의 뜻에 반대하는 연개소문을 죽일 계획을 세웠어.

"감히 나를 죽이려 하다니, 가만두지 않겠다!"

영류왕의 계획을 눈치챈 연개소문은 잔치를 베풀어 술과 음식을 차려 놓고 여러 대신들을 초대했어. 그리고 그 자리에서 자신을 반대하던 대신들을 모조리 죽이고, 궁으로 쳐들어가 영류왕까지 죽인 다음 **보장왕**을 꼭두각시 왕으로 세웠지. 이후 연개소문은 스스로 **대막리지**라는 최고 벼슬에 올라 고구려의 모든 권력을 자신의 손에 쥐었어.

안시성에서 당나라군을 물리친 양만춘

고구려의 연개소문이 영류왕을 죽이고 권력을 잡자, 이를 핑계 삼아 당나라 황제 태종은 직접 대군을 이끌고 고구려를 침략했어. 고구려는 수나라의 대군을 물리쳤듯 당나라의 대군 또한 막아 낼 수 있었을까?

> **당나라 태종**: 연개소문이 우리 당나라에 머리를 숙이던 영류왕을 죽이고 권력을 잡았다고? 가만두어서는 안 되겠다!

> **당나라 대신**: 폐하, 고구려를 만만히 보아선 안 됩니다. 수나라가 고구려와 전쟁을 벌였다가 멸망한 것을 교훈 삼으소서!

645년, **당**나라 **태종**은 신하들의 반대에도 불구하고 직접 **30만 대군**을 이끌고 고구려를 공격했어. 당나라는 여러 가지 신무기를 동원해 고구려의 성들을 함락시켰지만, **양만춘** 장군의 지휘 아래 고구려의 군사들과 백성들이 끈질기게 버티고 있는 **안시성** 앞에서 진격을 멈춰야만

했지.

그렇게 세 달이 지났을 무렵, 당나라 태종은 급기야 양만춘 장군이 쏜 화살에 한쪽 눈을 맞아 부상을 당하고 말았어. 게다가 **연개소문**이 군사들을 이끌고 당나라의 전쟁 물자가 이동하는 길을 차단함으로써 당나라군을 옴짝달싹 못 하게 했지.

결국 당 태종은 억울하고 원통한 마음을 간신히 억누른 채 군사들과 함께 고구려에서 후퇴할 수밖에 없었어.

자존심에 큰 상처를 입은 태종은 다음 해, 또 그다음 해에도 고구려 정벌에 나섰지만 번번이 패하고 놀아가야 했어. 4년 뒤, 태종은 병을 얻어 자리에 누웠고, 죽기 직전 다음과 같은 유언을 남겼다고 해.

"절대로 고구려와 전쟁을 벌이지 마라!"

32 황산벌 싸움과 계백 장군

660년, 신라와 당나라의 대규모 연합군이 백제를 공격했어. 이에 백제의 계백 장군은 결사대를 이끌고 나섰는데, 백제군은 그들보다 열 배가 넘는 수의 신라군을 무찌를 수 있었을까?

김유신: 이제 계백 장군이 이끄는 군사들만 무찌르면 된다. 백제의 멸망이 눈앞에 있다!

계백: 겁먹지 마라! 우리 5,000명의 군사가 각각 신라군 열 명씩 상대한다면 기필코 승리할 것이다!

신라와 **당**나라가 대규모로 군사를 **연합**하여 서로 다른 방향에서 백제를 공격해 왔어. 백제의 **의자왕**과 대신들이 우왕좌왕하던 틈을 타 연합군은 도읍지인 사비성을 향해 점점 가까이 진군해 오기 시작했고, 그제야 의자왕은 **계백** 장군에게 5,000명의 **결사대**를 조직하여 신라군을

▶ 황산벌 전투 기록화

공격할 것을 명령했지.

　황산벌로 나아간 계백 장군과 백제군은 죽을힘을 다해 싸웠고, 김유신 장군이 이끄는 5만 명의 신라군을 네 번이나 물리쳤어. 그러나 신라의 젊은 화랑이었던 반굴과 관창의 희생으로 신라군은 사기를 높여 백제군에 총공격을 퍼부었어. 이 싸움에서 결국 계백 장군은 전사했고, 신라군은 승리를 거두었지.

　그 뒤 신라와 당나라 연합군이 사비성으로 쳐들어오자, 의자왕은 둘째 왕자인 부여태를 남겨 둔 채 태자와 웅진으로 달아났어. 부여태는 연합군에 항복했고, 백제의 역사는 이로써 막을 내리게 되지.

33 백제와 고구려의 멸망

신라와 당나라 연합군의 공격으로 660년에는 백제가, 668년에는 고구려가 멸망하며 삼국 시대는 비로소 막을 내리게 돼. 그렇다면 연합군의 공격이 백제와 고구려가 멸망하게 된 가장 큰 이유였을까?

> **옛 백제인 1**: 연개소문의 큰아들이 당나라에 항복하고 그들을 도와 고구려를 공격했대!

> **옛 백제인 2**: 음, 고구려에도 멸망의 그림자가 드리워졌군!

660년 8월 29일, 백제의 의자왕은 신라의 **태종 무열왕**(김춘추)과 당나라 군대의 총사령관 소정방 앞에 공식적으로 머리를 조아리고 항복을 하기에 이르렀어. 그렇다면 고구려는 어떻게 되었을까?

665년, **연개소문**이 병에 걸려 죽을 지경에 이르자 그의 큰아들 연남생이 연개소문의 뒤를 이어 최고 관직인 대막리지 자리에 올랐어. 그러나 남건과 남산 두 동생이 **반란**을 일으켜 남생에게서 권력을 빼앗았지. 그 전까지 연개소문의 강력한 힘에 억눌려 있던 신하들은 이 틈에 권력과 이익을 차지하기 위해 이편저편으로 뿔뿔이 흩어졌어.

이후 연남생은 당나라에 항복하여 당나라 군사와 힘을 합쳐 고구려를 공격하기에 이르렀어. 당시 고구려는 계속된 전쟁으로 나라의 힘이 많이 약해져 있었고, 백성들은 굶주림에 시달렸지.

결국 고구려는 **668년** 신라와 당나라 연합군에 의해 **평양성**을 **점령** 당하고 말아. 남건과 남산, 보장왕은 **신라**와 **당**나라 **연합군**에게 **항복**할 수밖에 없었지. 700년 동안이나 이어져 온 고구려가 끝내 역사의 뒤안길로 사라진 순간이었어.

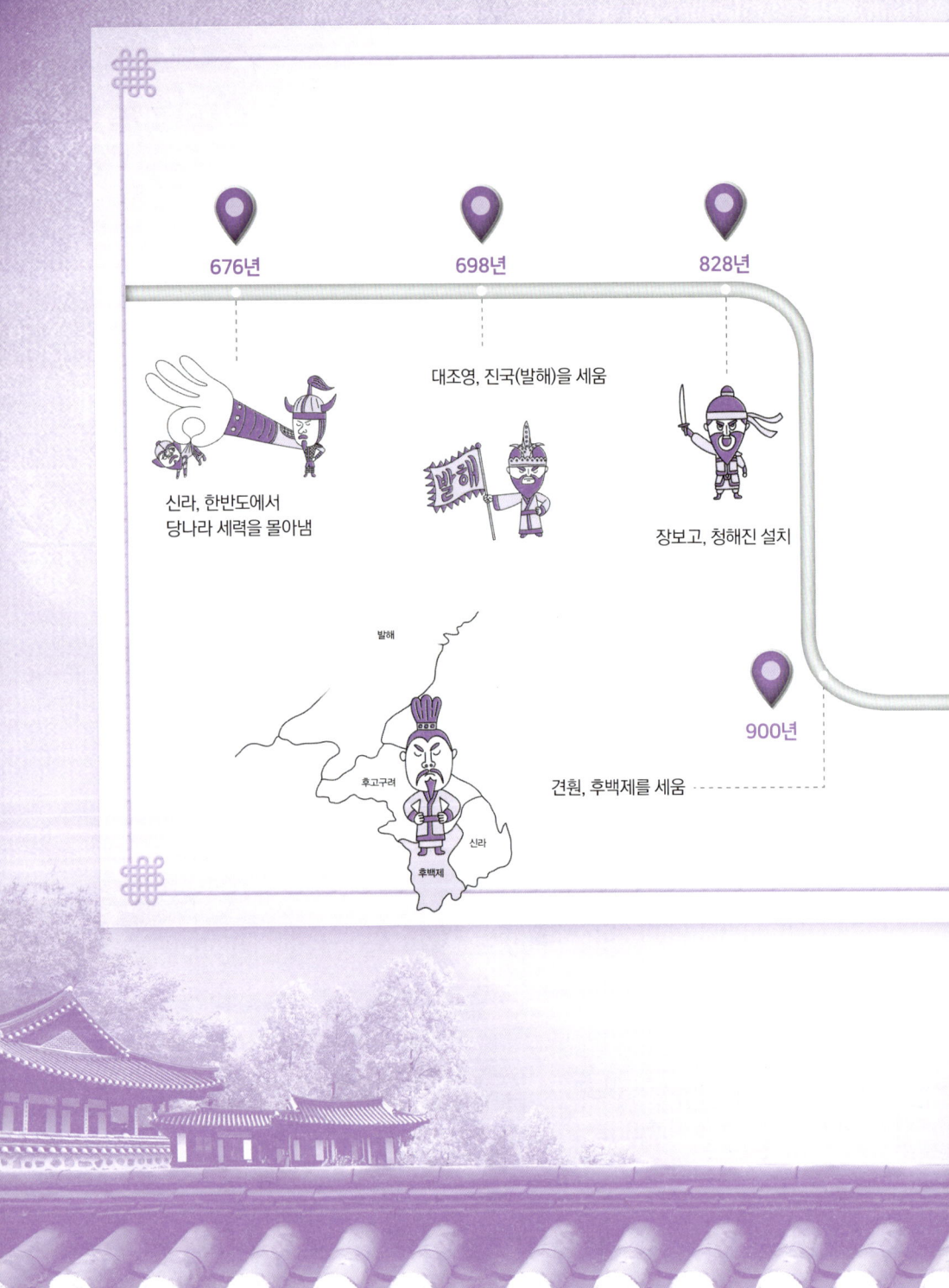

4

남북국 시대

901년 — 918년 — 936년

궁예, 후고구려를 세움   왕건, 궁예를 몰아내고 고려를 세움   왕건, 후삼국 통일

 ## 신라와 당나라의 전쟁, 나당 전쟁

신라와 힘을 합쳐 백제와 고구려를 멸망시킨 당나라는 이후 신라를 몰아내고 백제와 고구려 땅을 차지하려 했어. 당나라는 신라를 공격하는 데 성공했을까?

> **당나라군:** 백제와 고구려를 멸망시켰으니 이제 신라 차례다! 그럼 한반도를 차지할 수 있겠지?

> **신라군:** 어림없는 소리! 당나라를 몰아내고 진정한 삼국 통일을 이루자! 당나라 군대를 공격하라!

백제와 고구려가 멸망한 뒤, 당나라는 백제와 고구려 땅에 통치 기구를 두고 한반도를 지배하려 했어. 이를 알아챈 신라의 **문무왕**은 670년에 신라군을 앞세워 옛 고구려 땅인 요동 지역으로 나아가 당나라 군대를 공격했어. 그다음에는 옛 백제 땅을 점령했지. 신라의 공격을 받은 당나라 역시 가만히 있었을 리 없겠지? 당나라도 한반도로 대규모 군대를 보내 신라를 공격했어. 이렇게 신라와 당나라 사이에 벌어진 전쟁을 신라의 '라'와 당나라의 '당'을 따서 **나당 전쟁**이라 불러.

672년, 신라군은 황해도 석문 전투에서 당나라군에 뼈아픈 패배를 당했지만, 675년 임진강 하구인 천성에서 벌어진 전투에서는 설인귀가 이끄는 당나라 수군을 물리쳤어. 이어 지금의 경기도 양주 지역인 **매소성**에서 벌어진 전투에서도 당나라의 20만 대군을 크게 물리쳤지.

676년, 설인귀는 또다시 당나라 함대를 이끌고 금강 하구인 **기벌포**를 공격했어. 신라 수군은 당나라 함대와 22차례의 크고 작은 전투를 벌인 끝에 승리를 거두었어. 결국 이 전투를 마지막으로 당나라 군사들은 한반도에서 완전히 물러났지. 비록 고구려의 영토였던 만주 지역을 잃고 대동강에서 원산만을 경계로 그 남쪽에 이르는 영토를 차지하는 데 그쳤지만, 신라는 완전한 삼국 통일을 이루어 낸 거야.

② 대왕암과 문무왕

당나라를 몰아내고 삼국 통일을 이룬 신라는 나라의 체제를 정비하고 경제와 문화의 발전을 위해 힘을 기울였어. 그 중심에는 바로 삼국 통일의 주인공 문무왕이 있었지. 문무왕은 통일 신라를 어떻게 정비했을까?

문무왕: 드디어 우리 신라가 당나라를 몰아내고 삼국 통일을 이루었다! 영토가 넓어졌으니 도읍을 정비하고 행정 조직도 새로 바꿔야겠지?

 **신하들**: 지당하신 말씀입니다.

661년에 태종 무열왕의 뒤를 이어 신라의 제30대 왕이 된 **문무왕**은 삼국 통일을 이룬 뒤 나라의 체제를 정비하고 백성들의 생활을 안정시키기 위해 온 힘을 기울였어.

문무왕은 신라의 도읍지인 경주에 임해전이라는 궁궐을 새로 지었

▶ 문무 대왕릉

고, 그 안에 **안압지**라는 멋진 연못도 만들게 했어. 또한 당나라의 도읍지인 장안을 본떠 큰길을 닦고, '방'이라는 이름의 네모반듯한 동네들을 만드는 등 도읍을 새롭게 정비했지. 삼국 통일 후 영토가 넓어지자 지금의 원주를 **북원소경**, 김해를 **금관소경**으로 삼았는데 소경(小京)은 '작은 서울'이란 뜻으로 오늘날의 광역시 정도에 해당한다고 보면 돼.

그러던 681년, 문무왕은 병을 얻어 나라를 다스린 지 21년 만에 세상을 떠났어. 문무왕의 유언에 따라 신하들은 **동해** 어귀의 어느 큰 바위에 장사를 지냈는데, 왕은 평소에 이렇게 말했다고 해.

"나는 죽은 후에 바다의 용이 되어서 우리나라를 지킬 것이다!"

문무왕의 장사를 지낸 동해의 커다란 바위가 바로 **대왕암**이라 불렸던 **문무 대왕릉**이야. '죽어서도 용이 되어 나라를 지키겠다'는 문무왕의 거룩한 뜻을 이어받아 지어진 것이지.

발해를 세운 고구려 유민, 대조영

통일 신라가 나라의 기틀을 다진 뒤 문화를 발전시키며 전성기를 맞이할 무렵, 한반도 북쪽 땅에서는 새로운 움직임이 일고 있었어. 고구려의 옛 백성들을 중심으로 한 발해라는 새 나라가 들어선 거야. 발해는 누가, 어떻게 세운 나라일까?

> **대조영**: 거란족이 반란을 일으켜서 당나라 군대가 정신이 없구나!

> **고구려 유민**: 이렇게 혼란스러울 때를 틈타 고구려 유민들과 말갈족을 이끌고 이곳을 벗어납시다!

> **대조영**: 좋소! 옛 고구려 땅으로 가서 새 나라를 세웁시다!

고구려가 멸망한 뒤 **유민**이 된 일부 백성들은 당나라로 끌려갔어. 유민(遺民)이란 망하여 없어진 나라의 백성을 말하는데, 이들 중에는 **대조**

영이란 인물이 있었어. 가족과 함께 당나라의 영주(지금의 중국 차오양)로 끌려간 대조영은 그곳에서 고구려 유민뿐 아니라 거란족, 말갈족 등 다른 여러 민족들도 끌려와 살고 있는 걸 보았지.

고구려 장수의 후손이었던 대조영은 그곳에서 수많은 옛 고구려 사람들이 비참하게 사는 모습을 보고 마음 아파했어. 그리고 이렇게 다짐을 했지.

'우리 고구려 백성들을 데리고 꼭 고향으로 돌아가리라!'

그러던 696년, 거란족이 반란을 일으켰어. 이를 틈타 대조영은 고구려의 유민들을 이끌고 그곳을 탈출했는데, 이때 **말갈족**의 추장이었던 걸사비우도 대조영과 함께 말갈족을 이끌고 도망쳤지.

이를 알게 된 당나라 군사들이 그들을 뒤쫓았고, 이에 말갈족이 맞서 싸웠지만 당나라군에 크게 패하고 말았어. 걸사비우도 이때 목숨을 잃

었지. 이제 고구려 유민과 남은 말갈족의 운명은 대조영의 손에 달려 있었어.

대조영은 전투에 나설 만한 사람들을 이끌고 뒤쫓아 오는 당나라 군대를 수풀이 우거진 **천문령**이라는 고개로 꾀어냈어. 이곳에서 당나라 군대를 크게 무찌른 다음 **동모산**이란 곳으로 이동했지.

그곳에 새 나라를 세운 대조영은 나라 이름을 **진**이라 정했어. 그 뒤 세력을 키운 진은 만주 일대를 손에 넣었지. 713년, 당나라도 대조영이 세운 나라를 공식적으로 인정하며 대조영을 발해군왕으로 책봉했어. 그 뒤로 대조영이 세운 나라는 **발해**로 불리며 남쪽의 신라와 더불어 우리 민족의 역사를 이어 가게 돼.

발해는 고구려를 계승한 나라

발해는 고구려의 유민과 말갈족을 중심으로 세워진 나라로, 고구려인들이 주로 지배 계층을 이루었어. 그들은 발해가 고구려의 유산과 전통을 물려받은 나라임을 주장했지. 나라를 세웠을 때는 그 이름을 '진'이라 하였지만, 일본과 외교를 벌일 때는 스스로를 '고려(고구려)'라고 칭하기도 했어.

4 독서삼품과를 설치한 원성왕

통일 신라는 신문왕에 이어 성덕왕과 경덕왕 때 찬란한 불교문화를 꽃피우며 전성기를 이루었지만, 이후 귀족들이 잇따라 반란을 일으키면서 나라의 기틀이 흔들리기 시작했어. 이때 등장한 왕은 누구이고, 나라를 안정시키기 위해 어떤 노력을 했을까?

신하 1: 비가 너무 많이 와서 알천이 불어나 시중 김주원이 궁궐로 오지 못하고 있습니다. 어떻게 하면 좋을까요?

신하 2: 오늘 이렇게 큰비가 내리는 것은 하늘이 시중을 왕으로 세울 뜻이 없다는 것 아니겠소?

신하 3: 그렇다면 시중 대신에 상대등 김경신을 왕으로 모십시다.

785년 신라 제37대 왕인 선덕왕이 자신의 뒤를 이을 자식을 낳지 못하고 죽자, 대신들이 궁궐에 모여 새로운 왕을 뽑는 문제로 회의를 했어. 대신들은 당시 제일 높은 벼슬인 **시중**의 자리에 있던 **김주원**이란 인물을 왕으로 모시기로 결정했고, 집에 머무르고 있던 김주원은 이 소식을 전해 듣고 궁궐로 향했어. 그런데 갑자기 큰비가 쏟아져 알천이라는 하천이 크게 불어나는 바람에, 김주원은 비가 그치고 하천의 물이 줄어들기를 기다려야 했지.

김주원을 기다리던 궁궐의 대신들은 그 소식을 듣고 그가 왕위에 오르는 것은 하늘의 뜻이 아니라 생각했어. 결국 그들은 생각을 바꿔 **상대등 김경신**을 새 왕으로 모시기로 결정했어.

김경신은 신라 제36대 왕인 혜공왕 때 김지정이란 인물이 반란을 일으켰을 당시 **김양상**과 함께 반란을 진압했던 인물이야. 김지정의 반란 때 혜공왕이 죽자 김양상이 그 뒤를 이어 **선덕왕**이 되었고, 선덕왕이 죽은 뒤에는 신라 대신들이 김경신을 왕위에 올리면서 그가 바로 신라

제38대 왕 **원성왕**이 된 거지. 하지만 이는 당시 중앙에서 더 큰 권력을 행사하던 김경신이 자기보다 왕위 계승의 순서가 높은 김주원을 제치고 왕이 된 것을 정당하게 보이기 위해 꾸며 낸 이야기로 짐작해.

어쨌든 원성왕은 개혁을 통해 어수선한 나라를 안정시키려 했어. 그중 가장 대표적인 것이 새로운 인재 선발 제도인 **독서삼품과**를 설치한 거야. 당시 관리를 선발할 때 골품에 기준을 둔 것과는 달리, 독서삼품과는 **유학**, 즉 유교 경전에 대한 독서 능력을 평가하여 관리를 선발하는 제도였어.

> **독서삼품과와 국학**
>
> 독서삼품과는 국학에 다니던 학생들의 성적을 독서 능력에 따라 3품, 즉 3등급으로 구분하고 이를 관리로 선발하는 데 참고로 삼았던 제도야. 독서 과목은 《효경》,《논어》,《예기》 등 주로 유교 경선에 관한 것이었지. 국학은 신문왕 때 설치한 최고 교육 기관으로 15세부터 30세까지 재학할 수 있었으며, 입학 자격은 6두품 또는 4두품 이상이었다고 해.

해동성국으로 불린 발해

통일 신라가 전성기의 기틀을 마련해 나가던 700년대 초·중반, 발해 역시 무왕과 문왕을 거쳐 만주 지역에서 영토를 넓히며 크게 발전해 나갔어. 그 뒤 800년 초반에는 '해동성국'이라 불릴 정도로 눈부신 발전을 이루었지. 발해가 해동성국이라고 불린 까닭은 무엇일까?

당나라 황제: 대조영이 세운 나라를 발해군으로, 대조영을 발해군왕으로 임명하노라! (시간이 흐른 후) 발해군이 큰 발전을 이루었기에 발해국으로, 문왕을 발해국왕으로 임명하노라!

당나라 신하들: 발해국이 계속 번성해 나가는군. 과연 해동성국이라 불릴 만하구나!

719년 만주 동쪽에 진나라, 즉 발해를 세운 대조영이 죽자 대조영의 아들 **무왕**이 왕위를 이어받았어. 무왕은 **인안**이라는 독자적인 연호를 만들어 사용한 데다 영토를 크게 넓히는 등 발해의 기틀을 튼튼히 다져

놓았어. 732년에는 당나라가 명령을 어기고 도망친 무왕의 아우 대문예를 숨겨 주자, 무왕은 장군 장문휴로 하여금 당나라의 등주라는 곳을 공격하게 할 정도로 나라의 힘이 커진 상태였지.

무왕의 뒤를 이은 **문왕** 역시 수도를 여러 차례 옮겨 가며 발해의 힘과 세력을 더욱 크고 단단하게 다졌어.

"발해의 세력이 매우 커졌으므로 정식 국가로 인정하노라!"

762년, 당나라 황제는 문왕에게 **발해국왕**이라는 자격을 내렸어. 즉, 발해를 신라와 같은 정식 국가로 인정했다는 말이지.

발해의 제10대 왕인 **선왕**(재위 818~830년) 때에는 북쪽으로는 여러 부족을, 남쪽으로는 신라를 공격함으로써 영토를 더욱 넓혔어. 이렇게

▶ 1. 발해 건국지 동모산 전경 2. 두 번째 수도 중경현덕부 서고성 5호 궁전지

넓어진 영토를 다스리기 위해 선왕은 전국의 행정 구역을 5경(京), 15부(府), 62주(州)로 나누어 통치했지. 또한 외교에 있어서는 당나라, 일본과도 좋은 관계를 유지해 나갔어. 이처럼 발해는 점점 더 부강해지며 전성기를 맞이했는데, 그 당시 당나라에서는 발해를 이렇게 부르기도 했대.

"발해는 **해동성국**이로다!"

해동성국이란, '바다 동쪽의 융성한 나라'라는 뜻이야.

청해진을 설치한 장보고

통일 신라의 제38대 왕인 원성왕의 뒤를 이은 왕들은 몇 년을 못 넘기고 죽거나 왕의 자리에서 쫓겨났어. 게다가 힘 있는 귀족들 사이에서는 서로 권력을 차지하기 위한 다툼이 끊이질 않았지. 이때 장보고라는 인물이 등장해 중앙 귀족들을 위협했는데, 장보고는 어떤 인물이었으며 또 어떻게 신라에서 세력을 키웠을까?

> **장보고:** 저에게 1만의 군사를 주신다면 신라 앞바다에 나타나 우리 백성을 괴롭히고 재물을 노략질하는 해적들을 모조리 쓸어버리겠습니다!

> **흥덕왕:** 알겠노라! 그대의 청을 들어줄 테니, 신라인들을 잡아가고 재물을 약탈하는 해적들을 혼내 주어라!

828년, 신라 제42대 왕 **흥덕왕**에게 **장보고**라는 인물이 찾아왔어. 그는 자신에게 1만의 군사를 내어 주면 신라 앞바다에 나타나는 해적들

▶ 1. 장보고 동상   2. 청해진 유적지 전경

을 모조리 없애 버리겠다고 왕에게 아뢰었지.

흥덕왕은 장보고의 청을 흔쾌히 들어주고는, 그에게 **청해진 대사**라는 특별한 관직을 내려 주었어.

신라의 평민 출신으로 전남 완도에서 태어난 장보고는 당나라로 건너가 출세를 한 인물이었어. 그는 1,000여 명의 군사를 거느리는 장수였는데, 무역을 통해 큰 부자가 되어 거대한 상인 조직을 이끌고 있었지.

어느 날, 신라의 백성들이 해적들에게 괴롭힘을 당한다는 사실을 알게 된 장보고는 자신의 조직을 이끌고 신라로 돌아와 왕에게 **해적**을 소

탕하겠다는 뜻을 아뢰며 허락을 구했던 거야. 이후 그는 동아시아 바닷길의 길목인 **완도**에 **청해진**이라는 군사 기지를 만들었어.

"이제 해적들이 함부로 날뛰지 못할 것이다!"

장보고는 청해진에서 군사들을 훈련시킨 뒤, 이들을 이끌고 동아시아 바다를 어슬렁거리던 해적을 모조리 쓸어버렸어. 또 무역을 하는 배들을 해적들로부터 보호해 주었으며, 당나라와 일본을 상대로 중계 무역을 벌여 엄청난 돈도 벌어들였지. 사람들은 이렇게 바다 위에서 크게 세력을 떨친 장보고를 두고 **해상왕**이라 불렀어.

장보고의 최후와 사라진 청해진

장보고가 청해진 대사로 있는 동안 동아시아에 안전한 바닷길이 열리면서 당나라·신라·일본 사이에 사신과 승려들의 왕래가 활발해졌어. 이때 신라는 무역을 통해 엄청난 이익을 얻을 수 있었어. 그 이유는 신라가 해적들을 소탕함으로써 아시아의 상권을 손에 넣으며 경제적 이익을 챙겼기 때문이지. 그러나 846년, 장보고의 세력이 커지는 것을 두려워한 신라 귀족들의 음모로 장보고는 안타깝게 목숨을 잃고 말아. 이후 그가 세운 청해진도 폐허가 되었지.

'임금님 귀는 당나귀 귀'의 주인공, 경문왕

통일 신라의 중앙 귀족들 사이에서는 권력을 차지하기 위한 다툼과 반란 사건이 끊이지 않았어. 헌안왕의 사위로서 왕위를 이은 경문왕은 개혁을 통해 왕권을 키우고 나라를 안정시키려 했는데, 과연 뜻을 이루었을까?

신라 백성 1: 임금님의 귀가 당나귀의 귀처럼 크다며?

신라 백성 2: 임금님이 뱀과 함께 잠을 잔대.

신라 백성 3: 경문왕에 대한 소문이 왜 이리 끊이질 않지?

임금님의 귀가 당나귀 귀처럼 크다는 비밀을 알고 있는 복두쟁이, 즉 임금의 모자를 만드는 사람이 이를 말하고 싶어서 입이 근질근질해진 나머지 아무도 없는 대나무 숲에 들어가 "임금님의 귀는 당나귀 귀다!"라고 외치자, 그 뒤부터 바람이 불면 대나무 숲에서 "임금님 귀는 당나귀 귀!"라는 소리가 들려왔다는 이야기를 들어 본 적 있지? 이 이야기의 주인공이 바로 신라의 제48대 왕 **경문왕**이야.

게다가 경문왕은 밤이 되면 **뱀들과 함께 잠들었다**는 이야기도 《삼국유사》에 기록돼 있어. 이 이야기는 사실일까?

위의 두 이야기는 모두 경문왕을 반대했던 세력들이 그의 권위를 깎아내리기 위해 지어낸 이야기일 거라고 짐작해. 경문왕의 귀가 당나귀의 귀처럼 크다며 우스꽝스러운 모습으로 묘사하고, 그를 지키던 무사들까지 뱀으로 표현함으로써 말이지.

김응렴이라는 이름의 왕족이자 화랑 출신이었던 경문왕은 제47대 왕 **헌안왕**의 큰사위였는데, 아들이 없던 헌안왕이 죽자 그가 대신 왕위를 이었어. 경문왕은 자신을 미워하거나 자신의 개혁 정치에 반대하는 세력들로부터 스스로를 지키기 위해 **화랑**과 **6두품**을 **등용**하여 왕권을 강화하고 나라를 개혁하고자 했어. 실제로 경문왕 때 김예, 근종 등 왕족과 귀족들이 여러 차례 반란을 일으키기도 했지.

8 진성 여왕과 최치원의 시무 10조

경문왕 이후 통일 신라의 귀족들과 도성 사람들은 사치스러울 정도로 잘살았지만, 지방에서 힘들게 살아가던 백성들의 불만은 점점 커져만 갔어. 그 무렵 신라의 세 번째 여왕으로 왕위에 오른 경문왕의 딸은 과연 백성들의 불만을 잠재울 수 있었을까?

정강왕: 불행히도 내 뒤를 이어 왕이 될 자식이 없구나. 내 누이인 '만'이 총명한 데다 체격 또한 다부지니 다음 왕으로 세우도록 하라!

신라 신하: 선덕 여왕과 진덕 여왕에 이은 신라의 세 번째 여왕이군.

신라의 제51대 왕 **진성 여왕**은 왕이 된 후 처음에는 어지러운 나라를 바로잡으려 노력했어. 그러나 **지방**에서 세금이 잘 걷히지 않아 나라의 창고는 텅텅 비어만 갔지. 그리하여 지방에 관리를 보내 백성들로 하여금 세금을 낼 것을 독촉했지만, 흉년으로 인한 굶주림과 관리들의 부정부패로 백성들의 불만은 날로 커져만 가던 상태였어. 결국 나라 이곳저곳에서 **반란**이 일어나고 말았지.

나라가 이처럼 혼란에 빠지자 이를 안타깝게 여긴 인물이 있었어. 바로 6두품 출신의 **최치원**이란 인물이야. 어린 나이에 당나라로 유학을 다녀온 학자로, 글을 잘 짓기로 유명했지.

"폐하, 사회를 개혁하여 부디 나라와 백성을 구하소서!"

894년, 최치원은 진성 여왕에게 신라 사회를 개혁할 방법을 적은 **시무책 10여 조**를 올렸어. 진성 여왕은 최치원의 뜻을 받아들여 그를 6두품으로서 오를 수 있는 최고 관직인 아찬으로 임명했지. 하지만 최치원의 개혁 정책은 **중앙 귀족**들의 심한 **반대**에 부딪혀 실현되지 못했어. 결국 통일 신라는 점점 더 큰 혼란에 빠져들고 말았지.

9 후고구려를 세운 궁예

진성 여왕 때 살기 힘들어진 백성들이 지방 곳곳에서 반란을 일으켰어. 이때 반란 무리의 우두머리가 되어 세력을 키운 인물 중에는 궁예와 견훤도 있었지. 궁예는 신라의 왕족 출신이었는데, 왜 그리고 어떤 과정을 통해 새 나라를 세웠을까?

> **궁예:** 나는 신라 왕실에서 버림받은 왕자다. 신라에 복수를 하기 위해 나라를 세웠다!

> **백성(신하):** 나라의 이름은 무엇입니까?

> **궁예:** 신라가 고구려를 멸망시켰으니, 내가 고구려를 대신하여 신라에 원수를 갚으리라. 그래서 나라 이름은 후고구려로 정하였다! (그래야 신라를 미워하는 옛 고구려 지역 사람들의 마음을 얻을 수 있으니까. 흐흐~.)

신라 진성 여왕 때인 890년 무렵, 지방 이곳저곳에서 도적들이 벌떼처럼 일어났어. 오랜 흉년으로 인한 굶주림으로 살기가 힘들어진 농민들이 나라를 향한 원망과 분노가 쌓일 대로 쌓인 나머지 도적 떼로 변한 거야. 이때 무리를 모아 군대를 만들어 세력을 키운 인물 중에 **궁예**라는 사람이 있었어.

궁예는 원래 **신라**의 버림받은 **왕족**이었어. 어릴 적 왕실에서 도망치다가 그를 보살펴 준 유모의 실수로 한쪽 눈이 멀어 애꾸눈이 되었다고 해. 자라면서 자신이 신라로부터 버림받았다는 사실을 알게 된 궁예는 절에 들어가 승려로 살다가, 신라 왕실에 대한 복수심을 키워 결국 반란의 무리에 들어갔지.

처음에는 경기도 안성 지방에 세력을 둔 기훤의 부하로 활동하다가, 이후 강원도 원주 지방에서 반란 무리를 이끌던 양길의 부하가 되었어. 궁예는 이때 양길의 군사를 지휘하며 여러 지방을 점령하여 세력을 넓히고 자신의 이름도 널리 알렸지.

894년, 궁예는 지금의 강릉인 명주를 비롯해 **강원도** 여러 지역을 **점령**하며 자기만의 세력을 형성했는데, 이때 그를 따르던 군사들 수가 무려 3,500여 명이나 되었대.

결국 895년, 궁예는 지금의 **개성**인 **송악**을 자기의 세력 아래 두었고, **경기도** 여러 지역을 차지하기에 이르렀어.

899년에는 자신이 속한 무리의 우두머리였던 양길을 공격해 그 세력을 무너뜨리고 송악을 근거지로 하여 새 나라의 기틀을 마련했어. 그

리하여 **901년**, 궁예는 나라를 세우고 스스로 왕이 되었지. 나라의 이름은 고구려를 이어받는다는 뜻에서 **후고구려**로 정했어.

반란의 시작, 원종과 애노의 난

진성 여왕이 신라를 다스리던 800년대 말에는 왕의 힘이 크게 약해진 데다 백성들의 생활도 매우 어려웠어. 그 무렵, 누군가가 왕을 비판하며 나라가 망할 것이라는 글을 써서 몰래 길거리에 붙이기도 했지.

지방에서 세금이 걷히지 않아 나라 살림이 엉망이 되자, 관리들은 가뜩이나 궁핍한 백성들로부터 강제로 세금을 거두어들였어. 결국 백성들은 떠돌이나 도적이 되어 나라의 질서를 어지럽혔지. 이때 원종과 애노라는 인물이 가난한 농민들을 모아 사벌주(지금의 경상북도 상주)에서 반란을 일으켰는데, 신라의 군사들조차 이들의 세력을 쉽게 꺾지 못했어. 가까스로 원종과 애노의 난은 진압되었지만, 이 난을 계기로 지방 곳곳에서 계속해서 반란이 일어나기 시작했어. 그중에 궁예와 견훤이 가장 큰 세력을 이루어 결국 신라에 맞서게 된 거야.

후백제를 세운 견훤

궁예는 강원도와 경기도 지역을 중심으로 세력을 넓혀 후고구려라는 나라를 세운 한편, 견훤은 전라도 지역을 중심으로 후백제라는 나라를 세웠어. 후백제는 어떤 과정을 통해 세력을 넓혀 나갔을까?

견훤: 신라의 운명도 이미 기울었으니, 이 몸이 새로운 나라를 세우노라!

백성(신하): 나라의 이름은 무엇입니까?

견훤: 옛 백제 지역에 나라를 세웠으므로, 나라의 이름은 후백제다!

궁예가 양길의 부하로 활동하며 이름을 날리고 있을 당시, 지금의 **전라도 지역**에서도 거센 반란의 물결이 일고 있었어.

892년, **견훤**이라는 인물이 농민군을 이끌고 지금의 광주인 **무진주**로

쳐들어가 관아를 점령했어. 그리고 이곳을 근거지로 삼아 더 많은 농민군을 모았는데, 한 달 만에 자그마치 5,000여 명의 농민군이 모여든 거야. 이후 견훤은 세력을 더욱 키워 나갔지.

견훤의 성은 본래 '이(李)'였는데, 나중에 '견(甄)'으로 바꿨다고 해. 견훤은 지금의 문경 지방인 경북 상주 가은현 출신의 농민으로, 이후 신라의 군대에 들어가 지금의 전라도 지역인 서남쪽을 방어하는 임무를 맡았어. 군인으로서 능력을 인정받은 견훤은 지휘관을 옆에서 도와주는 '비장'이란 높은 벼슬까지 얻었지만, 나라의 형편과 백성들의 마음을 살펴보니 아무래도 신라의 운명이 이미 기운 것 같아 몰래 무리를 모으며 자신의 세력을 키우기 시작했지.

이렇게 견훤은 더 많은 농민군을 이끌고 지금의 전주인 **완산주**를 습격한 뒤 점령했고, 그곳을 도읍지로 삼아 새 나라 **후백제**를 세웠어. 후백제라는 이름은 옛 백제의 영토에 새 나라를 세웠다 하여 정한 이름이야.

그 뒤 견훤은 새 나라의 기틀을 마련하는 한편, 중국 오월국에 사신을 보내 외교 관계를 맺으며 세력을 점점 넓혀 나갔어.

후삼국 시대

궁예가 옛 고구려의 영토를 바탕으로 세운 후고구려(얼마 뒤에 나라 이름을 마진, 태봉으로 바꿈), 견훤이 옛 백제의 영토를 무대로 세운 후백제, 전성기에 비해 세력과 영토가 크게 줄어든 신라, 이 세 나라가 서로 힘을 겨루던 시대를 '후삼국 시대'라고 불러.

발해의 정혜 공주·정효 공주 무덤

발해의 역사와 문화는 《발해고》라는 역사책을 통해서도 알 수 있지만, 당시의 유적과 유물을 통해서도 짐작해 볼 수 있어. 그 대표적인 것이 정혜 공주와 정효 공주의 무덤이야. 정혜 공주와 정효 공주는 누구일까?

문왕: 정혜 공주가 일찍 세상을 떠나더니, 정효 공주마저…. 공주들의 무덤을 아름답게 만들어 그 슬픔을 위로하라.

신하: 예, 폐하.

발해를 크게 발전시킨 제3대 왕 **문왕**에게는 네 명의 딸이 있었어. 그중 첫째 딸과 셋째 딸은 어린 나이에 죽었고, 둘째 딸과 넷째 딸은 문왕의 사랑을 받으며 자랐지. 그런데 **둘째 딸**인 **정혜 공주**가 40세 되던 해에 세상을 떠나자 왕은 크게 슬퍼했어.

▶ 1. 정혜 공주 무덤 전경 2. 정효 공주 무덤 내부 복원

그로부터 15년 뒤인 792년, **넷째 딸 정효 공주**마저 서른여섯 살의 젊은 나이로 죽고 말았어. 정효 공주는 먼저 세상을 떠난 남편과 어린 딸을 그리워하며 혼자 외롭게 살다가 눈을 감았다고 해.

문왕은 큰 슬픔에 빠져 한동안 침실에서 나오지 못했어. 잠도 잘 자지 못했고, 음악이나 춤도 멀리했지.

문왕은 정혜 공주와 정효 공주가 하늘에서라도 행복하길 기원하는 마음으로 딸들의 무덤을 매우 화려하고 아름답게 만들도록 했어.

문왕과 두 공주에 대한 이야기가 세상에 알려지게 된 것은 **정혜 공주 무덤**과 **정효 공주 무덤**이 **1949년**과 **1980년**에 각각 **발견**되면서부터야. 또한 무덤에서 나온 유물과 벽화, 글 들을 통해 발해의 역사와 문화에 대해서도 좀 더 자세히 알게 되었지.

12 궁예를 몰아내고 고려를 세운 **왕건**

후고구려의 왕 궁예가 날이 갈수록 난폭한 행동을 일삼자, 그의 신하와 장수들은 새 인물을 왕으로 세우기로 뜻을 모았어. 그 사람은 바로 왕건이었지. 왕건은 어떤 인물이었으며, 어떻게 왕이 되었을까?

> **백성 1**: 도선이라는 유명한 승려가 왕건을 보고 '장차 큰 인물이 될 것이다'라고 예언했대.

> **백성 2**: 왕건이 어떻게 생겼기에 그리 예언한 걸까?

> **《고려사》**: '눈이 부리부리하고, 이마는 넓고 툭 튀어나왔으며, 턱이 살쪘다. 또한 목소리가 우렁찼다.'

궁예가 자신의 세력을 넓혀 가고 있을 당시, 궁예의 부하로 큰 활약을 펼친 인물이 있었어. 지금의 개성, 즉 송악 출신의 **왕건**이야. 왕건은 877년 개성에서 무역을 통해 많은 재산과 권력을 얻었던 왕륭의 아들로 태어났어.

895년, 왕건은 궁예가 개성 지역을 차지할 때 그의 **부하**가 되었는데, 그 뒤로 중부 지방의 여러 성읍을 점령하며 궁예의 신임을 얻었어. 또한 후백제군과의 전투에서 승리를 이어 가며 세력을 키운 왕건은 왕 다음으로 높은 벼슬인 **시중**의 자리에까지 올랐지.

그런데 문제가 생겼어. 궁예가 점점 난폭한 권력자로 변해 간 거야. 이를 더 이상 참을 수 없었던 신하들은 **신숭겸**, **배현경**, **홍유**, **복지겸** 등의 장수들을 중심으로 궁

▶ 태조 왕건 동상

예를 몰아내고 왕건을 새 왕으로 세우기로 비밀리에 계획을 세웠지.

918년, 왕건과 장수들은 군사를 이끌고 궁궐로 쳐들어가 마침내 궁예를 몰아냈어. 새 왕이 된 왕건은 나라 이름을 **고려**라 하였고, 수도를 자신의 고향인 **송악**, 즉 개성으로 옮겼지.

포석정과 신라 경애왕의 죽음

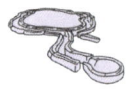

신라의 경애왕은 고려와 친하게 지내며 후백제로부터의 공격을 막으려 했어. 결국 견훤이 이끄는 후백제군은 신라의 도읍지인 경주로 쳐들어가는데, 신라는 후백제의 공격을 막는 데 성공했을까?

견훤: 경애왕은 순순히 나오라!

경애왕: 이렇게 허무하게 잡히다니…. 분하다!

927년 겨울, 신라의 **경애왕**이 서쪽 별궁이 있던 경주 남산의 **포석정**으로 행차했을 때 **견훤**이 이끄는 **후백제군**이 신라의 도읍지인 경주에 쳐들어왔어.

후백제군이 경주로 쳐들어올지 모른다는 소식을 접한 경애왕은 미리 고려의 왕건에게 도움을 청해 둔 상태였는데, 고려군이 경주에 닿기도

▶ 포석정

전에 먼저 후백제군이 쳐들어 온 거야.

경주를 침략한 후백제 군사들은 이곳저곳 돌아다니며 닥치는 대로 신라 백성들을 죽이거나 재물을 약탈했어. 신라의 **도읍지 경주**와 **궁궐**이 그야말로 **쑥대밭**이 된 거야. 마침내 견훤은 포석정에 있던 경애왕을 찾아냈고, 결국 경애왕은 견훤의 강요에 따라 스스로 목숨을 끊고 말았지.

경애왕이 죽자 견훤은 경애왕의 이종사촌인 **김부**를 왕의 자리에 앉혔는데, 그가 바로 신라의 마지막 왕인 **경순왕**이야. 이후 견훤은 인질로 삼은 경애왕의 동생과 신라의 재상, 여인들, 보물 등을 챙겨 후백제로 돌아갔지.

그런데 후백제군이 쳐들어올 당시 경애왕은 포석정에서 신하들과 무얼 하고 있었을까? 잔치를 베풀어 술을 마시며 놀았다는 말도 있지만, 포석정은 나라의 평안을 빌며 제사를 올리던 곳이었으므로 나라의 위태로움을 걱정한 경애왕이 제사를 지내고 있었을 거라는 주장도 있어.

14 공산 전투와 고창 전투

경애왕이 죽은 뒤, 고려와 후백제는 힘이 약해진 신라를 서로 차지하기 위해 운명을 건 전투를 벌였어. 고려와 후백제의 대결에서 승리를 거둔 쪽은 어느 나라일까? 이후 그들은 후삼국 통일의 길로 한 걸음 나아갔을까?

견훤: 공산에서 우리 군대를 기다리는 고려군을 기습 공격하여 혼쭐을 내 주어야겠다!

왕건: 이번 전투에서 지면 우리 고려의 세력은 크게 약해질 것이다. 그러니 절대로 질 수 없다!

927년, 견훤이 이끄는 후백제 군대가 신라를 공격해 경애왕을 죽음으로 몰고 경주를 쑥대밭으로 만든 후 다시 무진주로 돌아가려 할 무렵이었어. 이때 왕건은 5,000여 명의 고려 군사들을 이끌고 미리 **공산**(오늘날 대구 팔공산)에 가서 후백제군을 기다렸다가 그들을 공격할 계획을 세웠지.

하지만 이런 왕건의 계획을 알아차린 견훤은 한 발 앞서 고려군 진영을 **기습 공격**했어. 결과는 **후백제군의 대승**! 이때 고려의 여러 장수들이 목숨을 잃었고, 왕건은 가까스로 위기를 벗어날 수 있었지.

930년, 왕건은 지금의 경상북도 안동 지역인 **고창**에서 견훤이 이끄는 후백제군이 고려군 3,000여 명을 포위했다는 소식을 듣고 직접 구원병을 이끌고 고창으로 향했어.

왕건은 **공산 전투**에서 패배했던 치욕을 떠올리며 후백제군에 맞섰어. 고창군 성주 등 지역 **호족**들의 도움을 받은 왕건의 고려군은 결국 승리를 거뒀지.

그 뒤로도 고려와 후백제는 여러 차례 전투를 벌였는데, **고창 전투** 이후 경상도와 충청도 등 각 지역의 세력가인 호족들이 고려의 편에 서면서 고려와 후백제의 대결은 점점 고려 쪽으로 유리하게 흘러갔어.

고려, 후삼국을 통일하다

신라가 고구려와 백제를 무너뜨리고 삼국 시대를 통일했다면, 후삼국 시대를 통일한 나라는 왕건이 세운 고려였어. 고려는 어떻게 후삼국을 통일했을까?

고려 신하: 폐하, 신라의 경순왕과 신하들이 스스로 고려에 항복을 해 왔습니다.

왕건: 이제 신검이 이끄는 후백제만 물리치면 우리 고려가 후삼국을 통일할 수 있겠군!

935년, 고려와의 전투에서 계속 밀리고 있던 후백제에서 큰 사건이 일어났어. **견훤**이 첫째 왕비와의 사이에서 낳은 **세 아들** 신검, 용검, 양검이 70세가 다 된 아버지인 견훤을 금산사라는 절에 가둬 버린 거야. 세 아들이 이렇게 **반란**을 일으킨 이유는, 견훤이 둘째 왕비가 낳은 아들인 금강에게 왕위를 물려주려 했기 때문이었어.

　결국 **신검**은 금강을 죽인 뒤 스스로 **왕**의 자리에 올랐고, 금산사에 갇혀 있던 견훤은 나주로 탈출한 뒤 왕건에게 항복했어. 왕건은 견훤을 아버지처럼 받들어 모시며 정성을 다해 대접했지.

　한편, 기울대로 기울어져 버린 나라를 더 이상 버티게 할 수 없다고 판단한 신라의 **경순왕**도 935년 11월 고려에 **항복**의 뜻을 전했어. 이로써 신라의 역사는 992년 만에 막을 내리게 되었지.

　936년, 왕건은 10만이 넘는 대규모 군대를 이끌고 후백제를 공격했고, 후백제의 장군과 군사들은 고려 군사들에 연달아 패하면서 무릎을 꿇었어. 결국 신검은 두 아우와 함께 고려에 항복했고, 44년 동안 이어져 오던 후백제의 역사도 끝이 나고 말았어. **고려**가 **후삼국**을 **통일**하고 한반도의 새로운 통일 국가로서 우뚝 서게 된 순간이었지.

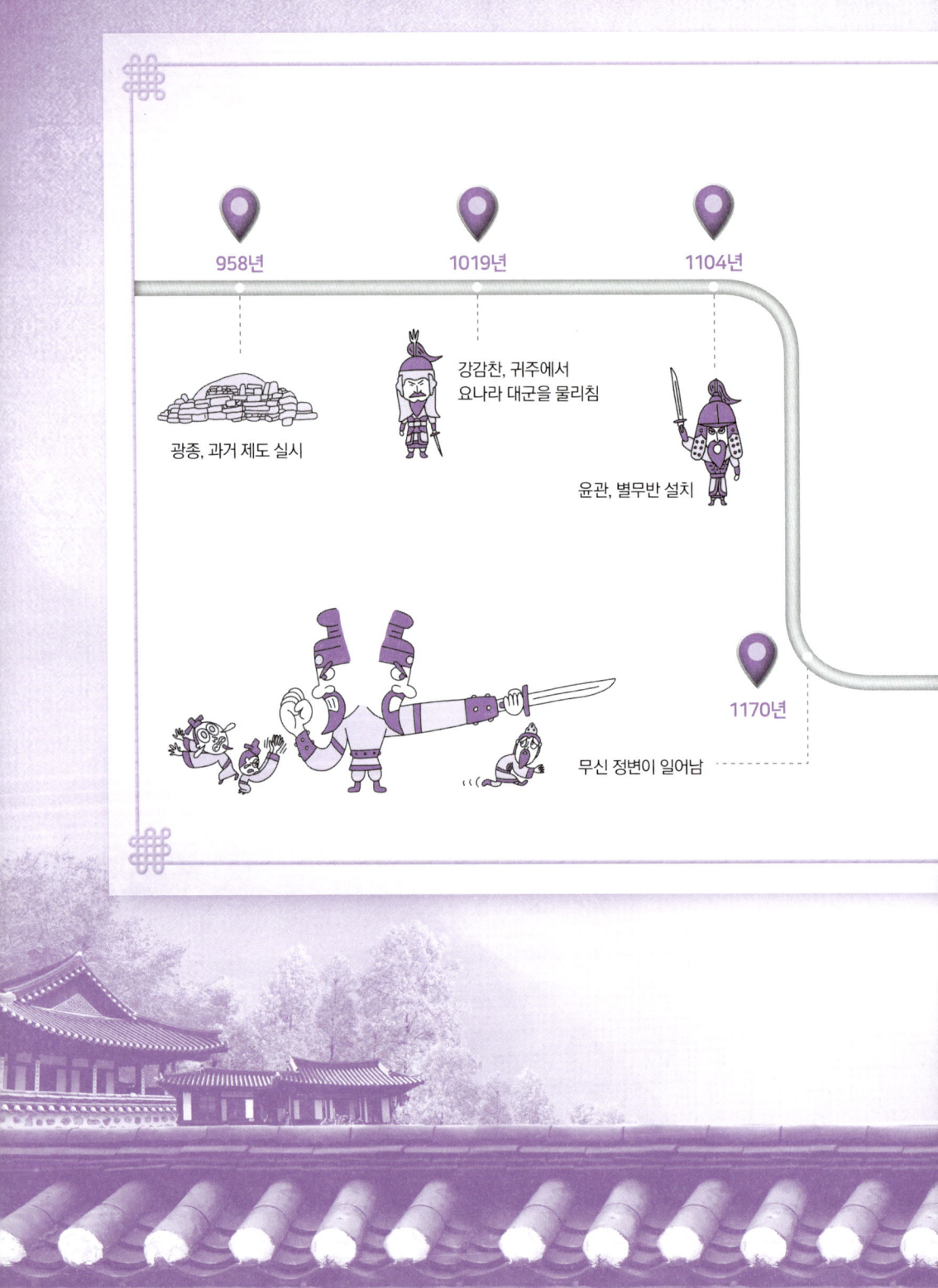

5

고려 시대

1231년
몽골군, 고려 침략

1388년
이성계, 위화도에서 군사를 돌림

호족 정책과 북진 정책

신라와 후백제를 무너뜨리고 후삼국을 통일한 왕건은 두 가지 정책을 세워 나라를 위한 기본 방침으로 삼았어. 왕건이 가장 중요하게 여겼던 두 가지 정책은 뭘까?

> **왕건:** 지방 세력인 호족들이 말을 잘 듣게 하려면 호족들의 딸들과 결혼을 하는 거야! 또한 고려는 고구려를 이어받은 나라이므로, 북쪽으로 영토를 더욱 넓혀 옛 고구려 땅을 되찾아야 해.

왕건이 궁예를 몰아내고 왕이 되었을 때, 그리고 신라와 후백제를 무너뜨리고 후삼국을 통일했을 때 왕건에게 큰 도움을 주었던 세력이 있어. 바로 **호족**이야. 호족은 **지방**에서 막대한 재산을 가지고 **세력**을 키운 사람을 말해.

그런데 만약 이들이 왕건의 명령을 순순히 따르지 않거나 오히려 힘

을 키워 그에 맞서려 한다면 어떻게 될까? 아마 왕건이 나라를 제대로 다스리기 어려울 거야. 그래서 왕건은 호족들의 세력을 억누르는 동시에 그들을 자기편으로 만들기 위해 이런 생각을 했어.

'호족의 딸을 부인으로 삼는다면, 사위가 왕인데 설마 나라를 위협할 만한 행동을 하지는 않겠지?'

그리하여 왕건은 힘 있는 호족들의 딸들과 결혼하여 그들을 왕비나 부인으로 맞아들였어. 이를 **결혼 정책**이라 불러. 결혼 정책을 열심히 펼치다 보니 왕건은 무려 스물아홉 명의 부인을 두게 되었지.

'우리 고려는 **고구려**를 계승하는 나라다. 그러니 옛 고구려의 땅을 되찾기 위해 북쪽으로 영토를 넓혀야 한다!'

또 왕건은 나라 이름을 고구려를 이어받는다는 뜻의 **고려**라 지었으므로, 마땅히 고구려의 옛 땅을 되찾아야 한다고 생각했어. 그리하여 나라 잃은 발해의 백성들을 고려의 백성으로 받아들이고, **평양**을 제2의 도읍지인 **서경**으로 삼아 도시를 정비하는 등 여러 정책을 펼쳤지. 이를 **북진 정책**이라고 불러.

> **호족은 어떻게 생겨났을까?**
> 통일 신라 말기에 중앙에서 귀족들이 권력 다툼을 벌이는 동안 각 지방에서 힘을 키운 새로운 세력이 등장했는데, 이들이 바로 호족이야. 호족들은 각자 군대를 키워 스스로를 '성주' 혹은 '장군'이라 일컬으며 군사력과 경제력을 바탕으로 그 지방을 직접 다스렸어.

2 왕건의 유언, 훈요십조

태조 왕건은 고려 왕조를 어떤 원칙으로 이어 갈지에 대해 오랫동안 고민했어. 그리고 유언을 남김으로써 그 원칙을 후손들에게 일러두었지. 어떤 내용이었을까?

왕건: 박술희 장군, 부디 이것을 잘 보관하도록 하시오.

박술희: 폐하, 이것이 무엇이옵니까?

왕건: 후손들이 꼭 지켜야 할 내용을 기록한 것이오.

박술희: (폐하께서 유언처럼 남긴 소중한 글이로군!)

943년, 병세가 깊어진 태조 **왕건**은 죽음을 앞두고 있었어. 왕건은 자신을 따라 고려를 세우고 후삼국을 통일하는 일에 함께한 **박술희** 장군을 불러 문서를 하나 전해 주었지.

인생이란 원래 덧없는 것이지.

왕건이 박술희에게 전한 문서는 고려의 후손들이 본보기로 삼고 지켜야 할 내용을 유언처럼 기록한 것이었어. 이를 **후손에게 남긴 훈계를 요약한 글**이라 하여 '훈요(訓要)', 여기에 **열 가지 조항**이라는 뜻의 '십조(十條)'를 붙여서 **훈요십조**라고 불러.

이후 고려의 왕들은 왕건이 남긴 훈요십조를 고려 **왕실의 원칙**이나 **규범**으로 삼아 잘 지키려고 노력했어.

고려를 세우고 후삼국을 통일한 태조 왕건은 이렇게 훈요십조를 유언으로 남기고 67세의 나이로 세상을 떠났어. 신하들이 눈물을 흘리며 태조 임금의 마지막 모습을 안타깝게 바라보자, 왕건은 미소 띤 얼굴로 이렇게

말하고 숨을 거두었대.

"인생이란 원래 이렇듯 덧없는(순식간에 흘러가고 허전한) 것이지."

훈요십조의 열 가지 조항은 무엇일까?

1. 불교를 잘 받들 것.
2. 모든 절은 풍수지리에 따라 세우고 함부로 짓지 말 것.
3. 왕위 계승은 맏아들로 함이 원칙이지만, 맏아들이 왕으로서의 자질이나 능력이 부족할 때는 둘째나 그 형제 중에서 덕망과 인정을 받는 자로 하여금 잇게 할 것.
4. 중국의 풍속을 억지로 따르지 말고, 야만의 나라인 거란의 옷차림을 본받지 말 것.
5. 서경(평양)을 중요하게 여겨 1년에 100일 이상 머물 것.
6. 연등회와 팔관회를 성대하게 열 것.
7. 왕이 된 자는 바른말을 받아들이고 남을 헐뜯는 말은 멀리할 것.
8. 차령산맥 이남과 공주강 밖의 사람은 조정에 등용하지 말 것.
9. 관리들의 녹봉(월급)을 함부로 늘리거나 줄이지 말 것이며, 농민들의 부담을 가볍게 할 것.
10. 나라가 무사한 때를 경계하며, 옛일을 거울삼아 오늘의 나라를 잘 다스릴 것.

과거 제도를 실시한 광종

나라에 공을 세운 신하들과 호족들의 권력 다툼 속에서 어렵게 왕위에 오른 광종은 왕권을 강화하여 나라의 기틀을 잡으려 했어. 이를 위해 실시한 제도가 바로 노비안검법과 과거 제도였지. 광종은 이 두 제도를 통해 어떻게 왕의 힘을 키웠을까?

광종: 귀족들보다 왕의 힘을 훨씬 강하게 할 무슨 좋은 수가 없을까?

쌍기: 폐하, 중국에서는 관리를 뽑을 때 '과거'라는 시험을 치른다 하옵니다. 과거 시험에 합격한 사람에게는 그 출신에 관계없이 벼슬을 내리지요.
고려도 그러한 제도를 도입하면 어떻겠습니까?

광종: 그것 참 좋은 생각이로군!

956년, 고려 제4대 왕인 **광종** 때 중국 후주라는 나라에서 고려로 귀화한 쌍기라는 인물이 있었어. 광종은 쌍기의 학문과 지식이 높음을 알아보고, 그에게 한림학사라는 벼슬을 내려 곁에 두었지.

당시 고려는 나라를 세우는 데 힘을 보탠 호족들이 권력을 쥐고 나라의 주요 관직을 차지했어. 이에 광종은 그들의 힘을 누르고 왕의 힘을 강화하기 위한 방법을 생각했는데, 바로 이때 쌍기가 광종에게 과거 제도에 대한 의견을 올렸던 거야.

광종은 쌍기의 의견을 적극적으로 받아들여, 마침내 958년에 과거 제도를 실시했어. 그런데 과거 제도를 실시하는 것이 왕권 강화, 즉 왕

▶ 고려 광종 헌릉 전경

의 힘을 강하게 하는 것과 무슨 관계가 있었을까?

만일 과거 제도를 실시해 출신에 상관없이 오로지 그 자신의 실력만으로 관직에 나아가는 사람이 많아지면, 집안의 배경으로 관직에 오르는 호족이나 귀족 출신 인물들은 그만큼 줄어들겠지? 그러면 호족과 귀족의 힘은 점점 약해지는 반면, 왕은 큰 방해 없이 자신의 힘을 키울 수 있어. 또한 자신의 실력으로 당당히 과거 시험에 합격해 조정의 관리가 된 사람은 왕에게 더욱 충성하게 될 테니, 당연히 왕의 힘은 강해질 수밖에 없겠지.

억울하게 노비가 된 자의 신분을 되찾아 준 노비안검법

956년, 광종은 노비안검법이라는 제도를 실시했어. '안검(按檢)'은 어떤 사실을 자세히 조사하여 살핀다는 뜻으로, 억울하게 노비가 된 사람을 잘 살펴서 그들의 신분을 되찾아 주었던 법이지. 당시 노비는 호족들이 재산이나 사병으로 소유했던 막강한 힘의 상징이었는데, 광종은 그 힘을 억누르기 위해 노비안검법을 실시하여 노비들을 풀어 주었던 거야. 이렇게 호족의 힘이 약해지면서 왕의 힘은 강화되었고, 노비에서 양민이 된 사람들이 국가에 내는 세금으로 나라의 살림 또한 전보다 늘어났으니, 노비안검법은 일석이조의 효과를 가져다준 제도였지.

12목·국자감·상평창과 성종

고려의 제6대 왕 성종은 나라의 정치 조직과 제도를 새롭게 정비했어. 불교 대신 유교를 정치와 교육의 바탕으로 삼고, 지방을 잘 다스리기 위해 지방관을 파견하기도 했지. 성종 때 새롭게 바뀌거나 달라진 제도에는 또 어떤 것들이 있을까?

성종: 이 글은 누가 올린 것인가?

대신: 최승로라는 관리가 올린 글이옵니다.

성종: 정치적으로 매우 적절한 의견이로다. 최승로의 의견을 바탕으로 삼아 나라의 조직과 제도를 정비하도록 하라!

982년, **성종**은 왕위에 오른 지 얼마 지나지 않아 신하들에게 다음과 같은 명령을 내렸어.

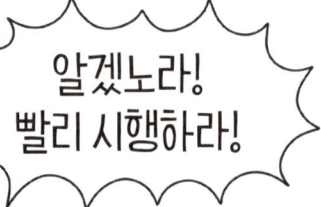

"5품 이상의 모든 관리들은 지금 우리 조정이 나라를 다스림에 있어 잘하고 있는 것과 잘못하고 있는 것에 대한 의견을 적어 올리도록 하라."

이후 성종은 관리들이 올린 글 중에 **최승로**라는 인물이 올린 글을 눈여겨보았는데, 이는 태조 때부터 경종 때까지 고려 5대 왕의 정치를 평가하는 내용과 **〈시무 28조〉**라는 정치 개혁에 대한 글이었어. 이 글은 '유교를 정치 이념으로 삼고, 지나친 낭비를 가져오는 불교 행사를 억제하며, 지방에 적극적으로 관리를 파견해야 한다'는 등의 내용으로 이루어져 있었지.

성종은 최승로가 올린 〈시무 28조〉를 적극적으로 받아들여 고려의 조직과 제도를 새롭게 정비하기로 했어. 우선 지방에 **12목**이라는 행정 조직을 설치하여 지방을 다스리게 했고, 유교의 경전을 연구하는 학문인 유학과 기술을 가르치는 교육 기관, 즉 지금의 국립 대학인 **국자감**을 세웠어. 또한 두 개의 특별한 창고를 만들기도 했는데, 바로 상평창과 의창이야.

상평창은 풍년에 곡식이 흔해져 값이 떨어지면 이를 사들여 값을 올렸고, 흉년에 곡식이 귀해져 값이 오르면 곡식을 싸게 내다 팔아 그 값을 내림으로써 **물가를 조절**하는 기능을 했던 곳이야. 한편 **의창**은 곡식을 미리 저장해 두었다가 흉년이나 재해가 일어났을 때 가난한 백성들에게 빌려주는 역할을 하던 곳이었지.

성종의 여러 업적들

'성종(成宗)'은 나라의 조직과 제도를 정비하여 완성시킨 왕에게 붙인 묘호야. 묘호란, 왕이 죽은 뒤에 그 공덕을 기리어 붙인 이름을 말해. 고려의 제6대 왕인 성종도 그의 묘호처럼 고려의 조직과 제도를 정비했는데, 전국을 열 개의 도로 나누고 중앙 행정 조직인 3성 6부를 2성 6부로 고쳤어. 또 국방과 외교에 관한 문제를 의논하는 최고 기관인 도병마사, 법률과 제도에 관한 문제를 다루는 식목도감이라는 기관을 설치했지.

5 요나라 장수와 외교 담판을 벌인 서희

거란족이 중국 북동부에서 세력을 키워 세운 요나라는 고려가 자기들은 멀리 하면서 송나라와는 친하게 지내는 것을 못마땅하게 여겼어. 송나라는 당나라가 멸망한 뒤 여러 나라로 나뉘어 세력 다툼을 벌이던 중국을 960년에 다시 통일한 나라야. 결국 요나라는 993년에 고려를 침략했는데, 고려는 어떻게 요나라를 물러나게 했을까?

소손녕: 고려는 우리 요나라와 국경을 접하고 있으면서도, 요나라가 아닌 바다 건너 송나라와 국교를 맺고 있다. 그 이유가 무엇인가?

서희: 고려가 요나라와 교류하지 못한 것은 압록강 유역을 여진족이 가로막고 있어서다. 우리 고려가 여진족을 몰아낸 뒤 옛 땅을 되찾고 나면, 그때 요나라와 교류를 할 것이다.

고려 성종 때인 993년, **요나라의 장군 소손녕**이 80만 대군을 이끌고 고려를 침략했어. 압록강을 건넌 소손녕과 요나라 군사들은 그곳에 진을 친 다음 고려 조정에 항복하라는 문서를 보냈지. 그러자 고려 군대의 지휘관이었던 **서희** 장군이 요나라의 진영으로 가서 소손녕과 **담판**을 벌였어.

서희가 당당하고 자신만만한 태도로 담판을 벌이자, 소손녕은 고개를 끄덕이고는 그가 말한 내용을 요나라 임금에게 보고했어. 결국 요나라 임금도 서희의 주장을 인정하여 고려가 압록강 동쪽의 영토를 개척할 수 있도록 자신의 군대를 물러나게 했지. 게다가 서희에게는 낙타와 말, 양, 비단 등 선물까지 주었다고 해.

그 뒤 서희는 직접 군사를 이끌고 압록강 동쪽의 여진족을 몰아낸 뒤, 그 지역을 차지함으로써 고려의 영토를 더 넓혔어. 바로 이곳을 **강동 6주**라고 불러. 요나라의 속셈을 정확하게 알아차리고 그들의 입장을 받아들이는 동시에 고려에 이익을 가져다준 서희는 과연 우리 역사상 최고의 **외교관**이라 할 수 있겠지?

귀주 대첩과 강감찬

요나라가 세 차례에 걸쳐 고려를 침략하자, 고려의 왕과 신하들은 요나라에 항복하기로 했어. 하지만 이에 반대하고 나선 강감찬은 3차 침략 때 요나라 군대를 크게 물리치며 고려를 구해 냈지. 어떻게 물리쳤을까?

부하: 장군님, 요나라 군사들이 골짜기에 들어섰습니다!

강감찬: 자, 지금이다! 물을 막았던 가죽을 터뜨려라!

요나라 군사: 헉! 말라 있던 계곡에 웬 물벼락이야? 요나라 군사 살려!

1018년, **요나라의 장군 소배압**이 **10만 대군**을 이끌고 고려에 쳐들어왔어. 요나라가 고려를 침략한 것은 이번이 벌써 세 번째였지. 993년 1차 침략 때는 서희 장군이 뛰어난 외교술을 발휘하여 스스로 물러나게 했고, 1010년 2차 침략 때는 남쪽 나주로 피난을 간 고려 제8대 왕 **현종**이 군대를 무르면 요나라의 요구를 들어주겠다는 협상을 벌였지. 그러나 이후 고려가 약속을 지키지 않자 요나라는 다시 고려를 침략했는데, 이것이 세 번째 침략이었어. 이때 등장한 인물이 바로 **강감찬** 장군이야.

1018년 12월, 강감찬 장군은 기병 1만 2,000명을 이끌고 압록강 근처 지금의 평안북도 **흥화진**으로 나아갔어. 그리고 동쪽 골짜기에 미리 군사를 숨겨 두고 큰 밧줄에 쇠가죽을 꿰어 골짜기에 흐르던 물을 막아 놓았지. 이윽고 요나라 군대가 골짜기에 들어서자 강감찬과 그의 군사들은 막았던 물을 터뜨렸고, 이 물이 빠르게 흐르면서 골짜기를 건너던 요나라 군사들은 우왕좌왕하기 시작했어. 그 틈을 노려 골짜기에 숨어

▶ 강감찬 장군 사적비

▶ 낙성대 안국사(강감찬 장군 사당)

있던 고려군이 기습 공격을 퍼붓자, 결국 요나라 군대는 속수무책으로 당할 수밖에 없었지.

　1019년 2월, 소배압은 남은 군사들을 이끌고 곧바로 개경을 공격하려 했으나 고려군이 강하게 맞서는 바람에 결국 후퇴하고 말았어. 요나라 군사들은 이미 지칠 대로 지친 상태였거든. 그렇게 후퇴하는 요나라 군사들을 고려군은 평안북도 귀주에서 다시 한번 크게 물리쳤어. 결국 요나라의 10만 대군 중 살아서 돌아간 군사는 장수 소배압을 포함해 고작 2,000명 정도였다고 해. 이렇게 흥화진과 귀주에서 고려군이 요나라 군사를 크게 물리친 전투를 **귀주 대첩**이라고 불러.

고려의 국제 무역과 벽란도

우리나라를 영어로 '코리아(KOREA)'라고 부르지? 그 말이 처음 생겨나게 된 건 고려 시대에 외국인들이 무역을 하러 고려를 드나들었을 때야. 이 시기에는 국제 무역이 크게 번성했는데, 과연 어느 정도였을까?

고려인 1: 개경에 외국 사람들이 왜 이렇게 많지?

고려인 2: 곧 팔관회가 열리잖아. 그 행사에 초대를 받아서 왔거나 인삼과 청자 같은 고려의 인기 물건들을 사러 온 거겠지.

고려인 1: 우리 고려와 무역을 하러 온 것이로구나!

1034년 11월 15일, 고려의 수도 **개경**은 외국인들로 북적댔어. 중국의 송나라, 요나라(거란), 금나라(여진)에서부터 일본, 인도, 동남아시아, 아라비아 등 다양한 외국인들이 개경을 찾은 이유는 고려 왕실로부터

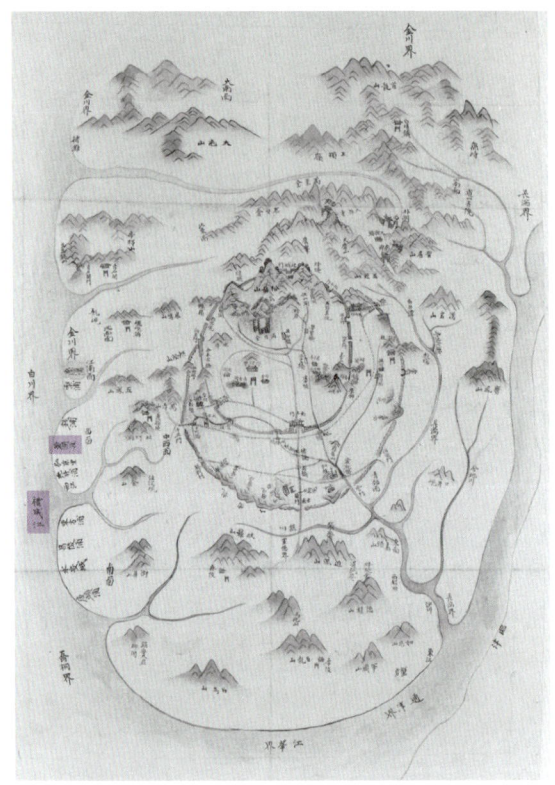

▶ 〈개성전도〉 지도에 색으로 표시된 곳이 예성강과 벽란도

팔관회라는 행사에 초대를 받았기 때문이기도 했지만, 고려와의 **무역**을 원해서이기도 했어.

고려에 오면 세계적으로 이름난 **고려 인삼**과 **청자**는 물론, 세계 곳곳의 상품들을 한자리에서 보고 거래를 할 수 있었어. 그래서 개경 거리에는 다양한 상점들과 음식점들이 즐비하게 늘어서 있었지.

개경에는 중국 송나라 사신이 머무는 순천관을 비롯해 오빈관과 청하관, 조종관 등 외국인들이 머무는 전용 숙소도 열 개 정도 있었어.

개경뿐 아니라 개경으로 드나드는 예성강 입구의 **벽란도**라는 나루에도 많은 외국 상인이 몰려와 국제적인 거래가 이루어졌어. 바닷길을 통해 건너온 일본, 동남아시아, 아라비아 상인들은 벽란도에서 활발한 무역 활동을 펼쳤지. 그래서 벽란도는 고려를 대표하는 **국제 무역항**으로 발전할 수 있었어. 이때 '고려'라는 이름이 서양으로까지 널리 알려지며 고려를 서양식으로 부른 '꼬레아', '코리아'와 같은 이름을 얻게 된 거야.

팔관회

팔관회는 하늘의 신과 땅의 신 등 토속신에게 제사를 지내는 날이야. 부처님께 기도를 올리는 불교 행사인 연등회와 함께 고려의 가장 큰 축제였지. 해마다 음력 11월 15일에는 개경에서, 10월 15일에는 서경에서 열렸어.

⑧ 별무반 설치와 윤관의 **여진족 정벌**

북쪽에서는 거란족에 이어 여진족이 세력을 키워 고려를 위협했어. 날쌘 기병으로 이루어진 여진족에 대항하기 위해 고려에서는 특별한 군대를 만들었지. 이 군대는 어떤 특별한 점을 가지고 있었을까?

> **숙종**: 윤관 장군, 여진족을 막을 좋은 수가 없겠소?

> **윤관**: 여진족은 원래 말을 타고 생활하던 자들이기 때문에 고려의 보병으로는 당해 낼 수 없습니다. 따라서 병력을 키우고 기병을 훈련시켜 전투에 임하면 반드시 승리할 것입니다.

고려 숙종 때 완안부라는 부족의 우두머리가 **여진족**을 통일한 후, 고려 동북쪽 국경을 넘어와 고려군에 맞서기 시작했어. 1104년, 고려에서는 여진족을 정벌하러 나섰으나 말을 타고 날쌔게 움직이는 **기병**을 중심으로 활약한 여진족에 크게 패하고 말았지. 이후 고려의 **윤관** 장군

▶ **〈척경입비도〉** 윤관이 동북 9성을 쌓은 뒤 고려의 국경임을 알리는 비석을 세우는 장면

은 숙종에게 여진족을 물리칠 특별한 군대를 조직하여 훈련시키자는 의견을 냈어.

숙종의 허락을 받은 윤관은 계획을 실행했어. 기병인 신기군, 보병인 신보군, 승려 조직인 항마군으로 이루어진 **별무반**이라는 군대를 조직한 거야. 1107년, 여진족이 다시 고려를 침략하자 당시 고려의 왕이었던 **예종**은 윤관을 최고 장수로 임명하여 여진족을 정벌하도록 했어. 윤관은 그동안 훈련시켰던 군사들을 이끌고 북쪽 국경 지대로 향했지. 그는 여진족의 부대가 머물던 곳을 쑥대밭으로 만들고, 4,900여 명이나 되는 적들의 목을 베었으며, 130명을 포로로 삼는 큰 승리를 거뒀어. 그 뒤 고려는 여진족을 몰아내고 차지한 동북쪽 지역에 아홉 개의 성을 쌓아 적의 공격에 대비하였는데, 이를 **동북 9성**이라 불러.

이자겸과 묘청의 난

고려 인종 때인 1126년과 1135년, 왕의 자리를 위협하고 나라의 질서를 어지럽히는 두 차례의 큰 반역 사건이 일어났어. 반란을 일으킨 사람은 누구이며, 그 이유는 무엇이었을까?

이자겸: 나는 왕의 외할아버지이다. 또한 나의 딸들은 왕비이기도 하지. 그러니 이제 고려는 나의 것이다!

인종: 왕이 버젓이 있는데 누구 맘대로…!

1122년, 예종이 병에 걸려 세상을 떠나자 당시 열네 살이었던 예종의 큰아들이 왕위를 이었어. 그가 고려 제17대 왕 **인종**이야. 인종이 왕이 되는 데 힘을 보탠 그의 **외할아버지 이자겸**은 어린 손자를 대신하여 권력을 마구 휘둘렀어. 심지어 자신의 셋째 딸과 넷째 딸을 연달아 왕비로 만든 뒤, 스스로를 고려 최고 벼슬인 '국공'이라 칭하게 하며 온갖 못된 짓들을 저질렀지.

1126년, 인종은 왕보다 더 큰 힘을 휘두르며 나라를 어지럽히는 이자겸을 제거하기 위해 은밀한 계획을 세웠어. 그러나 이를 눈치챈 이자겸이 스스로 왕이 되고자 반란을 일으켰는데, 이를 **이자겸의 난**이라 불러.

이자겸의 일당이었던 장수 **척준경**은 군대를 이끌고 궁궐로 들어가 건물을 불태우며 인종 편에 섰던 신하들을 제거해 나갔어. 이자겸은 인종을 잡아 자기 집에 가두어 버렸지. 그런데 이후 이자겸과 척준경의 사이가 살짝 벌어진 틈을 타 인종이 척준경을 설득했고, 결국 척준경은 이자겸과 그의 아들들을 잡아 가둠으로써 스스로 반란을 진압했어.

'아무래도 개경은 터가 좋지 않은 것 같구나! 궁궐도 불타 버렸으니 이참에 도읍지를 옮기면 어떨까?'

인종이 이런 궁리를 하던 중, **묘청**이라는 승려가 서경(지금의 평양)으로 도읍지를 옮기자는 의견을 올렸어. 그러자 신하들은 이에 반대하는 개경파와 서경으로 옮겨야 한다는 서경파로 나뉘어 의견 대립을 벌였지. 결국 인종이 마음을 바꾸어 개경파의 뜻에 따르기로 하자, 묘청은 스스로 도읍지를 서경으로 정한 뒤 반란을 일으켰어. 이를 **묘청의 난**이라고 해. 인종은 **김부식**을 대장으로 한 군대를 서경으로 보내 반란을 진압했지.

역사책 《삼국사기》를 기록하게 하다

인종은 두 차례의 큰 반란을 겪으며 나라 안에서 신하와 백성들이 서로 갈라져 다툼을 벌이는 것을 크게 걱정했어. 그래서 당시 사람들과 후손들에게 역사를 통한 교훈을 주기 위해 김부식으로 하여금 고려 왕조 전 우리 민족의 역사를 기록하게 했지.

▶ 《삼국사기》

그렇게 완성된 역사책이 바로 1145년에 편찬된 《삼국사기》야.

10 정중부의 난과 무신 정권

무신들은 고려를 건국하는 데 큰 공을 세웠지만, 나라는 이를 인정해 주기는커녕 오히려 문신들에게만 좋은 대우를 해 주었어. 관직의 등급도, 봉급도 문신에 비하면 무신은 형편없었지. 그러던 중 무신들의 자존심이 크게 다친 사건이 일어났는데, 이것은 어떤 사건이었으며 또 어떤 결과를 낳았을까?

무신 1: 언제부턴가 문신들이 무신을 무시하더니, 그 횡포가 너무 심하구나!

무신 2: 더 이상 문신들에게 무시당하고 살 수는 없다!

무신 3: 칼로써 무신들의 무서움을 보여 주자!

무신 4: 문신들을 확 쓸어버리자!

1144년, 김부식의 아들이자 젊은 문관이었던 **김돈중**이 39세의 무관 **정중부**의 수염을 촛불로 태우며 모욕한 사건이 일어났어. 김돈중은 화가 난 정중부에게 흠씬 두들겨 맞았고, 이를 알게 된 김돈중의 아버지 **김부식**은 인종에게 이를 아뢰어 정중부에게 벌을 내리도록 했지. 정중부는 몹시 화가 났지만 참을 수밖에 없었어.

1170년 8월 20일, 인종에 이어 왕위에 오른 고려 제18대 왕 **의종**이 궁궐 밖 야외에서 잔치를 베풀고 문신들과 어울려 술을 마시며 놀고 있었어. 무신들의 사기를 북돋우기 위해 무술 시합도 열었지. 이 시합에서 나이 든 대장군 이소응이 젊은 장교와 시합을 겨루다 힘에 부쳐 물러섰는데, 그때 젊은 **문신**인 **한뢰**가 갑자기 앞으로 나오더니 이소응의 뺨을 쳐서 그를 뜰 아래로 넘어지게 한 거야. 왕과 여러 문신들이 이 모습을 보고 재미있다는 듯 손뼉을 치며 웃자, 보다 못한 정중부가 앞으로 나섰어.

"한뢰 이놈! 이소응은 무관이지만 벼슬이 3품이거늘, 어찌 이런 심한

모욕을 줄 수 있느냐!"

이에 당황한 의종이 정중부를 달래어 일단 사태는 진정시켰지만 오래전부터 쌓여 왔던 무신들의 분노는 극에 달했어. 결국 그들은 계획을 실행에 옮기기로 했지.

정중부와 이의방, 이고 등의 무신들은 반란을 일으켰어. 그들은 칼을 앞세워 주요 벼슬에 있던 문신들을 학살했고, 의종을 왕의 자리에서 쫓아냈어. 이후 무신들은 허수아비 왕을 세운 뒤 권력을 잡고 마구 휘둘렀는데, 이처럼 무신들에 의해 나라가 통치되던 시기와 그 정권을 무신 정권이라 불러.

무신과 문신

무신은 무인 출신의 신하로, 무예로써 공을 세워 벼슬에 오른 사람을 말해. 문신은 문인 출신의 신하로, 학문으로써 관직에 오른 사람이지. 고려는 광종 때 과거 제도를 실시한 이후 문신 출신들이 주요 관직에 오르기 시작했고, 학문을 중요하게 여긴 문종 때에 이르러서는 무신보다 문신을 훨씬 높게 대우했어.

11 무신들의 권력 행사, 중방·도방·교정도감

고려가 무신들의 세상이 되고 난 뒤에도 백성들은 힘들게 살아가야 했어. 더구나 무신들은 더 높은 권력을 차지하기 위해 서로 다투거나 죽이는 일까지도 서슴지 않았지. 이렇게 나라 꼴은 점점 엉망이 되어 갔는데, 무신들은 언제까지 권력을 지속해 나갔을까?

> **고려 백성 1:** 무신들이 권력을 잡은 이후로 고려는 무신들의 세상이 되었군. 나랏일도 임금이 계시는 편전이 아닌 중방에서 의논한대!

> **고려 백성 2:** 임금과 문신들을 쏙 빼고 무신들끼리 중방에 모여 나랏일을 의논하려는 거로군.

무신 정변을 일으켜 권력을 손에 넣은 무신들은 궁궐 안 **중방**이라는 곳에 모여 나랏일을 의논했어. 그러던 중 이고가 혼자 권력을 차지할 음모를 꾸미다 이를 눈치챈 **이의방**에 의해 제거되었어. 얼마 뒤 이의방도 함부로 행동하며 횡포를 부렸고, 결국 정중부의 손에 죽임을 당했지. 그렇게 중방의 최고 권력자가 된 정중부 역시 청년 장군이었던 **경대승**이 이끈 결사대에게 목숨을 잃고 말아.

이후 경대승은 사병 100여 명을 모아 자신의 집에 머물게 하고 이곳을 **도방**이라고 불렀어. 그리고 나랏일을 궁궐이 아닌 도방에서 처리했지. 경대승은 다른 무인들과는 달리 문인들에게도 관직을 내리고 백성들의 마음을 얻고자 여러모로 노력했지만, 권력을 잡은 지 4년 만에 병으로 세상을 뜨고 말았어.

경대승이 죽은 뒤 천민 출신 장군 **이의민**이 권력을 잡았지만, 1196년 **최충헌**에게 살해당하고 말아. 최충헌은 당시 세력을 가진 자들은 물론 왕까지 몰아낸 뒤 새로운 꼭두각시 왕을 세우고 **교정도감**이라는 최고 권력 기관을 만들었지. 그는 스스로 교정도감의 우두머리인 교정별감이라는 관직에 올라 최고 권력을 휘둘렀는데, 그 뒤로도 그의 아들과 손자들이 대를 이어 권력을 쥔 세월은 62년이나 계속되었어.

고려 시대 _ 217

몽골군, 고려를 침략하다

기마병을 이끌고 세계 곳곳을 정복한 몽골이 결국 고려 땅에까지 발을 디뎠어. 처음에 몽골은 고려로 하여금 예물을 바치게 하며 평화로운 관계로 지냈지만, 이를 깨고 고려를 침략한 거야. 고려는 몽골에 어떻게 맞섰을까?

> **몽골 장수**: 우리는 세계의 정복자 몽골군! 고려도 우리를 큰 나라로 섬겨라!

> **고려 왕과 신하**: 네…. (몽골이 금나라보다 힘이 더 세니 어쩔 수 없지.)

 1206년, 테무친이라는 인물이 **몽골**의 초원 지대에 흩어져 살던 여러 부족을 통일하고 나라를 세웠어. **칭기즈 칸**이란 이름으로 임금의 자리에 오른 그는 군사들을 훈련시켜 훌륭한 기마병으로 만든 다음, 그들을 이끌고 세계 정복에 나섰지. 이후 몽골은 여진족이 세운 금나라를 멸망시키고 중앙아시아를 정복한 뒤, 유럽으로까지 세력을 펼쳐 **세계 역사상 가장 큰 제국**을 이루었어.

1209년, 몽골군은 고려군과 힘을 합쳐 거란족을 물리치기도 했는데, 이때부터 몽골은 고려에게 자기들을 큰 나라로 섬기며 예물을 바칠 것을 요구했어. 고려는 금나라보다 더 강한 몽골에 맞설 수 없었으므로, 어쩔 수 없이 그들의 요구를 들어주며 평화적인 관계를 이어 갔지.

그런데 1225년, 고려에 왔던 몽골의 사신 **저고여**가 자기 나라로 돌아가던 중 압록강 강변에서 습격을 받고 **살해**당하는 **사건**이 일어났어. 몽골은 고려가 저지른 일이라 우기며, 이를 구실로 고려와 외교 관계를 끊어 버렸지.

"우리 몽골 제국의 사신을 죽인 고려를 가만두지 않을 것이다!"

1231년, 몽골의 장수 **살리타**는 3만 군사를 이끌고 결국 고려를 **침략**해 왔어. 동아시아의 작은 나라 고려와 세계를 정복한 제국 몽골과의 전쟁이 시작된 거야.

처인성 전투와 삼별초 항쟁

몽골이 여러 차례 고려를 침략하자 고려 땅은 쑥대밭이 되었고, 백성들은 큰 고통을 당했어. 고려는 도읍지를 강화도로 옮기면서까지 몽골의 공격에 끈질기게 저항했지. 결국 고려는 몽골을 몰아내는 데 성공했을까?

> **몽골군**: 우리 몽골군에 맞서서 이렇게 끈질기게 싸우다니. 살리타 사령관마저 고려 백성이 쏜 화살에 맞아 죽었잖아!

> **고려 백성**: 왕과 신하들은 몽골군에 항복했지만, 삼별초라는 부대와 이를 따르는 백성들은 끝까지 저항하고 있다!

1232년, 몽골의 장수 **살리타**가 이끄는 몽골군이 지금의 경기도 용인에 위치한 처인성을 공격했어. 이때 처인성을 지키던 승려 **김윤후**와 고려 백성들은 몽골군을 향해 화살을 쏘아 댔고, 김윤후가 쏜 화살이 적진으로 날아가 살리타를 명중시켰지. 살리타가 화살에 맞아 죽자 당황한 몽골군은 공격을 포기하고 물러났는데, 이를 **처인성 전투**라고 불러.

이후 1236년에는 지금의 경기도 안성에 있는 **죽주성**의 지휘관 송문주가 이끌던 고려군이 몽골군의 공격을 물리쳤고, 1253년에는 살리타를 죽인 김윤후가 **충주성**에서 백성들과 힘을 합쳐 70일 동안이나 계속된 몽골군의 공격을 막아 냄으로써 몽골군의 기세를 꺾어 버렸지.

그러나 여러 차례 거듭된 몽골군의 거센 공격에 고려의 땅은 잿더미가 되었고, 백성들 또한 엄청난 피해를 당했어. 1258년, 최씨 무신 정권이 무너지자 결국 고려의 왕과 문신들은 몽골에 항복하기에 이르렀지.

하지만 이에 반대하며 끝까지 몽골군과 싸우겠다고 나선 사람들이 있었어. 바로 **삼별초**라는 특수 부대야. 이들은 강화도, 진도, 제주도로 옮겨 가며 몽골군에 저항했지만 결국 3년 만에 몽골과 고려의 연합군에 무릎을 꿇고 말았어.

 공민왕의 반원·자주 정책

중국 땅에 명나라가 들어선 뒤 세력을 키워 나가면서 원나라의 힘은 점점 약해졌어. 이때 고려의 공민왕은 원나라의 간섭에서 벗어나려는 계획을 세웠지. 이를 위해 공민왕이 추진하고 실행한 일들은 무엇이었을까?

> **공민왕**: 몽골의 원나라를 대신하여 새로 세력을 키우고 있는 명나라와 가까이 지내자. 머리 모양이나 옷 등도 더 이상 몽골 풍습을 따르지 않고 고려의 풍습을 되찾는 거야!

'충렬왕', '충선왕', '충숙왕', '충혜왕', '충목왕', '충정왕'. 고려가 원나라의 간섭을 받을 당시 고려의 왕을 부르던 이름이야. 원나라에 충성을 바친다는 뜻을 담아 앞에 '충(忠)' 자를 붙인 것이지. 칭기즈 칸의 손자인 **쿠빌라이**는 중국 대륙을 통일하고 지배하면서 나라의 이름과 제도를 중국식으로 바꾸었는데, 이때 나라 이름을 **원**(元)으로 하고 수도는 베

이징으로 정했지.

　몽골, 즉 원나라의 간섭을 받게 된 고려는 왕을 세울 때 원나라 황제의 인정을 받아야 했고, 왕비도 원나라 공주들 중에서 맞아들여야 했어. 그런 상황에서 1351년 **공민왕**이 22세의 젊은 나이로 고려 제31대 왕이 되었어.

　원나라가 새롭게 등장한 **명**나라에 점점 밀리는 것을 알아챈 공민왕은 원나라의 지배와 간섭에서 벗어나 고려 스스로의 힘으로 나랏일을 처리해 나가는 국가의 모습을 갖추고자 노력했어. 이를 **반원·자주 정책**이라 불러. 공민왕은 정치적으로 다음과 같은 일들을 실천해 나갔지.

1. 원나라의 연호와 관제(행정 기관의 조직이나 명칭)를 사용하지 않는다.
2. 고려의 풍속을 되찾기 위해 머리 모양과 옷 등 몽골 풍속을 금지한다.
3. 권세를 부리던 귀족들이 불법으로 얻은 토지를 원래 주인에게 돌려준다.
4. 억울하게 노비가 된 자를 다시 양민으로 해방시켜 준다.

신돈을 앞세워 개혁 정치를 펼친 공민왕

공민왕을 대신하여 나랏일을 맡게 된 신돈은 원나라를 등에 업고 권력을 휘두르던 무리들의 힘을 빼앗고, 백성들의 생활을 돌보려 애썼어. 이렇게 백성들로부터 인기를 얻은 신돈은 계속해서 고려를 잘 이끌어 나갔을까?

> **고려 백성 1**: 공민왕이 우리 고려의 정치에 간섭하던 통치 기구들을 없애고, 원나라 왕실을 등에 업고 권세를 부리던 세력들을 제거했대!

> **고려 백성 2**: 원나라에 빼앗겼던 서북과 동북 일대의 영토도 되찾았다지?

적극적으로 반원·자주 정책을 펼치던 공민왕에게 큰일이 생겼어. 공민왕의 아내였던 원나라 출신의 **노국 대장 공주**가 아이를 낳다 죽은 거야. 아내를 깊이 사랑했던 공민왕은 큰 슬픔에 빠져 모든 의욕

▶ 공민왕과 노국 대장 공주의 초상

을 잃었어. 결국 나랏일마저도 **신돈**이라는 승려에게 맡겼지.

공민왕으로부터 권력을 얻은 신돈은 나라가 어지럽고 백성들이 힘들게 살게 된 이유는 바로 귀족들, 그중에서도 원나라에 충성하여 권력을 얻은 사람들 때문이라고 생각했어. 그런 자들을 **권문세족**이라 부르는데, 신돈은 그들의 힘을 빼앗기 위해 여러 일들을 실행했어.

그는 권문세족이 백성들에게서 강제로 빼앗다시피 한 땅을 원래 주인들에게 돌려주고, 노비로 삼은 농민을 양인이 되게 했어. 또 과거 시험을 통해 새로운 신하들을 뽑았는데, 그들 대부분은 성균관에서 성리학이라는 유교 학문을 공부한 사람들이었지. 이들을 **신진 사대부**라고 해. 시간이 갈수록 신돈의 힘이 지나치게 커지자, 이를 불안하게 여긴 공민왕은 신돈이 반란을 꾀하고 있다는 권문세족의 말을 핑계 삼아 신돈을 죽이고 말았어. 하지만 공민왕 역시 3년 뒤인 1374년, 측근들에 의해 죽임을 당하고 말았지.

신흥 무인 세력의 등장, 최영과 이성계

홍건적과 왜구의 침입으로 고려 백성들의 생활은 더욱더 힘들어졌어. 이때 군대를 이끌고 적들을 물리치며 권력을 손에 쥔 새로운 세력이 등장했어. 그들은 과연 누구일까?

최영: 나는 군사들을 이끌고 홍건적과 왜구를 물리친 신흥 무인 세력이야!

이성계: 나도 위기에 처한 고려를 구하는 데 힘을 보탰어!

고려 말에 **홍건적**과 **왜구**를 물리치며 새롭게 등장해 세력을 키운 무인들이 있었어. 그들은 **신흥 무인 세력**으로, **최영**과 **이성계**가 대표적인 인물이지.

머리에 홍건, 즉 붉은 두건을 쓰고 다닌 홍건적은 압록강을 건너와 고려의 서경을 점령하고, 2차로 개경까지 침입하기도 했어. 게다가 일본의 해적 집단인 왜구들도 고려 땅 안으로 침략해 들어와 노략질을 일삼았지. 그때 군사들을 이끌고 홍건적과 왜구를 물리쳐 이름을 날린 장수가 바로 최영과 이성계였어.

최영은 공민왕 때 수차례 반란을 진압하고, 홍건적과 왜구들을 쳐부수었어. 특히 우왕 때인 1376년에는 나이 든 몸을 이끌고 홍산 전투에 나가 왜구들을 물리쳤으며, 화통도감이라는 관청을 설치해 최무선으로 하여금 화약 무기를 개발하게 했어. 나중에는 문하시중이라는 최고 벼슬에까지 오르기도 했지.

한편 이성계는 원나라의 통치 기관이었던 쌍성총관부를 공격하여 고려 장수의 길에 들어섰으며, 1361년 홍건적이 침입하여 개경을 점령했을 때는 27세의 나이로 군사들을 이끌고 적군을 물리쳤어. 그 뒤 여진족과 왜구의 침입을 막아 내는 데도 큰 공을 세웠지.

 # 신진 사대부로 떠오른 정몽주와 정도전

권문세족의 잘못을 비판하며 나라의 앞날을 걱정하던 문인 출신의 인물들도 등장했어. 그들은 신진 사대부로, 나라의 문제점들을 뜯어고쳐서 고려를 개혁하자는 뜻을 세우며 힘을 키워 가고 있었지. 신진 사대부를 대표하는 인물에는 누가 있으며, 이들은 어떤 활약을 펼쳤을까?

신진 사대부 1: 우리는 권문세족처럼 문인 출신이기는 하지만, 여러 면에서 그들과 달라!

신진 사대부 2: 권문세족의 잘못을 지적하고 그들과 맞섰지.

신진 사대부 1: 그리고 성리학이라는 유교의 학문과 사상을 따랐어.

신진 사대부 2: 원나라를 멀리하고 명나라와 친하게 지내려 했지.

고려 말기, 신흥 무인 세력과 함께 등장한 또 다른 무리가 있었어. 바로 **신진 사대부**라는 세력이야. 이들은 권문세족과 같은 **문인 출신**이었지만, 그들의 잘못을 지적하고 맞서 성장한 사람들이었어. 무신 정권 당시, 권력을 잡은 무신들은 조정의 실무를 담당할 관리의 필요성을 느끼고 당시 지방 행정을 돌보던 관리를 등용했는데, 이들이 바로 신진 사대부야. 그리고 공민왕 때 신돈이 과거 제도를 통해 새롭게 뽑아 나랏일을 맡긴 **성균관 출신**의 인재들이 신진 사대부의 중심이 되었어.

그들은 권문세족과 달리 **성리학**이라는 유교 학문을 공부하고 따랐으

▶ 1. 정몽주 초상 2. 정도전 동상

며, 원나라를 멀리하고 중국에서 새롭게 등장한 **명**나라와 친하게 지내고자 했어. 신진 사대부를 대표하는 인물로는 **정몽주**와 **정도전**을 들 수 있지.

정몽주와 정도전은 성균관 최고 책임자였던 이색의 밑에서 공부했으며, 과거 시험에 합격한 뒤 벼슬길에 올랐어. 또 두 인물 모두 유학에서 발전한 학문인 성리학 공부에 매진하며 따랐지. 신흥 무인 세력인 이성계와 친하게 지낸 점도 두 사람의 공통점이라 할 수 있어.

하지만 두 사람 사이에는 아주 커다란 이념의 차이가 있었어. 정몽주는 고려 왕조를 지키며 정치 제도나 조직을 뜯어고쳐 나라를 바로 세우길 원했고, 정도전은 고려 왕조를 무너뜨리고 새로운 왕조를 세워야 한다는 강한 뜻을 마음에 새기고 있었던 거야.

18. 최영의 요동 정벌, 이성계의 위화도 회군

고려 제32대 왕인 우왕과 당시 최고 권력자였던 최영은 요동을 정벌하기 위해 군대를 보냈어. 그러나 군대를 이끌고 국경 근처에까지 다다른 이성계는 다시 군대를 돌려 개경으로 향했지. 이성계는 왜 군대를 돌렸을까?

> **우왕:** 이성계 장군, 군사를 이끌고 요동으로 가서 명나라 군대를 몰아내시오.

> **최영:** 압록강을 건너 요동을 공격하시오.

> **이성계:** 지금 고려가 요동을 정벌하기엔 여러 가지 문제가 있사옵니다!

1388년 2월, 중국 **명**나라에 다녀온 고려의 사신이 이런 소식을 전했어.

"명나라에서 철령 북쪽 땅은 원나라의 쌍성총관부가 있던 곳으로 원래 원나라에 속했던 땅이라 주장하고 있습니다. 그런데 이제 자신들이 원나라를 몰아내고 중국의 주인이 되었으니, 철령 북쪽 땅은 당연히 명나라의 땅이라며 엄포를 놓았습니다!"

이에 고려는 명나라로 사신을 보내 철령 북쪽 땅은 원래 고려의 땅이었음을 알렸지만, 명나라는 고려의 말을 무시하고 그 땅을 자기들의 영토로 삼으려 했어. 그러자 **최영** 장군이 펄쩍 뛰며 말했어.

"말도 안 되는 소리. 이 기회에 **요동**을 **정벌**하여 우리 땅으로 삼아야 한다!"

최영 장군은 우왕과 논의한 끝에 요동을 정벌하기로 했어. **이성계**는 네 가지 이유를 대며 이에 반대하고 나섰지만 결국 요동을 정벌하라는

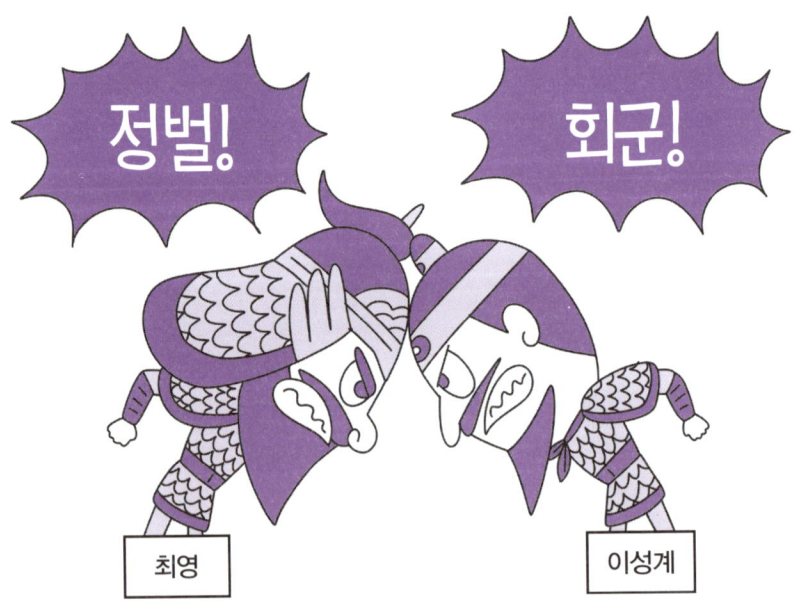

명령은 거두어지지 않았지. 왕의 명령에 따를 수밖에 없었던 이성계와 조민수는 최고 사령관이 되어 고려의 군사들을 이끌고 어쩔 수 없이 요동 정벌에 나섰어.

"압록강을 건너려는데 중간에 큰 냇물이 지나고 있어서 건너기가 어렵고, 오랜 비로 인해 활이 풀어지고 갑옷이 무거워져 병사와 말이 모두 지쳐 있습니다."

압록강 가운데에 있는 위화도라는 섬에 도착한 이성계는 이런저런 이유를 대며 더 나아가지 못하고 군사들과 함께 그곳에 머물러 있었어. 그리고 조민수를 설득해 결국 군사를 돌려 개경으로 향했지. 이를 위화도에서 군사를 돌렸다 하여 **위화도 회군**이라고 해.

이성계가 요동 정벌을 반대한 네 가지 이유
1. 작은 나라가 큰 나라를 공격하는 것은 옳지 않다.
2. 여름철에 군대를 동원하면 바쁜 농사철에 백성들이 전쟁터에 나가야 하므로 백성들로부터 원망을 들을 것이다.
3. 고려의 대규모 군대가 요동을 공격하는 틈에 왜구로부터 침략당할 수도 있다.
4. 곧 장마철이 되어 비가 많이 오면 활에 입힌 아교(접착제)가 녹아 풀어지고, 군사들 사이에 전염병이 돌 수도 있다.

19 최영과 정몽주의 죽음, 고려의 멸망

위화도에서 군사를 돌려 개경으로 향한 이성계는 결국 최영과 우왕을 제거하고 최고의 권력자가 되었어. 그 뒤 정도전 등 신진 사대부의 도움을 받아 고려 왕조를 무너뜨리고 새 왕조를 세웠지. 고려가 멸망한 후 들어선 새 나라는 어떤 나라일까?

신흥 무인 세력: 임금 옆에 있는 나쁜 무리들을 없애고 나라를 바로 세웁시다!

신진 사대부: 고려 왕조를 무너뜨리고 새 왕조를 세웁시다!

위화도에서 군사를 돌린 **이성계**는 이들을 이끌고 개경으로 향했어. 이 소식을 들은 **최영**은 그들과 맞서 싸울 준비를 했지만, 그의 곁에 남은 군사들은 얼마 되지 않았지.

1388년 6월, 개경으로 돌아온 이성계는 결국 최영의 군대를 무찌른

▶ 이방원이 부하들을 시켜 정몽주를 암살한 곳인 개성 선죽교

뒤 고려의 최고 권력자가 되었고, 왕위에서 쫓겨난 **우왕**은 강화도로 유배를 갔어. 우왕의 뒤를 이은 **창왕**도 이성계에 의해 얼마 안 있어 쫓겨났고, 이윽고 고려의 마지막 왕인 **공양왕**이 새 왕이 되었지. 이성계는 **정도전** 등 고려를 무너뜨리고 새 나라를 세우려는 뜻을 가진 신진 사대부들의 도움을 받아 나라의 제도를 차근차근 바꿔 나갔어.

그러던 1392년 4월, 이성계의 아들 **이방원**은 **정몽주**에게 몰래 부하들을 보내 새 왕조를 세우는 것을 반대하던 그를 죽이고 말았어. 정몽주가 죽자, 그의 편에 섰던 다른 신진 사대부들은 힘을 잃었지.

1392년 7월, 정도전과 조준, 남은 등의 신하들은 공양왕을 놓아내고 이성계를 **새 왕**으로 모셨어. 474년간 이어져 온 고려 왕조가 막을 내리게 된 순간이었지.

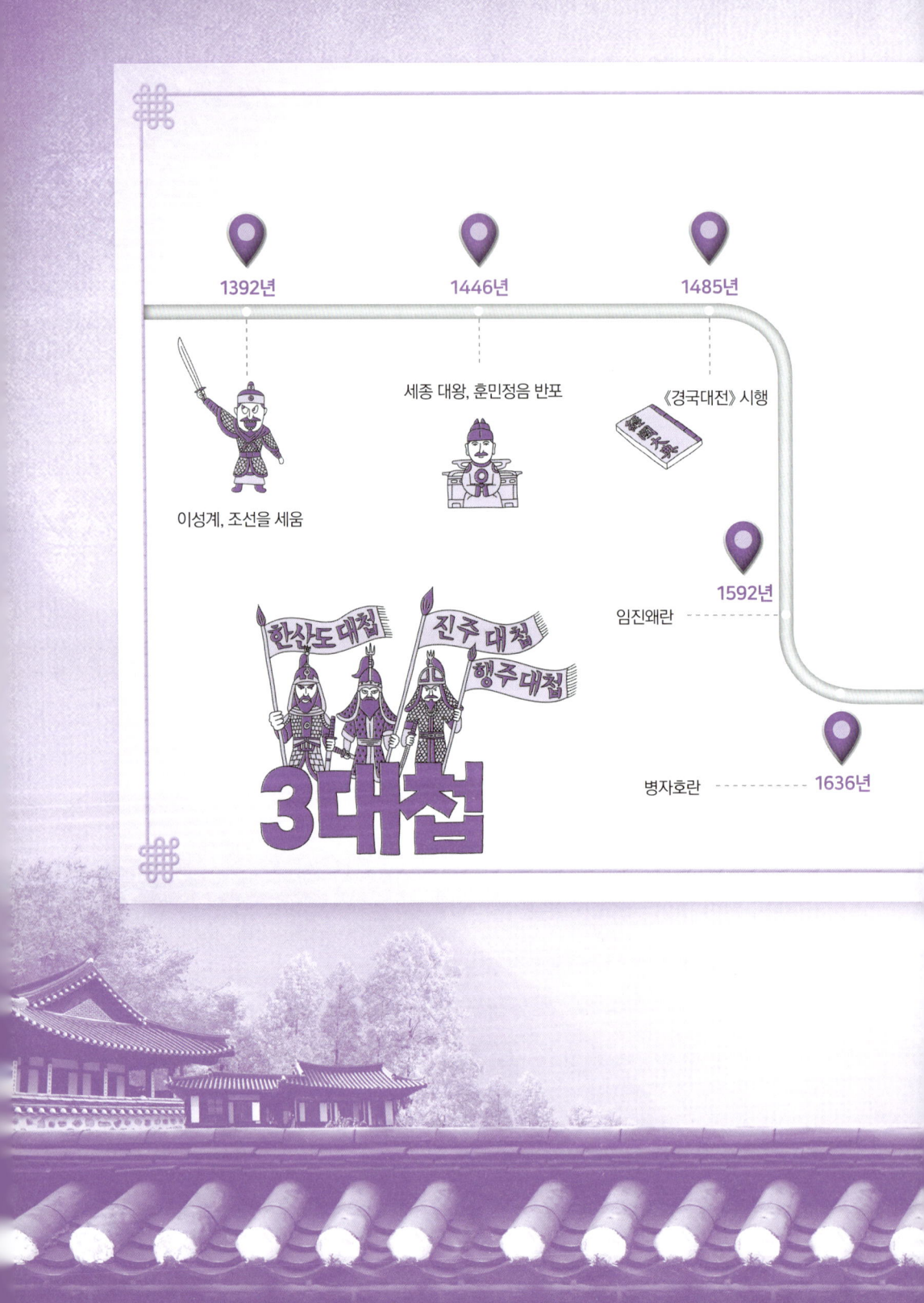

6

조선 시대

1742년
영조, 탕평비 세움

1897년
고종, 대한 제국 선포

1910년
조선(대한 제국), 일제의 식민지가 됨

나라 이름을 조선으로 정하다

고려를 무너뜨리고 새 왕조를 세운 이성계는 고려 왕조를 섬기던 백성들이 반란을 일으킬까 봐 처음에는 나라 이름을 바꾸지 않았어. 그러나 명나라와의 외교 관계와 신하들의 요구 때문에 나라 이름을 새로 지을 수밖에 없었지. 과연 새 나라의 이름은 무엇이었을까?

조선 사신: 새 나라의 이름을 두 개 중 하나로 정하려고 합니다. 황제께서 정해 주십시오.

명나라 황제: '조선'이라는 이름이 좋은 것 같소.

조선 사신: (조선을 고를 줄 알았지…. 흐흐!)

고려 왕조를 무너뜨린 **이성계**가 새 왕이 되자, 명나라 황제가 이성계에게 외교 문서를 보냈어.

이성계와 신하들은 고민에 빠졌어. 왜냐하면 명나라 황제가 새 나라의 이름을 물어 왔지만, 아직 나라 이름을 새로 짓지 않았거든. 이성계와 신하들은 나라 이름을 어떻게 정해야 할지 곰곰이 생각했어.

"이름 두 개를 지어 보낸 뒤 명나라 황제에게 정해 달라고 합시다. 우선 우리끼리 이름을 미리 정하고, 황제가 고르지 않을 만한 이름을 하나 더 끼워 넣어 둘 중 하나를 골라 달라고 하는 겁니다."

결국 이성계는 조선과 화령이라는 두 개의 이름을 지어 사신을 통해 명나라에 전했어. 조선은 우리 민족이 처음 세운 나라의 이름인 동시에 '아침처럼 신선한 나라'라는 뜻도 있어. 한편 화령은 이성계가 태어난 고향의 이름이자 명나라의 적이었던 몽골의 수도 이름이기도 했지. 예상대로 명나라 황제는 '예로부터 내려온 이름인 조선으로 정함이 낫다'라고 했고, 그렇게 새로운 나라의 이름은 조선으로 정해졌어.

2 도읍지를 한양으로 옮기다

나라의 이름을 조선으로 정한 이성계는 도읍지도 새로운 곳으로 옮기기로 했어. 그래서 신하들과 의논하여 한양, 즉 지금의 서울을 새 도읍지로 정했지. 조선의 도읍지를 한양으로 정한 이유는 뭘까?

정도전: 도읍을 어디로 옮기는 것이 좋을까요?

이성계: 여러 곳을 둘러보았지만, 역시 한양이로다!

정도전: 옳습니다! 위치도 교통도 한양이 최고지요!

이성계는 조선의 **도읍지**를 고려의 도읍지였던 **개경**에서 다른 곳으로 옮기기로 했어. 개경에는 고려 왕조에 충성하던 사람들이 많아 새 왕조의 도읍지로 어울리지 않는다고 생각했기 때문이지.

신하들은 새 도읍지를 어디로 정할 것인지에 대해 여러 의견을 냈어.

이성계는 직접 여러 곳을 둘러본 끝에 새 나라 조선의 도읍지를 **한양**으로 결정했어. 지금의 서울이지.

그런데 궁궐을 어디에 지을지에 대해서는 여러 가지로 의견이 나뉘고 이로 인해 다툼까지 벌어졌지만, 결국 **북악산 아래**에 짓기로 했어. 지금의 경복궁이 있는 자리야.

도읍지가 한양으로 정해진 데에는 여러 가지 이유가 있어.

우선 한양은 **한반도의 중앙**에 위치해 있어 지방을 다스리기에 좋았고, 한양의 중심을 흐르는 **한강**은 바다와 연결되어 배들이 드나들 수 있었으며 교통이 편리했지. 또 산으로 둘러싸여 있어서 외적의 침입을 막기에도 유리했고, 농사를 짓기에도 적합한 지역이었어.

도읍지가 한양으로 정해지자, 이성계는 가장 믿고 의지하는 신하인 **정도전**에게 이와 관련된 일을 맡아서 처리하게 했어. 드디어 **1394년**, 궁궐을 비롯해 **종묘**와 **사직**, **관청** 등 국가의 중요한 시설들이 들어설 위치가 모두 정해지면서 한양은 조선의 새로운 도읍지가 되었지.

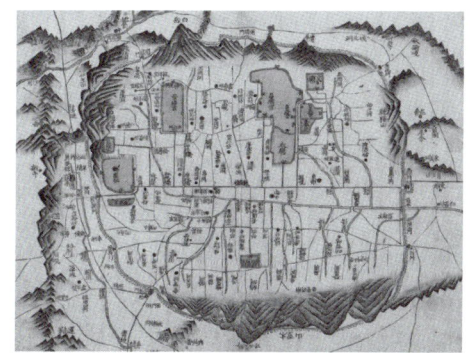

▶ 〈대동여지도〉에 수록된 '도성도'

3 사대교린·숭유억불·농본민생

이성계는 조선을 건국하는 데 큰 공을 세운 정도전 등 사대부들의 뜻을 받아들이며 앞으로 나라를 잘 다스리기 위한 원칙을 정했어. 그 원칙은 어떤 것이었을까?

이성계: 조선이라는 나라를 잘 이어 나가려면 지켜야 할 원칙이 필요할 텐데….

정도전: 옳은 말씀입니다. 조선을 이어 나가는 데 바탕이 되는 근본정신과 그에 따른 원칙을 정해야 합니다.

조선 왕조를 세운 태조 이성계와 정도전 등의 신하들은 나랏일을 의논하는 자리에서 고민에 빠졌어. 결국 그들은 고려와 다른 조선만의 근본정신이 필요하다는 걸 깨달았고, 조선을 잘 이어 나가는 데 근본이 되는 세 가지 원칙을 정했지.

첫째는 '큰 나라를 섬기고 이웃 나라와는 친하게 지낸다', 즉 **사대교린**(事大交隣)이야. 힘이 센 명나라를 큰 나라로 받들어 도움과 인정을 받고, 이웃 나라인 일본이나 여진과는 평화롭게 지내되 조선을 침략하는 등의 잘못을 저지르면 혼내 주기로 한 것이지.

둘째는 '불교를 멀리하고 유교를 가까이 한다'로, 이를 **숭유억불**(崇儒抑佛)이라고 해. 고려 때 왕실과 귀족들의 보호와 지지를 받으며 사회를 어지럽힌 불교를 억누르고, 그 대신 사회 질서를 바르게 세울 수 있는 유교를 받들기로 한 거야.

셋째는 '농업을 근본으로 삼아 백성들의 생활을 안정시킨다', 즉 **농본민생**(農本民生)이야. 농업을 나라의 가장 중요한 경제 산업으로 삼아 백성들의 생활을 안정시키는 데 힘쓴다는 것이지. 이 세 가지를 **조선의 건국 이념**이라고 해.

4 종묘와 사직을 보호하소서!

종묘와 사직은 한양으로 도읍지를 옮긴 조선이 궁궐과 함께 서둘러 지은 건물이야. 이곳은 무엇을 하는 곳이기에 왕과 신하들이 나랏일을 보는 궁궐과 함께 완성하려 했던 걸까?

조선 신하: 전하, 종묘사직을 보존하소서.

조선 임금: 종묘사직? 아하, 나라를 잘 다스리라는 말이로군!

조선 신하: 그렇습니다. 종묘와 사직은 조선 왕조의 상징이니까요.

'종묘사직을 보존하라'는 말은 조선 시대 때 나라가 어려움에 처했거나 임금이 잘못을 저질렀을 때 신하들이 임금에게 올리던 말이야.

종묘는 조선의 역대 왕과 왕비의 **신위**(죽은 사람의 이름을 적은 나무패)를 모시고 **제사**를 지내는 곳이야. 유교에서는 신위에 죽은 사람의 혼, 즉

▶ 종묘 정전

정신이 머문다고 생각해 신위를 모시는 사당을 짓고 그곳에서 제사를 지냈지.

사직은 **토지**의 신인 '사(社)'와 **곡식**의 신인 '직(稷)'에게 **농사**가 잘되게 해 달라고 제사를 지내던 곳을 말해. 조선 시대 때 농업은 산업과 경제의 가장 밑바탕을 이루었고 대부분의 백성이 농사를 짓고 살아갔으니, 이곳이 조선 왕조에 얼마나 중요한 장소였는지 알겠지?

이처럼 종묘는 조선 왕실을, 사직은 조선 사회를 상징하는 곳이니 **종묘사직**은 곧 **조선**이라는 나라를 **상징**하는 것과 같아.

그리하여 종묘와 사직은 궁궐과 더불어 1394년 12월부터 지어지기 시작해 이듬해인 1395년 9월에 완성되었지.

정도전의 신권과 이방원의 왕권

정도전과 이방원은 고려를 무너뜨리고 새 나라 조선을 세울 때는 뜻을 함께 했지만, 조선 건국 이후 나라를 어떻게 다스려야 할 것인가에 대해서는 서로 생각이 달랐어. 두 사람의 생각에는 어떤 차이가 있었을까?

정도전: 신하들이 중심이 되어 나라를 이끌어 가야 돼.

이방원: 그건 아니지. 왕이 강한 힘을 갖고 나라를 다스려야 해.

태조 이성계를 도와 조선을 건국하는 데 가장 큰 공을 세운 사람은 누구일까? 바로 정도전과 이방원이야.

정도전은 고려 말의 학자로, 고려 왕조를 무너뜨리고 새 왕조를 세우려는 뜻을 품었어. 결국 이성계를 도와 고려를 무너뜨린 그는 조선 왕조를 세우는 데 일등 공신이 되었지. 이후에는 새로운 도읍지 건설을

계획하였고, 조선의 법과 제도를 만들기도 했어.

이방원은 이성계의 다섯째 아들로, 새 왕조를 세우려는 이성계에 반대하는 세력, 특히 정몽주를 제거하는 데 큰 역할을 했어. 게다가 공양왕을 왕위에서 물러나게 하고 이성계를 왕으로 모시는 일에 앞장서는 등 조선을 세우는 데 큰 공을 세웠지.

정도전은 백성의 마음을 잘 헤아리는 신하들, 즉 **재상** 중심으로 나랏일을 펼쳐 나가야 한다고 주장했는데, 이를 **신권 정치**라고 해.

반면, 이방원은 **왕**이 강력한 힘을 쥐고 나라를 다스려야 귀족들이 함부로 세력을 부리지 못할 것이고, 그에 따라 나라가 안정됨으로써 백성들이 편안해진다고 주장했어. 이를 **왕권 정치**라고 불러.

6 왕자의 난

왕보다는 신하들이 중심이 되어 나랏일을 펼쳐야 한다고 주장했던 정도전은 자신의 뜻에 반대하는 이방원의 힘을 빼앗고자 했어. 이를 눈치챈 이방원은 형제들과 뜻을 모아 정도전을 제거하기로 했지. 과연 이들의 계획은 성공했을까?

이방원: 이럴 수는 없습니다. 세자는 큰아들로 삼는 것이 마땅하옵니다.

이성계: 왕의 자리를 누구에게 물려주느냐는 왕의 마음이다!

이방원과 그 형제들: 가만히 있다간 우리 왕자들은 모두 정도전에게 죽임을 당할 거야! 군사를 일으켜 정도전과 그 일당을 몰아내자!

1392년, 태조 이성계는 정도전과 신덕 왕후의 뜻에 따라 막내아들인 **방석**을 세자로 삼았어. 이에 크게 화가 난 이방원은 궁궐로 들어가 아버지인 태조 이성계에게 따져 물었지.

　이성계와의 사이에서 여섯 명의 아들을 두었던 첫째 부인은 조선이 세워지기 전인 1391년에 죽음을 맞았어. 그리하여 방번과 방석 두 아들을 낳은 둘째 부인이 조선 건국 이후 왕비가 되었는데, 바로 **신덕 왕후**야. 이방원을 비롯한 그의 형제들은 배다른 열한 살의 어린 막내가 세자의 자리에 오르자 화가 치밀어 올랐어. 게다가 그 당시 힘 있는 사람은 개인적으로 군사를 거느릴 수 있는 **사병제**가 허용됐는데, 정도전이 이 제도를 폐지하여 태조와 자신의 뜻에 맞서는 세력을 없애려 하자 이방원은 더 이상 참을 수가 없었지.

"이대로 가만히 있다간 권력의 중심에 있는 정도전이 우리를 없애려고 할 거야!"

이방원과 그 형제들은 군사들을 빼앗겨 힘을 잃게 되면 정도전에게 죽임을 당할 거라 생각하고 이에 강하게 맞섰어. 그러던 중 신덕 왕후가 병으로 죽고 태조 이성계도 병이 들어 자리에 눕자, 1398년 이방원은 형제들과 군사를 일으켜 정도전과 남은 등을 제거했어. 또한 방석을 세자의 자리에서 쫓아내고 방번과 함께 귀향을 보낸 뒤 자객을 시켜 살해했지. 이를 **제1차 왕자의 난**이라고 불러.

제2차 왕자의 난

왕자의 난을 일으켜 권력을 손에 쥔 방원은 자신의 둘째 형인 방과로 하여금 왕위를 잇게 했어. 자기가 왕의 자리를 차지하기 위해 배다른 동생들을 죽이고 아버지를 궁궐에서 쫓아냈다는 비난을 피하기 위해서였지.
힘을 잃은 태조는 왕위를 물려준 뒤 쓸쓸히 함흥으로 떠났어. 태조에 이어 왕이 된 방과가 조선 제2대 왕 정종이야. 그러나 실질적인 권력은 방원이 쥐고 있었지. 1400년, 이런 방원의 세력을 꺾기 위해 이성계의 넷째 아들 방간이 박포라는 인물과 손을 잡고 자기가 거느리던 사병들을 앞세워 반란을 일으켰는데, 다른 형제들이 모두 방원의 편에 서는 바람에 결국 반란은 실패로 돌아갔어. 이를 '제2차 왕자의 난'이라고 해.

7 조선의 기틀을 다진 태종

1400년, 두 차례 왕자의 난을 겪으며 조선 최고의 권력자가 된 이방원은 정종에게 왕의 자리를 넘겨받아 왕이 되었어. 그가 바로 조선 제3대 왕 태종이야. 태종은 왕이 된 이후 어떤 정치를 펼쳤을까?

태종: 이제부터 나라의 중요한 일은 육조의 판서들이 직접 과인에게 보고하도록 하라.

신하들: 네, 전하.

영의정/우의정/좌의정: 우리 의정부 정승들은 별로 할 일이 없네. 이러니 의정부의 힘이 약해질 수밖에.

육조 판서들: 대신 육조에 직접 명령을 내리는 왕의 힘은 더욱 강해졌지.

태종은 왕의 힘을 더욱 강하게 만들기 위해 여러 가지 제도를 실시했

어. 그중 가장 대표적인 것이 **육조 직계제**야. 나랏일을 나누어 맡아 처리하던 여섯 개의 관청, 즉 육조의 우두머리인 **판서**가 왕에게 직접 보고를 올리고 나랏일을 처리하는 제도지.

그 전에는 육조가 최고 행정 기관인 **의정부**에 나랏일을 보고하면, 의정부의 3정승이 의견을 모아 그 일을 처리하거나 왕에게 보고를 했어. 또 왕이 육조에 명령을 내릴 때도 의정부를 거쳐야 했지. 그런데 태종 때에 이르러 왕이 직접 육조와 나라의 중요한 일을 처리하니, 의정부의 힘이 줄어드는 반면 왕의 힘은 커질 수밖에 없었어.

또한 태종은 왕의 명령을 신하들이나 관청에 전달하는 국왕 비서 기관인 **승정원**을 독립적인 기관으로 만들고, 왕의 명령에 따라 반역 또는 왕족에 관한 사건을 맡아 처리하는 사법 기관인 **의금부**를 만들었어.

그 밖에도 주자소라는 관청을 세워 활자를 만들거나 책을 찍어 내게 하였고, 저화라는 종이돈을 사용하게 함으로써 경제 발달을 꾀하기도 했어. 게다가 16세 이상의 남자들로 하여금 지금의 주민등록증과 같은 신분증인 호패를 차고 다니게 한 **호패법**을 실시하여 전국의 인구 상황과 그들의 이동을 알 수 있게 했지. 억울한 일을 당한 백성은 **신문고**라는 북을 직접 울려 임금께 아뢰도록 한 것도 바로 태종 때 실시된 제도였어.

> **육조**
>
> 육조는 기능에 따라 이조·호조·예조·병조·형조·공조로 나뉘었어. 이조는 문관을 임명하고 관리들의 근무 성적을 평가하는 일을, 호조는 나라의 재정을 관리하는 일을, 예조는 교육와 문화에 관한 일을, 병조는 국방에 관한 일을, 형조는 법률에 관한 일을 했고, 공조는 토목과 건설에 관한 일을 맡아서 했지.

궁중에 집현전을 설치한 세종 대왕

태종에 이어 왕위에 오른 세종은 조선 왕조에서 가장 빛나는 황금기를 이룬 왕이었어. 정치와 경제, 과학과 기술, 학문과 문화 등 거의 모든 분야에서 큰 발전을 이루었지. 세종은 어떻게 나라를 다스렸기에 조선 최고의 황금기를 이루어 낸 걸까?

세종: 학문을 발전시키기 위해 인재들을 키우고자 하는데, 무슨 좋은 방법이 없겠소?

박은: 문신들을 선발하여 집현전에 모아 학문을 연구하게 하면 어떨까요?

세종: 집현전…?

박은: 예, 궁중에 학문 연구 기관을 만드는 것입니다.

1419년 2월의 어느 날, 조선의 제4대 왕 **세종**이 조정에 모인 신하들에게 조선의 학문을 발전시킬 방법에 대해 물었어. 그때 좌의정 **박은**이 궁중에 학문을 연구하는 곳을 따로 만들자는 의견을 올렸지. 세종은 그 의견에 찬성하며 당시 이름만 남아 있던 **집현전**을 학문을 연구하는 기관으로 만들었어.

1420년 3월, 세종은 **젊은 문관들** 중에 실력이 뛰어난 관리들을 뽑아 궁중에 설치된 집현전에서 학문을 연구하게 했어. 세종은 낮과 밤을 가리지 않고 틈만 나면 집현전에 들러 그들을 격려했고, 또 휴가도 주어서 그들이 집이나 조용한 곳을 찾아 편히 지내면서 연구에만 집중할 수 있게 해 주었지.

집현전에 속했던 문관들은 열심히 공부에 매진했고, 그 결과 당시 조선의 학문과 문화의 발전은 물론 정치에도 큰 변화를 가져올 수 있었어. 이들은 다양한 분야의 서적을 펴냈고, 왕실 교육에도 도움을 주었으며, 외교 문서나 역사를 기록하는 일도 했지. 정인지, 신숙주, 성삼문, 박팽년, 최항, 강희안, 이개 등 **우수한 학자**들이 바로 집현전 출신 인물들이야.

▶ 옛 집현전 자리에 세워진 경복궁 수정전

훈민정음은 백성을 가르치는 소리글자

세종의 수많은 업적들 가운데 가장 위대한 업적으로 손꼽히는 것은 바로 훈민정음을 창제하여 널리 사용하게 한 거야. 훈민정음은 오늘날 우리가 사용하는 자랑스러운 한글이 되지. 세종은 어떻게 훈민정음을 만들었을까?

백성: 한자는 너무 어렵습니다….

세종: 한자를 읽지 못하는 백성들이 자기의 뜻을 글로 나타낼 수 없으니 안타깝도다.
백성들도 쉽게 배울 수 있는 우리 민족만의 글자를 만들어 사용할 수 있다면 좋을 텐데….

1436년 어느 날, 세종이 편전으로 신하들을 불러서 다음과 같이 일렀어.

"과인이 건강이 좋지 않아 나랏일을 보기가 힘드오. 그러니 선대왕

때 폐지했던 의정부를 다시 두고자 하오. 지금부터 육조의 업무는 의정부 정승들을 거쳐서 과인에게 보고하도록 하시오."

세종이 이렇게 행정 제도를 바꾼 것은 자신의 업무량을 줄인 다음 비밀스럽게 해야 할 어떤 연구가 있어서야.

그것은 바로 **우리말에 어울리는 글자**를 만드는 일이었어. 세종이 그 일을 비밀리에 진행한 이유는 중국을 큰 나라로 받들어 섬기던 **선비들의 반대** 때문이었지.

세종은 우리 조상들이 사용해 온 언어에 대한 자료들은 물론, 세계 각국의 언어에 대한 자료와 책들을 참고해 가며 눈병이 생길 정도로 열심히 연구에 매달렸어. 그리고 7년 만인 **1443년**, 드디어 새 글자를 완성했지. 그해 12월, 세종은 신하들을 불러서 다음과 같이 발표했어.

"짐이 직접 **스물여덟 자**의 우리글을 만들었소. 글자는 간단하지만 수없이 많은 말들을 이로써 표현할 수 있지. 이 글자의 이름을 '백성을 가르치는 바른 소리'란 뜻의 **훈민정음**이라 지었소."

1446년, 세종은 훈민정음을 세상에 널리 알렸어. 이 훈민정음이 바로 우리 고유의 문자인 **한글**이야.

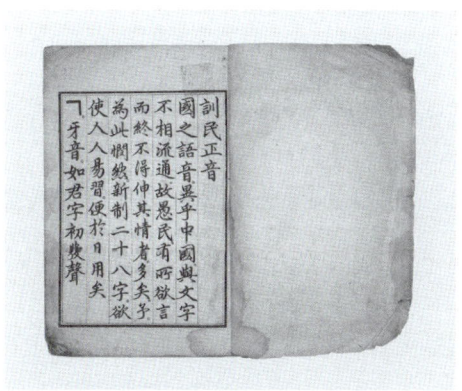
▶ 《훈민정음》 해례본_세종 대왕의 서문(영인본)

 세종 대왕의 업적들

후세 사람들은 위대한 업적을 남긴 임금을 가리켜 '대왕'이라고 불러. 우리가 세종을 흔히 '세종 대왕'이라고 부르는 것도 그가 수많은 훌륭한 업적을 남겼기 때문이야. 또 세종 대왕은 민족과 백성을 사랑하는 마음도 컸지. 세종 대왕이 남긴 대표적인 업적에는 어떤 것들이 있을까?

태종: 공부도 게을리하고 못된 짓만 일삼는 양녕을 세자의 자리에서 물러나게 하노라!

신하: 하오면 대군들 중 누구를 세자로 세우시려는지요?

태종: 충녕은 학업에 열심일 뿐 아니라 현명하고 행동 또한 바르니 훌륭한 임금이 될 것이다. 이제부터 충녕을 세자로 삼겠노라!

태종은 큰아들 양녕 대군이 방탕한 생활과 못된 짓을 일삼자 세자의 자리에서 물러나게 하고, 대신 셋째 아들인 **충녕 대군**을 세자로 삼았

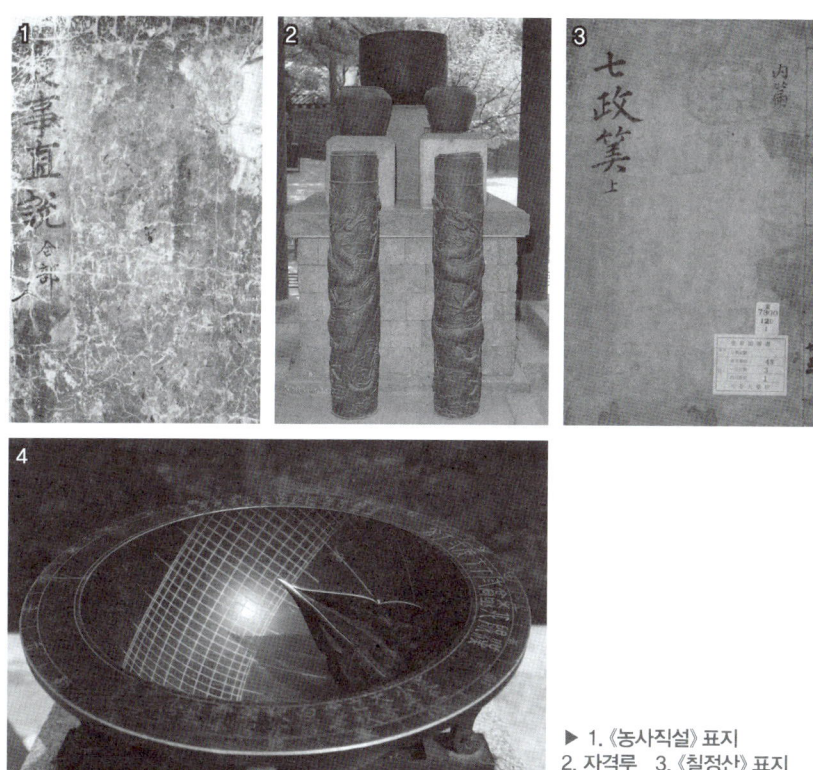

▶ 1.《농사직설》표지
2. 자격루   3.《칠정산》표지
4. 앙부일구

어. 그리고 얼마 뒤에 그에게 왕위를 물려주었지. 태종의 뒤를 이어 왕이 된 충녕이 조선 제4대 왕 **세종**이야.

세종은 33년 동안 조선을 다스리며 다양한 분야에서 참으로 많은 업적을 이루었어. 조선의 실정에 맞는 농업책 **《농사직설》**을 편찬케 하고, 이종무 장군으로 하여금 **대마도**를 **정벌**하게 하였으며, 최윤덕과 심종서 장군에게는 **4군 6진**을 **개척**하게 하여 두만강까지 영토를 넓혔어. 게다가 **집현전**을 세워 인재를 모아 학문을 연구하게 하였고, 고려의 역

사를 기록한 《고려사》와 《속육전》 등의 법전을 편찬하도록 했지. 또한 박연에게는 우리 고유의 음악을 정리하게 하고 새 악기를 개발토록 하였으며, 정초에게 명령을 내림으로써 그의 지휘 아래 이천, **장영실** 등이 자동 물시계인 자격루, 해시계인 앙부일구, 천문 관측기구인 간의대 등 여러 과학 기구들을 발명·제작하게 했어. 이순지, 김담 역시 세종의 명을 받들어 조선을 기준으로 날짜와 시간을 정확하게 정하는 최초의 역법서 《칠정산》을 편찬할 수 있었어.

이처럼 세종은 정치와 경제, 과학, 기술, 예술, 교육 등 거의 모든 분야에 걸쳐 조선의 수준을 크게 높이며 황금기를 연 임금이었어. 따라서 세종이라는 묘호 뒤에 '대왕'이 붙는 건 당연한 일이겠지?

계유정난을 일으켜 왕이 된 세조

세종의 뒤를 이은 문종이 왕위에 오른 지 얼마 안 돼 죽자, 문종의 나이 어린 아들 단종이 왕이 되었어. 어린 단종을 대신해 신하 황보인과 김종서가 나랏일을 맡아 처리했지. 이를 못마땅하게 여기던 왕족 수양 대군은 권력을 손에 넣기 위해 어떤 일을 벌였을까?

수양 대군: 조선이 이씨 왕조의 나라가 아니라 사대부의 나라가 될 것 같구나!

한명회: 이는 황보인, 김종서 그리고 그들과 친하게 지내는 안평 대군 때문이옵니다.

수양 대군: 그렇다면 그들을 없애야 다시 왕의 힘이 강해지겠군! (그런 다음 내가 권력을 차지해야지. 흐흐….)

1452년, 세종의 뒤를 이은 문종이 왕위에 오른 지 2년이 조금 지나 병으로 죽자 열두 살 난 어린 세자가 그 자리를 대신했어. 그가 조선 제

6대 왕 **단종**이야. 어린 세자가 왕위에 오르면 옆에서 잘 도와주라는 문종의 유언을 받든 영의정 **황보인**, 우의정 **김종서**는 단종을 대신하여 관리들을 뽑고 나랏일을 도맡아 처리하였지.

그런데 이런 정치적인 상황을 무척 못마땅하게 여긴 인물이 있었어. 바로 세종의 둘째 아들이자 단종의 삼촌인 **수양 대군**이었지.

1453년, 수양 대군은 자신을 따르는 세력으로 하여금 김종서의 집을 습격해 그를 죽이게 했어. 그런 다음 궁궐로 들어가 단종에게 김종서와 황보인이 세종의 셋째 아들인 안평 대군과 짜고서 반란을 일으켰다고 거짓을 아뢰었어. 그 뒤 왕의 명령이라는 핑계로 황보인과 안평 대군을 비롯해 자신을 반대하는 신하들을 모두 제거해 버렸지.

이 사건을 계유년에 일어난 반란을 진정시켰다 하여 **계유정난**이라고 불러. 실제로 반란을 일으킨 쪽은 수양 대군이었는데 말이야. 그로부터 2년 뒤, 수양 대군은 단종을 협박하여 자기에게 왕의 자리를 넘기도록 한 뒤 유배를 보냈어. 이렇게 계유정난을 일으켜 왕이 된 수양 대군이 조선 제7대 왕 **세조**야.

왜 계유년이라 불렀을까?

옛날에 중국과 우리나라에서는 지금처럼 연도를 숫자로 표시하지 않고 '60갑자'라는 것을 이용해 나타냈어. 60갑자란, 하늘의 운행 질서를 열 가지(갑(甲)·을(乙)·병(丙)·정(丁)·무(戊)·기(己)·경(庚)·신(辛)·임(壬)·계(癸))로 나눈 천간과 땅의 기운을 열두 가지(자(子)·축(丑)·인(寅)·묘(卯)·진(辰)·사(巳)·오(午)·미(未)·신(申)·유(酉)·술(戌)·해(亥))로 나눈 지지를 차례대로 조합해 나오는 60가지를 연도에 붙여서 부른 것이지. 예를 들어 임진왜란의 '임진', 병자호란의 '병자', 갑신정변의 '갑신'은 연도를 나타내고, 그 뒤의 왜란이나 호란, 정변 등은 사건을 나타내는 말이야.

12 조선의 최고 법전, 《경국대전》

계유정난을 일으켜 권력을 얻고 왕의 자리에까지 오른 세조는 왕의 힘을 강화하기 위해 여러 가지 일들을 했어. 또한 나라를 질서 있게 다스릴 수 있도록 법전을 편찬하게 했는데, 조선 최고의 법전이라 일컬어지는 이 법전은 무엇일까?

신하 1: 전하, 세상이 변하여 예전의 법률로는 백성들을 다스리는 데 어려움이 많습니다.

신하 2: 현실에 맞춰 그때그때 새로 만든 법과 제도가 쌓이다 보니 대체 어떤 법을 따라야 할지 결정하기가 어렵다고 합니다.

세조: 그렇다면 이 모든 법들을 통일하는 새로운 법전을 만들게 하라! 조선의 백성이 따를 수 있는, 조선 사회의 가장 근본이 되는 법이어야 한다!

'남자는 15세, 여자는 14세가 되어야 결혼할 수 있다', '땅 또는 집을 사거나 팔면 100일 안에 관청에 보고해야 한다', '모든 관청의 관리들은 묘시(5~7시)에 출근했다가 유시(17~19시)에 퇴근한다.'

세조가 왕이 된 뒤, 그의 명령으로 편찬된 법전인 《**경국대전**》에 나오는 내용 중 한 부분이야. 법전이란, 국가가 국민들로 하여금 꼭 지키도록 정한 규칙을 기록한 책이지.

그렇다면 세조 이전에는 법전이 없었을까? 태조와 태종, 세종 때도 법전이 편찬되었어. 세월이 흐르면서 그때그때 현실에 맞는 통치 제도가 필요했기에 새로운 법률들을 계속 만들었던 거야. 그런데 이는 오히려 나라를 질서 있게 다스리거나 백성들의 재산과 생명을 보호하는 데 혼란과 불편을 주는 경우가 많았지. 따라서 세조는 잘 정리되고 통일된 **종합 법전**을 새로 만들게 했는데, 그 법전이 바로 《경국대전》이야.

《경국대전》은 세조 때 편찬을 시작했지만, 예종 때를 거쳐 **성종** 때에 이르러서야 완성되어 시행할 수 있었어. 편찬 작업을 시작한 지 약 30년 만이었지. 그 뒤로 《경국대전》은 조선을 다스리는 데 가장 기본이 되는 최고의 법전으로 인정받았어.

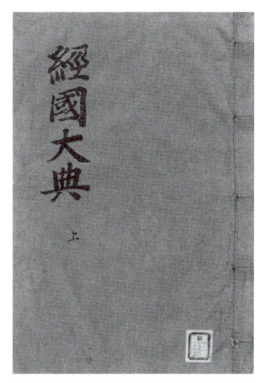
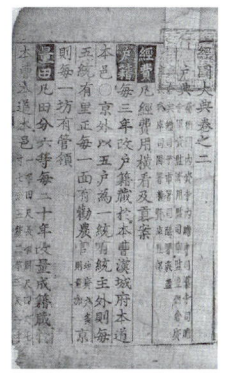

▶ 《경국대전》 표지와 내지

연산군과 흥청망청

《경국대전》을 완성하고 조선의 제도와 통치 조직을 정비했던 성종은 훗날 높은 평가를 받지만, 그의 뒤를 이은 연산군은 폭군으로 역사에 기록되고 말아. 연산군은 왜 폭군이 된 것일까?

> 백성 1: 조선의 임금 중 최고의 폭군은?

> 백성 2: 폭군?

> 백성 1: 포악하고 못된 임금 말이야!

> 백성 2: 그야 연산군이지.

"100년 동안 그 누구도 이 일을 입에 담지 마라."

조선 제9대 왕 **성종**이 못된 짓을 저질러 왕비의 자리에서 쫓겨난 폐비 윤씨에게 사약을 내려 죽게 한 뒤 신하들에게 내린 명령이야.

폐비 윤씨가 낳은 왕자는 이후 열아홉 살이 되던 해에 성종의 뒤를 이어 왕위에 올랐어. 그가 조선 제10대 왕 **연산군**이야. 연산군은 왕이 된 뒤에 임사홍이란 간신으로부터 자신의 친어머니가 비참히 죽임을 당했다는 이야기를 듣고 점점 난폭해지기 시작했어. 그는 자신의 뜻에 반대하는 신하들을 포함하여, 폐비 윤씨의 죽음에 관계된 신하들까지 모조리 죽였지.

연산군은 나랏일은 내팽개치고 **사냥**과 **사치**, **오락**에만 정신을 쏟았어. 또 전국에서 외모가 빼어나고, 노래 잘 부르고, 춤 잘 추는 여자들을 불러 모아 궁궐에서 살게 했는데, 이들을 '흥청'이라 부르며 매일 잔치를 벌이고 흥겹게 놀기만 했지.

그러다가 연산군은 결국 무신 박원종, 문신 성희안, 유순정 등에 의해 강제로 왕의 자리에서 쫓겨나고 말아. 백성들은 이 사건을 두고 연산군이 흥청들과 놀다가 망했다고 해서 **흥청망청**이라 불렀다고 해. 그 후로 흥청망청은 권력이나 돈을 함부로 낭비하거나 자기 마음대로 즐기는 것을 일컫는 말이 되었지.

성리학을 발전시킨 이황

대한민국 천 원권 지폐의 주인공으로 조선 중기 임금과 유학을 공부하는 선비들의 존경을 한 몸에 받은 인물인 퇴계 이황. 그는 어떤 인물이었으며 조선의 역사에 어떤 영향을 끼쳤을까?

> **선비 1**: 안동에 있는 도산서원이 그렇게 유명하다며?

> **선비 2**: 퇴계 선생이 제자들을 가르치는 곳이니까.

> **선비 1**: 퇴계 선생? 학문과 인품이 뛰어나 임금님도 존경했다는 이황 선생 말이로군!

1566년, 조선의 제13대 왕 **명종**은 새로 들여놓은 병풍 속의 그림을 바라보며 나직이 말했어.

"이 병풍 속 그림을 보니 오늘따라 퇴계의 모습이 더욱 그립구나."

명종은 병풍 속 도산서당의 풍경을 바라보며 **이황**을 떠올렸어. **퇴계**

▶ 퇴계 이황의 학덕을 기리기 위해 1574년에 지어진 도산서원의 전경

는 이황을 부르는 호(號)였지.

인품과 학문이 훌륭한 이황을 존경했던 명종은 여러 차례 그에게 관직에 오를 것을 권했지만, 이황은 건강상의 이유로 왕의 요청을 정중히 사양했어. 그리고 고향인 안동으로 내려가 도산서당을 짓고, 그곳에서 학문을 연구하며 제자들을 가르쳤지. 명종은 화공을 시켜 이황이 머물고 있는 도산서당과 그의 모습을 그려 오게 했고, 이황이 생각날 때마다 그 그림이 그려진 병풍을 보았던 거야.

1501년에 태어난 이황은 34세에 문과 시험에 급제하고 여러 관직을 거치며 성균관 유생들을 교육하는 성균관 사성 자리에 올랐어. 그 뒤로 여러 차례 관직에 임명되었으나 사퇴를 하고, 결국 고향으로 내려가 학문 연구와 인재 교육에 힘썼지. 《성학십도》 등 여러 책을 써서 조선의 **성리학** 발전에 큰 공을 쌓은 인물이기도 해.

15 정치가이자 학자로 이름을 떨친 이이

이황과 더불어 조선 중기 최고의 학자로 손꼽히는 율곡 이이는 과거 시험에서 아홉 번이나 장원을 하며 조선의 정치 발전에 큰 업적을 남겼어. 그는 어떤 인물이었을까?

선비 1: 과거 시험에 아홉 번이나 장원으로 합격한 자가 있다며? (나는 10년째 낙방만 하고 있는데….)

선비 2: 응, 율곡 이이!

선비 1: 얼마나 공부를 잘했으면 아홉 번이나 장원을 했을까? 부럽다, 부러워!

1574년, 조선 제14대 왕 **선조**는 누군가 올린 상소를 오랜 시간에 걸쳐 찬찬히 읽고는 이렇게 말했어.

"이런 생각을 갖고 있는 신하가 있으니, 나라를 잘 다스리지 못할까 걱정하지 않아도 되겠구나."

선조가 읽은 상소문은 **율곡 이이**가 올린 〈만언봉사〉였어. 이 글은 왕이 읽기 전에는 아무도 열어 보지 못하게 되어 있는 긴 문장의 상소문이었지.

▶ 율곡 이이가 태어난 강릉 오죽헌 전경

1536년, 강릉 오죽헌에서 태어난 이이는 어려서는 외가, 즉 어머니인 **신사임당**의 친정에서 자랐어. 그러다 29세가 될 때까지 과거 시험에 아홉 번이나 장원으로 급제하여 '구도장원공'이란 별명을 얻었지.

그는 34세 때 정치 개혁에 관한 〈동호문답〉이라는 글을, 39세에는 〈만언봉사〉라는 상소문을 썼어. 그 뒤 40세에는 **《성학집요》**라는 책을 써서 올림으로써 임금이 바른 정치를 하도록 도움을 주었지.

이이는 관직에 오른 뒤 나라의 장래와 백성들의 생활을 위해 정치와 제도 개혁에 힘썼는데, 공부를 처음 시작하는 어린아이들을 위한 책 **《격몽요결》**도 펴냈어. 또한 벼슬에 오른 선비들이 동인과 서인으로 나뉘어 다툼을 벌였을 때, 이들을 화해시키는 데도 앞장섰어. 이처럼 이이는 이황과 더불어 **조선의 대학자**로 높이 평가받는 인물이야.

사림파와 붕당 정치

선조 때 성리학을 공부하는 선비 출신 인물들이 조정에 많이 진출했는데, 이들은 두 편으로 나뉘어 세력 다툼을 벌이기 시작했어. 이들이 서로 다툰 이유는 무엇이었을까?

동인들: 우리들은 동인이다. 주로 퇴계의 제자이며 영남 지방 출신이 많지.

서인들: 우리들은 서인이다. 주로 율곡의 제자이며 경기·충청 지역 출신이 많지.

선비: 조정에 나아간 선비 출신 인물들이 동인과 서인으로 갈라져 서로 권력을 차지하려 다투는군!

"이조 정랑에 적합한 인물이 아니옵니다."

1572년, 문신 심의겸은 이조 정랑 자리에 김효원이란 인물이 추천

되자 이를 반대하고 나섰어. 이조 정랑은 이조에 속한 5품 벼슬로, 비록 직위는 높지 않지만 조정의 관리를 뽑거나 관리들이 일을 얼마나 잘하는지를 평가하는 중요한 자리였지. 2년 뒤인 1574년, 김효원은 조정기라는 인물의 추천을 받아 이조 정랑의 자리에 오르지만, 결국 선조는 그를 다른 자리로 옮기게 했어.

1575년에는 심의겸의 아우인 심충겸이 이조 정랑으로 추천되었는데, 이번에는 김효원이 이를 반대하고 나섰어. 이로 인해 심충겸은 이조 정랑이 되지 못했고, 그때부터 두 집안과 그들을 지지하는 사람들이 두 파로 나뉘어 세력 다툼을 벌이기 시작했지.

김효원을 따르는 선비들은 그의 집이 도성의 동쪽에 있어서 **동인**, **심의겸**을 따르는 선비들은 그의 집이 도성의 서쪽에 있어서 **서인**이라고 불렸어. 동인은 **이황**의 제자들로 이루어진 영남학파, 즉 경상도 지역 출신들이 많았고, 서인은 **이이**의 제자들로 이루어진 기호학파, 즉 경기·충청 지역 출신들이 많았지.

이처럼 선비 출신 관리들이 학문과 정치적 입장의 차이에 따라 서로 뜻이 맞는 사람들끼리 모임을 이룬 것을 **붕당**이라고 해. 또한 이들이 서로 맞서거나, 때로는 서로 의견을 모으며 이끌어 간 정치를 **붕당 정치**라고 하지.

사림파와 훈구파

사림파는 유학의 한 계통인 성리학을 열심히 따르는 선비들이 정치적으로 세력을 이룬 모임을 말해. 이들은 지방에서 서원이나 향약을 운영하며 나름대로 힘을 키우다가, 성종 때 이후 본격적으로 관직에 나서며 훈구파에 맞서 정치적인 세력을 키워 나갔지.

훈구파는 공을 세워 권력을 얻은 신하들, 즉 공신들을 일컫는 말이야. 이들은 태조가 조선을 세우는 데 공을 세운 개국 공신과 세조가 계유정난으로 왕위에 오르는 데 공을 세운 공신들을 말하는데, 역사적으로는 주로 세조 때 공을 세운 사람들을 일컫지.

일본, 임진왜란을 일으키다

선조 때 붕당 정치가 한창 벌어지던 무렵, 일본이 엄청난 군사들을 이끌고 조선을 침략하여 전쟁을 일으켰어. 왜 일본은 조선을 상대로 전쟁을 벌였을까? 그리고 전쟁은 어떻게 전개되었을까?

도요토미 히데요시: 우리 군대는 명나라를 정벌하러 갈 것이니, 조선은 우리 편을 들고 길을 터라! 만약 그러지 않으면 조선을 침략해 쑥대밭으로 만들어 버릴 것이다!

선조와 조선의 신하들: 설마 왜군이 우리 조선을 침략할까? 괜히 겁주려고 하는 소리겠지.

도요토미 히데요시: 음…. 조선이 말을 듣지 않는군. 좋다! 조선을 총공격하라!

1592년 4월 13일, 바다 건너 일본에서 700여 척의 왜선이 쓰시마를 출발해 부산포 앞바다에 다다랐어. **도요토미 히데요시**의 명령을 받은

왜군이 **조선**을 **침략**한 거야.

도요토미 히데요시는 무사를 거느린 여러 세력이 서로 권력을 키우려고 다툼을 벌이던 일본의 전국 시대를 통일한 인물이야. 그러나 당장은 자기에게 충성을 맹세한 지방 세력들이 이후 불만을 품고 무사들을 앞세워 자신을 공격할지 모른다는 생각에, 그들의 관심을 다른 곳으로 돌리려고 전쟁을 일으켰던 것이지.

1589년, 도요토미 히데요시는 조선에 사신을 보내 일본이 곧 명나라를 침략할 것임을 알렸어. 따라서 조선이 이에 힘을 보태거나, 아니면 일본의 군사들이 명나라를 공격하러 갈 수 있도록 길을 내어 줄 것을 요구했어. 하지만 조선은 이를 거절했고, 결국 **임진년**인 **1592년** 일본은 조선을 침략했지. 이렇게 일본이 대규모 군대를 이끌고 조선을 침략한 전쟁을 **임진왜란**이라고 불러.

20만 명이나 되는 대규모의 일본군이 침략해 오자, 미리 대비하지 못했던 조선은 속수무책으로 당할 수밖에 없었어. 일본군은 부산성과 동래성을

▶ 〈동래부 순절도〉 동래성에서 왜군의 침략에 맞서 싸우는 조선 군사들

격파하고, 조선 땅을 밟은 지 19일 만에 조선의 수도 **한양**을 **함락**하기에 이르렀지. 이때 조선의 임금이었던 선조와 조정의 신하들은 궁궐을 버리고 도성을 빠져나와 임진강을 건너 허겁지겁 북쪽으로 달아나 버렸어.

임진왜란의 3대첩

임진왜란이 처음 시작됐을 당시에는 조선이 크게 불리했지만, 시간이 흐를수록 상황은 점점 바뀌기 시작했어. 결국 전쟁의 상황은 세 가지 전투로 인해 크게 뒤집혔는데, 과연 어떤 전투였을까?

조선 백성 1: 임진왜란에서 조선군이 크게 승리하여 전쟁의 상황을 바꾼 3대 전투는?

조선 백성 2: 진주 대첩, 행주 대첩…. 그리고 또 뭐였지?

조선 백성 1: 그것도 몰라? 한산도 대첩이잖아!

조선을 침략한 왜군은 한양에 이어 평양성을 함락시킨 뒤, 강원도와 함경도까지 점령했어. 조선의 운명이 그야말로 바람 앞의 등불과도 같은 매우 위태로운 상황이었지. 그러나 전국 곳곳에서 백성들로 이루어진 **의병**이 왜군과 맞서 싸웠으며, 옥포 앞바다에서는 **이순신** 장군이 이끄는 함대가 왜군 함대와 싸워 첫 승리를 거두는 등 조선의 반격이 시작됐어. 그리고 조선군이 큰 승리를 거둠으로써 전쟁의 상황을 뒤집은 결정적인 세 전투가 있었는데, 바로 한산도 대첩과 진주 대첩, 행주 대첩이야.

한산도 대첩은 1592년 7월, 이순신 장군이 이끄는 조선 수군의 연합 함대가 한산도 앞바다에서 왜군 함대 60여 척을 쳐부수고 크게 승리를 거둔 전투야.

진주 대첩은 제1차 진주성 전투를 일컫는데, 1592년 10월 3만의 왜군 연합 부대가 진주성을 공격해 오자 진주 목사 김시민이 지휘하는 관군과 백성들이 일주일 동안 밤낮을 가리지 않고 싸워 물리친 전투였지.

행주 대첩은 1593년 2월, 행주산성에서 권율 장군의 지휘 아래 조선군과 성안의 백성들이 똘똘 뭉쳐 3만여 명의 왜군을 쳐부순 전투야.

왜군을 상대로 큰 승리를 거둔 이 세 전투를 임진왜란의 3대첩이라 불러.

바다를 지켜 나라를 구한 영웅, 이순신

이순신 장군이 이끄는 조선의 수군이 바다에서 왜군을 무찌르고 잘 막아 냈기에 전쟁은 조선에게 유리하게 흘러갈 수 있었어. 이순신 장군과 수군은 왜군과의 전투에서 단 한 번도 진 적이 없었는데, 어떻게 가능했을까?

일본 군사 1: 바다에서는 우리 일본군이 조선군을 이기기 어렵습니다.

일본 군사 2: 모두 이순신 장군 때문이옵니다.

일본 장군: 이순신이 이끄는 조선군을 몇 번이나 무찔러 보았느냐?

일본 군사 1: 단 한 번도 없습니다. 흑흑….

23전 23승. 이순신 장군이 지휘하는 조선 수군의 함대가 왜군 함대와 벌인 전투의 결과야. 이순신 장군의 조선 함대는 어떻게 왜군 함대와 전투를 벌이기만 하면 승리할 수 있었을까?

1591년, **이순신** 장군은 전라좌도수군절도사로 임명되어 여수의 진해루라는 곳에서 전라좌수영을 지휘했어. 당시 조선의 조정은 신하들이 당쟁을 벌이느라 어수선했는데, 이순신 장군은 일본이 조선을 침략해 올 것에 대비하여 미리 군사들을 훈련시킴은 물론 **거북선**, 판옥선 등 조선 수군의 병선을 만들고 수리하도록 했지.

1592년 7월 **한산도 대첩** 때는 학이 날개를 편 모양으로 적에게 공격

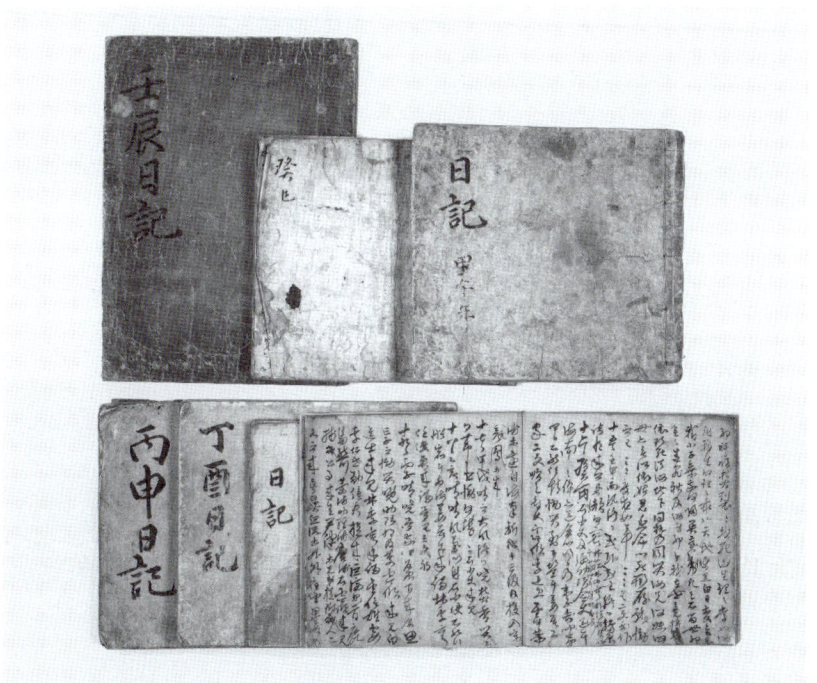

▶ 임진왜란 때 이순신 장군이 쓴 《난중일기》

을 펼치는 '학익진', 같은 해 9월 **부산포 해전**에서는 함대를 앞뒤로 길게 한 줄로 늘어서게 하여 마치 뱀과 같은 모습으로 적을 공격하는 '장사진', 1597년 9월 **명량 해전**에서는 배들을 옆으로 길게 한 줄로 늘어서게 한 다음 포를 쏘며 돌격하여 적을 물리치는 '일자진' 등 이순신 장군은 상황에 따라 뛰어난 작전을 펼치며 조선의 수군을 지휘했어. 이처럼 이순신 장군이 바다에서 왜군을 물리치며 큰 승리를 거두었기에 전쟁의 상황이 뒤집힐 수 있었고, 이는 결국 왜군을 조선에서 물러나게 한 결정적인 계기가 되었지.

이순신 장군 최후의 전투, 노량 해전

1598년 8월, 임진왜란을 일으킨 일본군의 우두머리 도요토미 히데요시가 병으로 죽음을 맞았어. 그러자 일본군은 철수를 준비했고, 이순신과 그가 이끄는 조선 수군은 조선에서 달아나는 일본군을 추격해 노량 앞바다에서 대규모 전투를 벌였지. 이 전투가 바로 노량 해전이야. 전투에서는 큰 승리를 거두었지만, 이때 이순신 장군은 안타깝게도 적군이 쏜 총탄에 맞아 목숨을 잃고 말아.

20 광해군과 실리 외교

선조의 뒤를 이은 광해군 때 북쪽의 여진족이 세운 나라인 후금이 세력을 키워 명나라와 맞서고 있었어. 이때 명나라와 후금은 조선에게 서로 자기편이 되어 달라고 요구해 왔지. 과연 광해군은 명나라와 후금 사이에서 어떤 외교를 펼쳤을까?

> **광해군:** 여진족이 세운 후금의 세력이 막강하니 명나라의 요청을 받아들일 수만은 없고, 그렇다고 조선이 큰 나라로 섬겨 온 명나라의 요구를 거절할 수도 없고. 그래, 두 나라 사이에서 적당한 핑계를 대 가며 이쪽 편도 들고 저쪽 편도 들어야지!

1619년, 후금이 명나라 국경 지역을 침략하자 명나라는 조선에 군사를 보내 도움을 요청했어. 조선 제15대 왕 **광해군**은 세력이 커진 후금과 전쟁을 벌이는 것이 부담스러웠지만, 임진왜란 때 조선에 원군을 보내 도움을 준 데다 예전부터 큰 나라로 섬겨 온 명나라의 요구를 무

턱대고 거절할 수도 없었어. 결국 광해군은 이런저런 궁리 끝에 다음과 같은 판단을 내렸지.

'폭동과 혼란을 겪고 있는 명나라가 한창 힘을 키워 가고 있는 후금을 당해 내지는 못할 것이다.'

광해군은 강홍립을 사령관으로 한 1만 3,000명의 군사를 명나라에 보냈어. 그리고 강홍립에게 비밀 명령을 내렸는데, 전투 상황이 불리해지면 일부러 후금에게 항복을 한 뒤 이렇게 말하라고 전했지.

"조선이 이 전쟁에 나선 것은 명나라의 강요 때문으로, 조선은 후금을 공격할 뜻이 없었다."

이윽고 전쟁터로 간 강홍립은 후금과의 전투에서 불리해지자 광해군의 뜻을 전했고, 이를 전해 들은 후금은 조선과 서로 좋은 관계를 맺기를 원했어. 광해군도 이에 찬성했지.

결국 광해군은 명나라에게 원군을 보내 줌으로써 의리를 지켰고, 후금에게는 공격할 뜻이 없음을 알려 그들로 하여금 조선을 침략하려는 계획을 거두게 했어. 두 강대국의 사이에서 **중립**을 지키며 **실리**, 즉 실제 이익을 얻을 수 있는 **외교** 정책을 펼친 거야.

광해군이 이런 외교 정책을 펼친 데에는 또 다른 이유가 있었어. 당시 조선은 임진왜란을 겪은 뒤여서 다른 나라를 도와줄 처지가 아니었거든. 이런 상황에서 또다시 전쟁이 일어나면 백성들의 형편은 더욱더 힘들어질 것이라 생각한 광해군의 마음이 엿보인 외교 정책이었지.

여진족이 세운 후금

1616년, 임진왜란이 끝난 뒤 명나라가 혼란스러운 틈을 타 만주 지역에서 힘을 키운 여진족 누르하치가 나라를 세웠어. 이 나라의 이름은 '금'이었는데, 이미 400년 전에 여진족이 세웠던 금이란 나라가 있었기 때문에 이때 세운 나라를 '금'이라는 이름에 '뒤 후(後)' 자를 붙여 '후금'이라고 해.

인조반정과 정묘호란

후금과 명나라 사이에서 실리 외교를 펼치던 광해군에게 불만을 품은 신하들은 광해군을 왕의 자리에서 내쫓았어. 이후 조선이 명나라 편에 서자, 후금은 이에 불만을 품고 조선을 침략했지. 조선은 후금에 어떻게 맞섰을까?

> **조선 신하 1:** 임진왜란 때 조선을 도와준 명나라의 은혜를 배반하고 오랑캐가 세운 후금과 친하게 지내는 것은 도리가 아니오!

> **조선 신하 2:** 옳소! 광해군을 몰아내고 새 왕을 세웁시다!

광해군이 명나라와 후금 사이에서 중립을 지키며 실리 외교를 펼치자, 이를 못마땅하게 여기던 신하들은 광해군을 왕의 자리에서 쫓아내기로 뜻을 모았어. 이들은 선조의 뒤를 이을 왕을 결정할 당시, 광해군이 왕이 되는 걸 반대하던 서인들이었지.

1623년, 서인 세력은 광해군의 배다른 동생의 아들인 능양군을 앞

세워 반란을 일으켰어. 그리고 광해군을 왕위에서 내쫓은 다음 능양군을 왕으로 삼았지. 이렇게 능양군은 광해군의 뒤를 이어 조선 제16대 왕 인조가 되었는데, 이를 **인조반정**이라고 불러.

한편, 1626년 누르하치에 이어 후금의 왕이 된 **홍타이지**는 조선에서 일어난 일을 알게 되었어.

"광해군은 우리 후금과 잘 지내려 했는데, 광해군을 쫓아낸 신하들과 새 왕은 우리를 무시하고 명나라 편만 들다니. 조선에게 따끔한 맛을 보여 주어야겠다."

홍타이지는 1627년 1월, 3만 명의 군사를 앞세워 조선을 공격하기에 이르렀어. 이를 정묘년에 오랑캐가 일으킨 전쟁이란 뜻으로 **정묘호란**이라고 해.

22 병자호란과 남한산성

정묘호란 때 후금의 공격을 받은 조선은 형제의 나라로 지내자는 후금의 요구를 받아들이고 군대를 돌려보냈어. 하지만 후금은 이후 나라 이름을 '청'으로 바꾼 뒤 다시 한번 조선을 침략했지. 엄청난 군사를 이끌고 조선을 침략한 청나라에 조선은 또 어떻게 맞섰을까?

청나라 신하: 조선이 우리 청나라를 임금의 나라로 섬기라는 말을 무시하고 있습니다.

청나라 황제: 괘씸하구. 조선을 다시 침략해 매운맛을 보여 주어라!

1636년, 세력을 더욱 넓힌 후금의 홍타이지는 나라 이름을 **청**으로 바꾸고 스스로를 황제라 부르게 했어. 홍타이지, 즉 **태종**은 조선에게 청나라를 임금의 나라로 섬길 것과, 자신들이 곧 명나라와 전쟁을 벌일 것이니 넉넉한 물자와 3만 명의 군사를 지원해 줄 것을 요구했지. 정묘호란 때는 형제 관계로 지내자고 하더니, 자신들의 세력이 커지자 청나라를 임금의 나라로 섬기라고 한 거야.

하지만 조선은 청나라의 요구를 들어주지 않았고, 이에 청 태종은 직접 12만의 대군을 이끌고 조선을 침략했어. 이를 **병자호란**이라고 불러.

조선은 청나라의 공격을 막아 낼 힘이 없었어. 결국 **인조**는 신하들과 **남한산성**으로 몸을 피했지. 인조와 신하들 그리고 남한산성에 있던 군사들은 45일 동안 청나라 군대에 맞서 버텼지만, 결국엔 그들에게 무릎을 꿇고 말았어.

1637년 1월, 인조는 청나라의 지휘 본부가 있던 삼전도로 향했어. 그 뒤 낮은 신분을 뜻하는 푸른색 옷으로 갈아입고, 청나라 태종 앞에서 항복의 표시로 세 번 엎드려 절한 다음 아홉 번 머리를 조아리는 의식을 치러야 했지. 이를 **삼전도의 굴욕**이라고 불러.

▶ 청나라 태종이 인조의 항복을 받고 자신의 공덕을 기리기 위하여 삼전도에 세우게 한 서울 삼전도비

23 효종이 펼치고자 한 북벌 정책

인조의 뒤를 이어 왕이 된 효종은 병자호란 때 당한 치욕을 갚기 위해 청나라를 공격할 계획을 품었어. 이를 위해 군대를 늘리고, 무기도 새로 제작하게 하는 등 만반의 준비를 해 나갔지. 과연 효종의 계획은 무사히 실현될 수 있었을까?

효종: 이제 내가 왕이 되었으니 청나라로부터 당한 치욕을 반드시 갚겠다!

조선 신하: 그럼 우리 조선은 어떤 준비를 해야 합니까?

효종: 우선 군대의 힘을 키워야 한다!

조선 신하: 하지만 그러기엔 나라의 사정이 너무 어려운데….

'언젠가는 꼭 청나라로부터 받은 수모를 갚아 주겠다!'

병자호란 때 청나라에 인질로 끌려갔던 인조의 둘째 왕자 **봉림 대군**은 이렇게 다짐했어. 그는 형인 **소현 세자**와 함께 청나라로 끌려가 9년 동안 인질로 살아야 했거든. 그런데 인조의 첫째 아들인 소현 세자는 조선에 돌아온 뒤 인조의 미움을 받다 의문의 죽임을 당했고, 1649년에 인조가 세상을 떠나자 둘째였던 봉림 대군이 왕위를 이었어. 그가 조선 제17대 왕 **효종**이야.

효종은 왕위에 오른 뒤 청나라를 공격할 만반의 준비를 갖추었어. 인조 때 후금의 공격에 대비하여 수도를 방위하기 위해 만든 **어영청**이란 군대를 늘렸고 총과 활, 창을 쓰는 군대인 훈련도감의 규모도 더 키웠지. 이를 효종의 **북벌 정책**이라고 부르는데, 북쪽 지역을 공격하기 위해 세운 정책이라는 뜻이야. 이때 우리나라에 표류해 온 네덜란

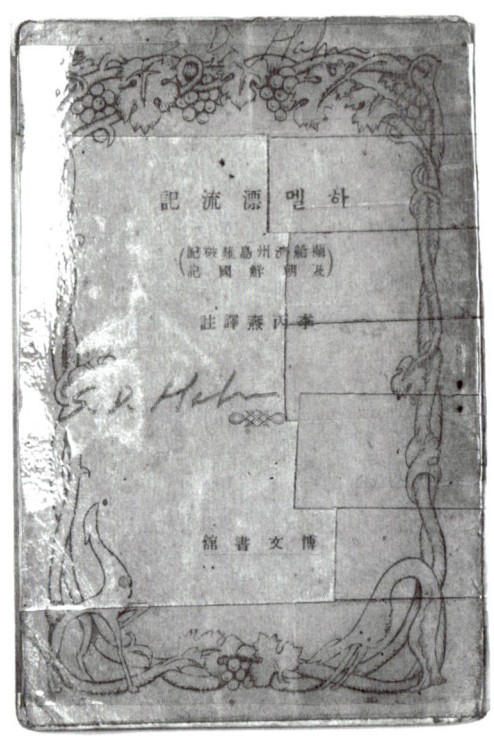

▶ 효종 4년, 제주도에 표류한 하멜이 쓴 《하멜 표류기》

드인 **하멜**과 그의 동료들은 훈련도감에 배치되어 신식 총기를 제작하기도 했어.

그러나 효종은 북벌 정책을 실제로 행하지는 못했어. 전쟁을 치르려면 군사와 무기 등을 준비하기 위해 많은 돈이 필요한데, 당시 조선은 경제적으로 사정이 매우 어려웠거든. 또 전쟁 비용을 마련하기 위해 가뜩이나 먹고살기 힘든 백성들에게서 세금을 더 거둬들이는 것도 현실적으로 거의 불가능한 일이었지.

24 공납을 쌀로 대신한 대동법

나라에 내는 세금 가운데 특산물을 내는 공납을 쌀로 대신 내게 한 제도가 있어. 이를 대동법이라고 해. 그런데 대동법은 100년이라는 긴 세월이 지난 뒤에야 제대로 실행되는데, 이때 대동법이 전국적으로 실시되었던 배경은 무엇일까?

김육: 전하, 부디 대동법을 시행하소서! 대동법이야말로 가난에 빠진 백성을 구제하고 나라의 경제를 살리는 방법입니다.

효종: 대동법?

김육: 예, 백성들로 하여금 공납을 쌀로 대신 내도록 하는 제도이지요.

효종: 대동법이라! 좋은 의견이오.

1651년, 70세가 넘은 백발의 영의정 **김육**이 효종을 찾아가 대동법을 시행하자는 의견을 올렸어.

대동법은 특산물 대신 쌀로 공납을 내게 하는 제도야. 당시에는 집집마다 그 지역의 특산물을 나라에 세금으로 내는 **공납**이 시행됐는데, 일반 백성들은 특산물을 구하기 어려웠으므로 관리와 상인들이 백성들 대신 특산물을 구해 나라에 바쳤어. 그리고 그 대가로 백성들로부터 수고비와 이자를 포함한 원금의 몇 배나 되는 돈을 받아 내면서 가난한 백성들은 큰 피해를 입었지.

대동법은 땅을 갖고 있는 사람이 그 면적에 따라 쌀 또는 실로 짠 천으로 공납을 내는 제도였기에, 땅을 많이 갖고 있는 부자들은 반대했지만 백성들은 이를 반겼고 나라에도 큰 이익이었지.

김육처럼 백성의 살림과 나라의 경제를 생각하는 인물들의 노력으로, 대동법은 **광해군** 때인 1608년 경기도를 시작으로 인조 때인 1623

년에는 강원도, 효종 때인 1651년에는 충청도, 1658년에는 전라도에서 각각 실시되었어. 그리고 대동법은 처음 실시된 이후 **100년**이 지난 1708년 숙종 때, 평안도와 함경도를 제외한 **전국**에서 시행되었지. 대동법 실시에 관해서는 이런 말이 전해지기도 해.

"대동법을 실시하자 마을 백성들은 밭에서 춤을 추었고, 삽살개도 아전(관리)을 향해 짖지 않았다."

대동법에 앞장선 '대동법 대감'

나라의 경제와 백성들의 생활을 걱정한 조정의 여러 인물들이 대동법을 실시할 것을 주장했어. 조광조와 이이, 유성룡 등은 대동법에 대한 의견을 내놓았고 이원익, 김육 등이 이를 실시할 것을 강력히 주장하면서 대동법은 마침내 시행될 수 있었지.

1608년, 영의정 이원익의 주장에 따라 대동법은 우선 경기도에서 시범적으로 시행되었고, 효종 때는 영의정 김육의 수상에 따라 **충청도와 전라도**에서도 실시되었어. 대동법 실시에 적극적으로 앞장섰던 이원익과 김육은 '대동법 대감'이라는 별명으로도 불렸다고 해.

숙종과 정치판이 뒤바뀐 환국

조선의 조정이 서인과 남인으로 나뉘어 심하게 맞서고 있을 때, 숙종은 이를 이용하여 왕의 힘을 키울 계획으로 '환국'이라는 것을 벌였어. 환국이란 무엇이며, 이를 통해 서인과 남인의 싸움은 줄어들었을까?

서인들: 남인들을 관직에서 물러나게 하라!

남인들: 서인들을 관직에서 물러나게 하라!

숙종: 신하들이 편을 갈라 서로 다툼을 벌이는 틈을 타서 왕의 힘을 키워야지!

1674년, 조선의 제18대 왕 현종이 34세의 젊은 나이로 세상을 떠나자 열네 살의 어린 세자가 왕위를 이었어. 그가 조선 제19대 왕 **숙종**이야.

숙종 때 **서인**과 **남인**은 서로가 권력의 중심에 서려고 심하게 다투었

어. 서인은 앞서 광해군을 몰아내고 인조를 왕으로 세운 세력이고, 남인은 서인과 맞서던 동인에서 갈라져 나온 세력이야.

숙종은 1680년(경신년) 남인이 중심이었던 정치판에서 남인 몇몇의 잘못을 구실 삼아 남인 세력을 압박했어. 그러자 서인의 힘이 세졌지. 그러다가 1689년(기사년)에는 서인들의 잘못을 구실 삼아 서인 세력을 압박했고, 이로 인해 남인의 힘이 다시 세졌어. 이후 1694년(갑술년)에는 또다시 남인 세력을 짓눌렀고, 자연히 서인의 힘은 세졌어. 이렇게 정치 상황이 계속해서 뒤바뀐 것을 **환국**이라고 해.

숙종이 이와 같이 세 번이나 정치 상황을 바꾼 것은 신하들이 편을 갈라 다툼을 벌이는 것을 이용하여 왕의 힘을 키우기 위해서였어. 양쪽 세력을 번갈아 가며 짓누르다 보면 신하들의 힘은 점점 약해지는 반면, 왕의 힘은 세질 것이라 생각했던 것이지.

상평통보로 통하는 세상

숙종은 어려워진 나라의 경제를 되살리기 위해 상평통보라는 금속 화폐를 만들어 사용하게 했어. 대동법의 실시와 더불어 금속 화폐의 사용으로 조선의 경제는 차츰 변화하기 시작했지. 금속 화폐의 사용은 조선 경제에 어떤 도움을 주었을까?

신하: 전하, 농민들의 생활이 어려워 세금을 제대로 거둘 수가 없으므로 나라 살림 또한 어렵다 하옵니다.

숙종: 나라의 경제를 살릴 만한 무슨 좋은 방법이 없겠는가?

신하: 경제를 살릴 수 있는 가장 빠른 방법은 금속 화폐를 만들어 널리 쓰이게 하는 것입니다.

숙종이 나라의 어려운 상황을 걱정하자, 영의정 허적과 좌의정 권대운은 **금속 화폐**를 만들어 쓰게 하자는 의견을 올렸어.

금속 화폐를 사용하면 쌀이나 옷감을 화폐로 이용할 때보다 보관이 쉽고, 물건을 간편하게 사고팔 수 있었어. 덕분에 물건을 사고파는 시장도 늘어나고, 시장에서 판매되는 물건이 늘어나면서 수공업도 발달했지. 그래서 숙종은 **상평통보**라는 금속 화폐를 만들어 사용하게 했어.

상평통보는 구리와 주석이라는 금속으로 만든 동전에 '常平通寶(상평통보)'라는 한자를 찍어 넣은 화폐야. 상평통보라는 말은 '널리 평등하게 쓰이는 보배'라는 뜻이지. 인조 때인 1630년대에 이미 만든 적이 있었는데, 사용하는 사람이 별로 없어서 더 이상 만들어지지 않았어.

그러던 1678년, 숙종의 명령에 따라 다시 상평통보를 만들기 시작하면서 국가에서도 세금을 금속 화폐로 거두는 등 보급을 위해 노력을 기울였어. 그 결과 상평통보는 점점 더 널리 쓰이게 되었고 쌀이나 옷감, 소금과 같은 물품으로 이루어지던 거래가 상평통보로 바뀌면서 상거래도 더욱 활발해졌지. 이렇게 **상업**과 **수공업**이 발달하면서 조선의 **경제**도 한층 더 발전할 수 있었어.

▶ 상평통보

영조와 **탕평책**

숙종 때와 마찬가지로 영조 때에도 조정에서는 여전히 신하들이 편을 갈라 세력 다툼을 벌였어. 영조는 이를 막기 위해 특별한 정책을 펼쳤지. 영조가 당파 사이의 다툼을 줄이기 위해 펼쳤던 이 정책은 무엇이었을까?

> **백성 1**: 임금께서 성균관에 탕평비라는 비석을 세우라고 했대.

> **백성 2**: 신하들과는 탕평채라 불리는 음식을 자주 드신다고 하지. 그게 다 탕평책을 위해서야.

> **백성 3**: 탕평책? 그게 뭔데?

1724년, 조선의 제21대 왕이 된 **영조**는 신하들에게 다음과 같은 명령을 내렸어.

"사사로움을 버리고 **탕평**을 이루라."

　국가와 백성들을 위해 개인적인 감정이나 이익을 좇지 말고 탕평을 이루라는 말이었지.

　탕평이란, **탕탕평평**(蕩蕩平平)의 줄임말로 어느 한쪽으로 치우치지 말고 **공평**하라는 뜻이야. 《조선왕조실록》에도 영조 때 탕평을 반대하거나 따르지 않는 신하들을 임금이 엄하게 나무라거나 관직에서 내쫓았다는 등 '탕평'에 대한 내용이 무려 300번도 넘게 나오지.

　숙종이 왕의 힘을 키우기 위해 정치 세력을 번갈아 가며 짓누르는 '환국'을 이용했다면, 영조는 **붕당 정치**에 바탕을 둔 당쟁이 너무 심해지자 이를 막기 위해 붕당을 떠나 인재를 고루 등용하는 정책을 펼쳤어. 이를 **탕평책**이라고 해. 탕평책은 영조 때의 가장 중요한 정책이었으므로 '탕평'이란 말이 《조선왕조실록》에 자주 오르내렸던 거야.

28 군역을 옷감으로, 균역법

영조는 군역의 부담으로 고통받는 백성들의 사정을 헤아려 균역법이란 제도를 실시했어. 군역이란 무엇이며, 균역법은 어떻게 백성들의 고통을 덜어 주었을까?

신하: 전하, 군역 때문에 농촌을 떠나는 백성들이 크게 늘어나고 있습니다.

영조: 지금부터 군포를 두 필에서 한 필로 줄이는 균역법을 실시한다!

영조는 점점 많은 농민들이 군역에 대한 부담 때문에 살던 곳을 떠나 이곳저곳을 떠돈다는 보고를 받았어. **군역**이란, 일반 백성들 가운데 16세부터 60세까지의 남자들이 **국방의 의무**를 지는 것을 말해. 즉, 직접 군대에 가거나 또는 세금을 냄으로써 군대를 도와주어야 했지. 군대에 내는 세금은 **옷감 두 필**이었는데, 이를 **군포**라고 해.

그런데 인조 때부터 양반은 군역을 지지 않아도 되었고, 조선 후기에는 군포가 부족해지자 관리들이 이런저런 구실을 붙여 백성들에게 부족한 군포까지 책임지게 했어. 그래서 군역을 감당하지 못한 많은 백성들이 옥에 갇히거나 고향에서 도망쳐 떠돌이 생활을 하기도 했지.

"이제부터 군포를 사람이 아닌 집을 단위로 하여 내게 하고, 부족한 군포는 백성들에게 걷는 대신 토지에 대한 세금을 더 내도록 하여 충족하는 게 어떻겠소?"

영조가 이와 같은 의견을 내자 신하들은 반대했어. 그렇지만 영조는 뜻을 꺾지 않고 군포를 두 필에서 한 필로 줄여서 내는 **균역법**을 실시했지. 또한 **균역청**이라는 관청을 따로 두어 균역법 실시로 인해 부족해진 세금을 채울 대책을 마련하기도 했어.

독서왕 정조와 왕실 도서관 규장각

영조와 그 뒤를 이은 정조 때는 조선의 부흥기라고 할 수 있어. 정조는 학문과 문화의 발전을 위해 규장각을 다시 세우는 등 조선의 부흥을 이끌고자 노력했지. 규장각은 어떤 곳이었을까?

> **환관**: 전하께서는 편전을 비우고 궁궐 후원의 규장각으로 가셨습니다.

> **신하**: 규장각? 그곳이 뭐 하는 곳인가?

> **환관**: 왕실 도서관입니다. 그곳에서 초계문신들과 함께 학문과 정치에 대한 이야기를 나누시기도 하지요.

1776년, 영조의 뒤를 이은 조선 제22대 왕 **정조**는 왕위에 오른 직후 다음과 같은 명령을 내렸어.

"궁궐 후원에 2층짜리 건물을 세우도록 하라. 이곳에 선대왕들이 직

▶ 규장각의 전경

접 쓴 글씨나 글, 그림 등을 잘 모셔 둘 것이다."

정조는 편전에서 나랏일을 보다가도 종종 후원을 찾아 그 건물이 지어지는 것을 직접 감독하기도 했어. 건물의 이름은 규장을 보관하는 건물이란 뜻의 **규장각**이라 지었지. 규장(奎章)은 임금이 지은 글이나 직접 쓴 글씨를 말해.

건물이 다 지어지자 1층에는 조선 역대 왕들이 쓴 글씨나 그림을 포함하여 왕실의 책들을 보관했어. 2층은 '주합루'라고 따로 이름 지어 책을 읽는 장소로 삼았지. 즉, 이곳은 **왕실 도서관**이었던 셈이야.

그 뒤로 정조는 당파나 신분에 관계없이 젊고 능력 있는 인재들을 규장각으로 불러들여 역대 왕들의 글이나 책 등을 정리하도록 했어. 그리고 규장각을 자주 찾아 그들과 나랏일을 의논하였지. 이로써 정조 때 규장각은 학문뿐 아니라 정치와 관련 있는 연구를 하는 특별한 곳이 되었어. 세종 때의 집현전처럼 말이지.

> **초계문신**
>
> 정조는 과거 시험에 합격한 37세 이하의 신입 관리들 중 학문이 출중하고 능력 있는 인재를 따로 선발하여 규장각에서 교육시켰어. 그리고 40세에 그들을 졸업시켜 규장각에서 배우고 익힌 것을 나랏일을 하는 데 쓰게 했지. 이들을 '초계문신'이라고 하는데, 정약용을 포함한 당시 훌륭한 많은 학자들이 초계문신 출신이었어.

 ## 30 화성으로 행차한 정조

1795년, 정조는 어머니인 혜경궁 홍씨를 모시고 궁궐을 나와 화성 행차에 나섰어. 이 행차에는 대규모 행렬이 뒤따랐지. 정조가 이처럼 대규모 행렬을 이끌고 멀리 화성으로 행차했던 이유는 무엇일까?

백성 1: 임금님이 행차하시는군. 거리 곳곳에 사람들이 바글바글하네.

백성 2: 화성으로 행차하시는 중이잖아.

백성 1: 사도 세자의 묘소에 참배하러 가시는 모양이야.

백성 2: 맞아. 그리고 화성에서 어머니인 혜경궁 홍씨의 회갑 잔치도 열어 주신대.

　1795년, **정조**가 1,779명의 사람들과 말 779필을 이끌고 궁궐 밖 행차에 나섰어. 이때 행차에 나선 행렬에는 신하와 군사들은 물론이고,

조선 시대 _ 307

▶ 화성 행차를 그린 〈화성능행도〉 중 '시흥환어 행렬도'

어머니 **혜경궁 홍씨**도 포함되어 있었지. 이들이 행차하는 곳은 바로 정조의 아버지인 **사도 세자**의 무덤이 있는 현륭원과 **화성**이었어.

정조와 그를 따르는 행렬은 배를 잇달아 띄워 만든 **배다리**로 한강을 건너 노량진과 시흥, 안양을 지나 이틀 만에 수원 행궁에 도착했어. 정조는 그곳에 8일 동안 머물면서 현륭원을 참배했고, 혜경궁 홍씨의 회갑 잔치뿐 아니라 과거 시험, 군사 훈련, 노인잔치 등 여러 행사들을 열었지.

정조의 **화성 행차**에는 이 외에 또 다른 계획과 뜻이 숨어 있었어. 정조는 행차를 통해 국왕으로서의 당당한 모습과 힘을 보여 줌으로써, 자신에게 맞서려는 세력의 기세를 꺾는 동시에 자신을 따르는 세력을 하나로 모으려는 기회를 얻고자 했던 거야. 또 새로 건설한 도시인 **수원**을 중심지로 삼아 새로운 정치를 펼치고자 하는 뜻도 있었지.

1789년, 정조는 사도 세자의 묘소를 양주 배봉산(오늘날 서울시 동대문구 휘경동)에서 수원의 **화산**으로 옮겼어. 그리고 화산 부근에 있던 관아와 마을을 수원의 팔달산 주변으로 옮기고 백성들도 그곳으로 이사하게 하였지. 그 뒤 그곳에 향교, 역참, 상가와 도로, 다리 등 여러 시설을 갖추게 하고 이름을 **화성**이라고 지었어. 게다가 3년에 걸쳐 뛰어난 기능과 거대한 규모를 갖춘 성곽을 세우기도 했지.

사도 세자

사도 세자는 영조가 첫 아들이었던 효장 세자를 아홉 살의 어린 나이로 잃은 뒤 42세 되던 해에 얻은 아들이야. 돌이 갓 지난 나이에 세자가 된 그는 자라면서 점차 영조의 기대를 저버리고 학문을 게을리한 데다, 정신이 온전치 못해 계속해서 못된 짓을 일삼았지. 그러던 1762년, 결국 영조는 세자를 뒤주 속에 가두고 굶어 죽게 했는데, 세자가 숨을 거두자 영조는 큰 슬픔에 빠져 그에게 '사도'라는 이름을 내렸어. 이후 사도 세자의 아들인 이산(훗날의 정조)을 자신의 뒤를 이를 세손으로 삼았지.

조선 후기의 실학자들

성리학을 기반으로 나라를 이끌어 온 양반과 관리들은 백성들의 살림은 모른 체하고 권력 다툼을 벌이기에만 바빴어. 이에 성리학을 비판하며 새롭게 등장한 학문과 학자들이 있었는데, 바로 실학과 실학자들이지. 조선 후기의 실학자들은 어떤 주장을 펼쳤을까?

실학자 1: 노비 제도를 없애야 한다!

실학자 2: 양반도 농사를 짓거나 장사를 하게 해야 한다!

실학자 3: 학문과 재주가 뛰어난 사람은 출신에 관계없이 관리로 뽑아야 한다!

"학문이 귀한 것은 그 실용에 있다. 즉, **실제 생활**에 **쓸모**가 있어야 학문이다."

1700년대 후반에 주로 활동했던 **실학자**들은 이렇게 주장했어. **실학**

은 나라와 백성들의 살림에 도움을 주는 것을 목표로 삼고, 실제 생활과 관련된 것을 연구하는 학문을 말해.

조선이 임진왜란과 병자호란이라는 두 차례의 큰 전쟁을 겪은 이후, 백성들의 살림살이는 훨씬 더 어려워졌어. 하지만 당시 선비들이 공부하던 성리학은 백성들의 생활을 나아지게 하는 데 별 도움을 주지 못했지. 이에 실제 생활에 도움이 되는 학문의 중요성을 주장하는 학자들이 생겨나면서 실학이 발달하게 된 거야.

'토지와 지방 행정 관련 제도를 바꾸어 농업을 발전시켜야 한다'고 주장한 **유형원**, **이익**, **정약용**, '상업과 공업을 발전시켜 나라와 백성을 잘 살게 해야 한다'고 주장한 **박제가**, **박지원**, **홍대용** 등이 대표적인 실학자들이야. 또한 실학에 바탕을 두고 우리 민족의 역사와 우리 땅에 대해 연구한 **김정희**, **안정복**, **이중환**, **김정호**와 같은 인물들도 있었지.

외척들의 세도 정치

정조가 죽은 뒤, 조선의 정치 상황은 급작스럽게 혼란에 빠지게 돼. 왕의 외척들이 왕을 대신하여 권력을 마구 휘두르는 세도 정치가 펼쳐진 거야. 당시 조선의 정치와 사회를 혼란스럽게 만든 세력은 누구였을까?

선비 1: 안동 김씨의 권세가 하늘을 찌를 듯하니, 날아가는 새도 떨어뜨리겠군!

선비 2: 큰일이야. 안동 김씨가 판치는 세상이 되었어.

1800년 정조가 49세의 나이로 갑자기 세상을 떠나자, 열한 살의 어린 왕자가 왕위에 올랐어. 바로 조선 제23대 왕 **순조**야. 어린 순조를 대신해 영조의 두 번째 왕비였던 정순 왕후 김씨가 나랏일을 돌보았고, 1805년 왕후가 죽은 뒤로는 김조순이 순조의 옆에서 권력을 휘둘렀어. 김조순은 순조의 왕비인 순원 왕후의 아버지였지.

　그는 나중에 조정에서 물러나면서 관직의 주요 자리에 자신의 가문, 즉 **안동 김씨** 사람들을 여럿 심어 놓았어. 그때부터 안동 김씨들은 자기들 마음대로 권력을 휘둘렀는데, 이를 **세도 정치**라고 불러. 세도란, 왕을 대신하여 어떤 사람이나 가문이 세력을 휘두르는 걸 뜻해.

　이후 어른이 된 순조는 안동 김씨가 권세를 휘두르는 걸 막기 위해 세자로 하여금 대신 나랏일을 보게 하였고, 세자빈의 아버지 조만영과 **풍양 조씨**에게 힘을 실어 주었어. 그러자 이번에는 풍양 조씨가 세도 정치를 펼치기 시작했지.

　결국 왕의 외척들이 권력을 휘두르는 세도 정치는 헌종에 이어 철종 때까지 60년 가까이 계속되었어. 그로 인해 나라의 질서와 백성들의 생활은 더더욱 엉망이 되고 말았지.

고종 대신 권력을 휘두른 흥선 대원군

안동 김씨와 풍양 조씨가 세도 정치를 펼치면서 나라가 더욱 어지러워지자, 이들을 몰아내고 왕의 힘을 다시 키우려던 인물이 있었어. 바로 흥선군이야. 흥선군은 어떻게 세도 정치를 끝냈을까?

> **선비 1**: 왕족이라는 자가 안동 김씨 잔치에 가서 술과 음식을 얻어먹다니, 자존심도 없나?

> **선비 2**: 여기저기서 비굴하게 얻어먹는 처지여서 별명이 '상갓집의 개'라지?

> **이하응(흥선군)**: 내 기필코 안동 김씨와 풍양 조씨 세력을 몰아내리라! 그때까지는 이렇게 술주정뱅이 행세를 하고 다니는 수밖에.

'왕권을 되찾으려면 하루빨리 안동 김씨 세력을 몰아내고 세도 정치를 끝내야 할 텐데….'

이런 생각을 품고 안동 김씨의 세도 정치 아래 숨죽이며 살아온 왕족이 있었어. 바로 **흥선군 이하응**이라는 인물이야.

그는 헌종의 어머니인 신정 왕후 조씨와 몰래 약속했어. 자신의 어린 둘째 아들을 조씨의 양자로 삼아 철종의 뒤를 이어 왕위에 오르게 하기로 말이야. 조 대비는 이하응의 계획에 따라 그의 둘째 아들을 왕으로 만들어 안동 김씨들을 몰아내고자 했고, 이하응은 자신의 아들을 왕위에 올려 나라를 어지럽히는 세도 정치를 끝장낼 생각이었지.

1863년 철종이 33세의 나이로 죽음을 맞자, 이하응의 뜻대로 그의 둘째 아들 명복이 왕이 되었어. 그가 조선 제26대 왕 **고종**이야.

고종이 왕위에 오르자 권력을 얻은 흥선 대원군은 세도 정치를 끝내고 나라의 기반을 다시 세우기 위해 여러 가지 개혁을 실시했어. 그리고 안동 김씨 세력의 중심인물들을 조정에서 몰아냈으며, 풍양 조씨 세력 역시 자기들 마음대로 권력을 휘두르지 못하게 했지.

▶ 1. 흥선 대원군 2. 고종

34 프랑스의 **병인양요**, 미국의 **신미양요**

흥선 대원군이 조선의 문을 닫고 다른 나라와 외교 관계를 맺지 않는 쇄국 정책을 펼치고 있을 때, 프랑스와 미국의 함대가 차례로 조선 땅을 침략했어. 이들은 왜 조선을 침략했을까?

> **흥선 대원군**: 서양 세력이 조선에 들어오면 나라의 질서가 어지러워질 것이다! 이번에 프랑스와 미국 군함을 물리친 것을 널리 알리어 척화비를 세우라!

> **백성 1**: 척화비?

> **백성 2**: '침범하는 서양 오랑캐와는 가까이 지낼 수 없다'는 내용을 새긴 비석이야!

 1866년 10월, **프랑스**의 군함 일곱 척과 1,000여 명의 군사가 강화도를 점령했어. 이에 조선군은 강화의 문수산성, 정족산성에서 전투를 벌여 프랑스 군사들을 물리쳤지. 이를 병인년에 서양 세력이 난리를 일으킨 사건이라 하여 **병인양요**라고 불러.

1871년 4월, 이번에는 **미국**의 군함 다섯 척과 1,230명의 군사가 조선에 쳐들어왔어. 강화도 초지진에 상륙한 이들은 조선군과 치열한 전투를 벌였지. 얼마 뒤 미국은 함대를 이끌고 서해를 어슬렁거리다 물러났는데, 이를 신미년에 서양 세력이 일으킨 난리라

▶ 흥선 대원군이 세운 척화비

하여 **신미양요**라고 불러. 그런데 프랑스와 미국의 함대는 왜 조선 땅을 침략했을까?

프랑스는 흥선 대원군이 **천주교**를 **탄압**하며 프랑스 선교사들을 죽이자, 이를 되갚아 주기 위해 조선을 공격해 왔어. 또 미국은 1866년 미국 상선 **제너럴셔먼호**가 조선 땅에 들어왔다가 공격을 받아 침몰되었던 사건을 이유로 쳐들어왔던 거야.

그러나 이는 핑계였을 뿐, 프랑스와 미국의 속셈은 따로 있었어. 그들은 강한 힘을 앞세워 조선과 무역 조약을 맺고 자신들의 이익을 챙기려 했던 거야. 하지만 당시 흥선 대원군은 **쇄국 정책**, 즉 나라의 문을 걸어 잠그고 다른 나라와 교역을 하지 않는 정책을 펼치고 있었지.

조선의 개방과 신사 유람단

흥선 대원군을 권력의 뒤로 물러나게 하고 직접 나랏일을 보기 시작한 고종은 일본에 의해 불평등 강제 조약을 맺고 조선의 항구 세 곳을 열었어. 이후 일본과 청나라의 발달된 문물을 알아보기 위해 고종과 신하들은 어떤 계획을 세우고 실행했을까?

> **명성 황후:** 이제 전하도 어른이 되셨으니 직접 나랏일을 보셔야 합니다. 언제까지 흥선 대원군이 전하를 대신하여 나랏일을 처리하는 걸 지켜봐야만 합니까?

> **고종:** 알았소. 이제 나라와 관련된 모든 일은 과인이 직접 처리할 것이오!

1873년, 고종은 신하들 앞에서 직접 나라를 다스리겠다는 뜻을 전했어. 고종은 20세가 넘었음에도 여전히 흥선 대원군이 자기 대신 나라를 다스리자 점점 불만을 품기 시작했어. 흥선 대원군과 사이가 좋지 않은 몇몇 신하와 **왕비**인 **명성 황후 민씨**도 고종이 직접 나랏일을 보아야 한다고 부추겼지. 결국 흥선 대원군이 물러나고 고종이 직접 정치에 나서자, 명성 황후의 오빠 등 친정 세력이 새롭게 힘을 얻었어.

그 뒤, 일본이 신식 무기를 갖춘 군함을 이끌고 조선을 위협하며 조선의 항구를 열 것을 강요했어. 1876년, 일본의 협박에 못 이긴 고종은 일본과 **강화도 조약**을 맺은 뒤 부산, 원산, 제물포(인천)의 세 항구를 열기로 했지.

이렇게 조선은 외국에 문을 열게 되었고, 고종과 신하들은 서양의 문

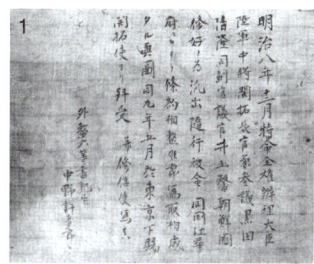

▶ 1. 강화도 조약 관련 보고서　2. 조선의 관리가 강화도 조약에 관해 기록한 《심행일기》　3. 강화도 조약을 강요하는 일본군의 무력시위 사진　4. 수신사로 일본에 갔던 김기수　5. 수신사 수행원 현제순, 고영희, 이용숙(왼쪽부터)

물을 통해 크게 발달한 일본의 시설들을 알아보기 위해 **수신사**라는 단체를 만들어 일본으로 보냈어. 그리고 1881년에 또다시 일본의 신식 문물을 배우기 위해 60여 명으로 이루어진 **신사 유람단**이라는 단체를 보냈지. 또한 청나라에도 서른여덟 명의 학생과 기술자 등이 포함된 **영선사**라는 단체를 보내 신식 무기 제조법과 군사 제도에 대한 것들을 배워 오도록 했어. 바야흐로 조선에 개방의 바람이 불기 시작한 거야.

36 임오군란과 갑신정변

흥선 대원군이 물러나자 명성 황후와 그의 친정 세력이 본격적으로 권력을 휘두르기 시작했어. 그러던 중 신식 군대가 만들어지면서 구식 군대의 군인들이 차별을 당하자, 이들은 명성 황후와 민씨 세력에 대항하여 반란을 일으켰지. 구식 군인들의 반란은 조선에 어떤 변화를 가져왔을까?

> **군인 1**: 구식 군대라고 차별받는 것도 서러운데, 밀린 봉급으로 받은 쌀에 모래가 반이나 섞여 있잖아!

> **민겸호**: 불평하는 구식 군대 군인들을 혼내 주어라!

> **군인 2**: 정말 억울해! 이게 다 신식 군대 책임자인 민영익과 민겸호 등 민씨 일파 때문이야. 민씨 일파와 민비를 궁궐에서 쫓아내자!

1882년, 조선의 구식 군대가 조정을 상대로 반란을 일으켰어. 1881년에 새로 만들어진 **별기군**이란 **신식 군대**와 무기, 급료 등에서 차별을

조선 시대 _ 321

당했기 때문이지. 그 중심에는 민겸호, 민영익 등 명성 황후의 친척인 민씨 세력이 있었어. 이를 임오년에 군인들이 일으킨 반란이라 하여 **임오군란**이라 불러.

"민비를 잡아들여라! 민비를 없애라!"

임오군란을 일으킨 군인들은 민겸호를 죽이고 남은 민씨 세력과 명성 황후까지 제거하려 했어. 이 과정에서 일본 공사관이 습격을 당하기도 했지.

명성 황후는 궁궐을 빠져나와 몸을 숨겼고, 고종은 사태를 해결하기 위해 **흥선 대원군**을 다시 궁궐로 불러들였어. 그러자 명성 황후는 청나라 황제에게 사람을 보내 흥선 대원군이 구식 군인들을 앞세워 반란을 일으켰으니 조선으로 군대를 보내 반란을 막아 달라고 부탁했어. 명성 황후의 부탁을 받은 **청나라 군대**는 조선에 들어와 흥선 대원군을 납치하여 청나라로 데려갔고, 군사들 중 일부는 한양에 머물렀어. 그러자

일본도 임오군란으로 공사관이 습격당하는 피해를 입었으니 자기들 또한 병력이 필요하다며 한양에 군대를 머물게 했지. 이렇게 청나라와 일본의 군대가 동시에 머물게 되면서, 결국 조선은 청나라 간섭도 받고 일본의 눈치도 보는 신세가 되고 말았어.

갑신정변

1884년 12월 4일, 김옥균, 박영효, 서광범 등 급진 개화파 정치인들이 외국의 발전된 문화와 제도를 받아들이자고 주장하며 민씨 세력을 몰아내고 새 정부를 세우기 위해 정변을 일으켰어. 이를 '갑신정변'이라고 해. 이들이 정변을 일으킨 이유는 조선의 정치에 간섭하는 청나라 군대를 조선에서 몰아내고 조선을 자주 국가, 즉 스스로 나랏일을 해결하는 국가로 만들기 위함이었지. 이들은 일본군의 도움을 받아 궁궐을 점령하는 데는 성공했지만, 민씨 세력과 청나라의 반격으로 정변은 삼일천하로 끝나고 말았어.

전봉준과 동학 농민 운동

개화의 물결 속에서 나라의 상황은 점점 어지러워지고 관리들은 부정과 부패를 일삼았어. 이에 백성들은 동학이라는 종교를 따르던 사람들을 중심으로 반란을 일으켰지. 부패한 관리들을 혼내 주고 외국 세력을 몰아내려던 이 농민 운동의 결과는 어땠을까?

백성 1: 새야, 새야, 파랑새야. 녹두밭에 앉지 마라. 녹두꽃이 떨어지면 청포 장수 울고 간다.

백성 2: 그게 무슨 노래야? 요즘 유행가인가?

백성 1: 부패한 조선 관리와 일본군에 맞서 싸운 전봉준과 동학 농민 운동에 관한 노래야.

"나랏일을 도와 백성을 편안하게 하고, 널리 백성을 어려움에서 구해 낸다."

이것은 **동학**이라는 종교가 내세운 주장이야. 동학은 1860년에 **최제우**라는 인물이 일으킨 종교로 서학, 즉 천주교가 조선에 들어온 이후 많은 사람이 천주교를 따르자, 이에 맞서는 우리 **민족의 종교**로 탄생했어. 천주교처럼 '사람은 누구나 귀하다'는 주장을 펼쳐, 많은 농민들이 동학을 믿고 따랐지.

그러던 1894년, 전라도 고부에서 농민들이 반란을 일으키는 사건이 벌어졌어. 고부 군수 조병갑이 농민들에게 온갖 못된 짓을 저지르자 참다못한 **농민**들이 **반란**을 일으킨 거야. 이때 **전봉준**이라는 인물이 동학을 따르는 사람을 중심으로 농민군을 조직했지.

그런데 이후 조선 조정에서 조병갑을 파면시키고 보낸 관리가 오히려 동학을 믿는 사람들을 잡아들이며 탄압하기 시작했어. 전봉준은 일본군을 몰아내고 백성들이 평등하게 사는 세상을 만들자며 다시 농민군을 모아 조정에 맞서 농민 운동을 일으켰지. 이를 **동학 농민 운동**이

▶ 동학 혁명 위령탑(충남 공주)

▶ 전봉준이 살던 집

라 불러.

　농민군은 전라도 일대의 관아를 습격했고, 한때 전주성까지 점령하기도 했어. 그러나 조선에 들어온 일본군과 조선 군사들의 공격에 공주의 **우금치**라는 곳에서 크게 패했고, 결국 전봉준은 처형을 당했지. 나라의 못된 관리들을 혼내 주고 외국 세력을 조선 땅에서 몰아내려 했던 농민 운동은 그렇게 끝이 나고 말아.

일본의 명성 황후 시해 사건

동학 농민 운동 이후 청나라와 더불어 조선에 머무르던 일본군은 한반도와 중국 동북 지방에서 벌인 청나라와의 전쟁에서 승리를 거두었어. 그 뒤 조선을 집어삼킬 계획을 세웠지만, 명성 황후 때문에 뜻대로 되지 않았지. 결국 일본은 명성 황후를 상대로 끔찍한 작전을 펼치기로 하는데, 과연 어떤 일이 벌어졌을까?

명성 황후: 감히, 일본 놈들이 조선의 궁궐에 들어와 궁녀들을 살해하다니!

일본 자객: 민비를 찾아라!

명성 황후: 무엄하구나! 내가 조선의 국모다!

일본 자객: 민비를 죽여라!

1895년 10월 8일 새벽, 조선에 파견되어 온 미우라 공사가 일본인

자객들에게 은밀히 명령을 내렸어.

"이제 **여우 사냥**을 시작하라."

미우라 공사의 지시가 떨어지자 일본인 자객들은 경복궁에 몰래 침입해 **명성 황후**를 찾았어. 그들은 경복궁 뒤편 건청궁 안으로 들어가 왕비가 머무는 옥호루로 가서 궁녀들을 닥치는 대로 살해했지. 결국에는 명성 황후를 찾아내 처참하게 죽이고 그 시신을 건청궁 옆 녹산이란 곳으로 끌고 가 불태우는 끔찍한 짓을 저질렀어. 이때 미우라 공사의 지시를 받아 일본인 자객들이 명성 황후를 살해한 사건을 **명성 황후 시해 사건** 또는 을미년에 일어난 큰 사건이란 뜻으로 **을미사변**이라고 해. 여우 사냥은 흥선 대원군을 궁궐로 불러들인 뒤, 자객들로 하여금 명성 황후를 살해하게 하고 이를 흥선 대원군이 저지른 일처럼 꾸미기 위한 작전이었어.

　일본 공사가 명성 황후를 살해한 이유는 명성 황후 때문에 조선에서 자신들의 세력이 약해질까 봐 두려웠기 때문이야. 일본이 조선을 침략해 식민지로 삼으려 했지만, 명성 황후가 청나라에 이어 또 다른 큰 나라인 러시아를 조선으로 불러들였고, 그들의 힘을 앞세워 일본과 일본을 따르는 친일 세력을 몰아내려 했거든.

왕후가 아니라 황후?

고송의 왕후 민씨가 살해낭하고 2년 뒤인 1897년, 고종은 나라 이름을 조선에서 대한 제국으로 바꾼다고 선포했어. 이때 왕후 민씨에게 '명성(明成)'이라는 이름이 내려졌고, 그 뒤로 명성 황후로 높여 부르기 시작했지.

39 러시아 공사관으로 피난한 고종

명성 황후가 경복궁에서 일본인에게 살해당하자, 고종은 경복궁을 몰래 빠져나와 러시아 공사관으로 거처를 옮겼어. 고종이 러시아 공사관으로 간 이유는 무엇이고, 그곳에서 그는 어떻게 지냈을까?

신하: 전하, 일본 놈들이 무슨 짓을 저지를지 모르니 몸을 피하십시오!

고종: 어디로 몸을 피한단 말이오?

신하: 아관, 즉 러시아 공사관에는 놈들이 함부로 들이닥치지 못할 것입니다.

1896년 2월 11일 새벽, 고종과 왕세자를 태운 가마가 몰래 경복궁을 빠져나왔어. 그들이 향한 곳은 덕수궁 옆에 위치한 **러시아 공사관**이었는데, 이를 **아관파천**이라고 해. '아관'은 당시 러시아 공사관을 부르던 말이었고, '파천'은 임금이 머무르던 곳을 떠나 피난했다는 뜻이지.

▶ 고종이 몸을 피한 러시아 공사관(현재 3층탑과 지하만 남아 있음)

고종이 경복궁에서 러시아 공사관으로 거처를 옮긴 이유는, 그도 명성 황후처럼 일본 세력에게 피해를 당할까 봐 두려워서였어. 심지어 고종은 언제 일본 세력에 의해 독살이나 암살을 당할지 몰라 매일 깡통에 든 연유와 날계란만 먹고, 밤에는 미국 선교사를 불러 침실을 지키게 했다고 해. 이는 일본을 멀리하고 러시아나 미국을 가까이해야 한다는 몇몇 신하들의 계획이었어.

이에 미우라 공사와 일본 세력은 몹시 당황했어. 그때까지도 조선은 왕조 국가였으므로 왕이 곧 국가의 최고 통치자였으며, 형식적인 왕이라 할지라도 국가를 다스리는 주권은 그에게 있었거든. 즉, 러시아가 고종을 내세워 조선을 자기들 마음대로 할까 봐 불안했던 거야.

일본군이 러시아 공사관 앞까지 대포를 끌고 와 고종에게 궁궐로 돌아갈 것을 요구했지만, 고종은 그들의 말을 듣지 않았어. 결국 고종은 그 후로 1년 동안 러시아 공사관에 머물렀지.

 고종의 대한 제국 선포

러시아 공사관에서 궁궐(경운궁)로 돌아온 고종은 얼마 뒤에 나라 이름을 '대한 제국'으로 바꾸었어. 고종이 나라의 이름을 갑자기 바꾼 이유는 무엇이었을까?

> **서재필**: 전하! 이제 그만 궁궐로 돌아오십시오!

> **고종**: 그래도 될까…?

> **독립 협회 회원**: 국왕이 궁궐을 비워 두고 남의 나라의 외교 공간에 머물며 나랏일을 본다는 것은 부끄러운 일입니다!

고종이 계속 러시아 공사관에 머물자, **독립 협회** 회원들은 고종을 찾아가 하루빨리 궁궐로 돌아와야 한다고 아뢰었어. 독립 협회는 1896년 조직된 모임으로, 《**독립신문**》을 펴내고 독립문을 세우는 데 앞장서는 등 우리나라의 독립을 위해 애쓴 사람들로 이루어진 단체였지.

결국 고종은 러시아 공사관에서 다시 궁궐로 돌아왔어. 고종이 머물기로 한 곳은 러시아, 미국, 영국, 프랑스 등의 외교관이 머무는 곳과 가까운 궁궐이었던 경운궁으로, 지금의 **덕수궁**이지.

▶ 덕수궁 석조전에 있는 대한 제국 역사관

그로부터 몇 달 뒤인 1897년 10월, 고종은 나라 이름을 **대한 제국**으로 바꾸었어. 나라 이름이 제국이니, 임금을 일컫는 이름도 '왕'에서 **황제**가 되었지. 고종은 대한 제국이라는 새로운 이름을 조선의 백성들에게도 널리 알렸어. 그런데 고종이 500년 동안 이어져 온 나라의 이름을 갑자기 대한 제국으로 바꾼 까닭은 무엇일까?

그것은 조선이 비록 힘이 약한 나라이기는 하지만, 다른 나라의 지배나 간섭을 받는 나라가 아님을 알리기 위해서였어. 또 왕과 왕실이 힘이 있다는 것을 알리기 위함이기도 했지. 이후 고종은 나라의 법과 제도를 바꾸고 전등, 전차, 전신, 철도 등의 사업도 벌였으며 신식 학교도 세우는 등 변화에 앞장섰어.

 을사조약으로 일제에 외교권을 빼앗기다

1904년, 일본은 대한 제국의 영토를 마음대로 사용하겠다는 '한일 의정서'를 체결했어. 게다가 1905년에는 대한 제국의 외교권을 일본이 대신 행사한다는 강제 조약을 맺게 했지. 과연 대한 제국의 운명은 어떻게 될까?

이토 히로부미: 이제 조선의 외교권은 우리 일본의 손안에 있다. 조선을 우리 식민지로 만들 날도 머지않았군. 흐흐!

고종과 조선 대신들: 억지로 맺게 한 엉터리 조약이다!

백성들: 을사조약을 맺게 한 일본의 앞잡이 다섯 대신들을 혼내 주자!

조선 땅에서 청나라에 이어 러시아와 전쟁을 벌여 승리한 일본은 조선을 식민지로 삼아 지배하려는 야욕을 드러냈어. 1904년, 일본은

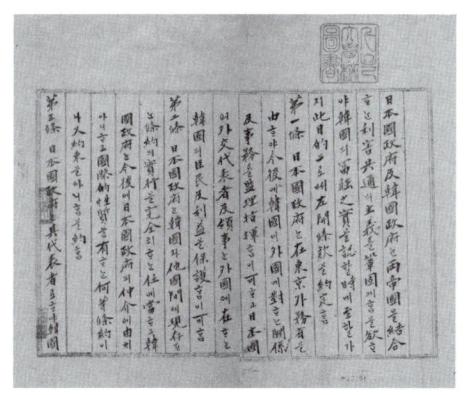
▶ 대한 제국 쪽의 을사조약 문서

대한 제국의 안전을 지킨다는 핑계를 내세워 대한 제국 영토를 자기들 마음대로 사용하겠다는 **한일 의정서**라는 조약을 맺게 했지.

그러던 1905년 11월 17일, 조선을 통치하기 위해 일본에서 온 **이토 히로부미**가 경찰과 헌병을 앞세워 경운궁에 들이닥쳤어. 그리고 '일본이 대한 제국의 **외교**에 관한 일을 지휘하며, 대한 제국은 일본 정부의 허락 없이 외교적인 권리를 행사할 수 없다'는 내용의 문서에 도장을 찍을 것을 강요했지.

고종과 몇몇 대신들이 그 문서에 도장을 찍길 거부하자, 이토 히로부미는 일본 정부 편에 선 다섯 명의 대신을 따로 불러 문서에 도장을 찍게 했어. 이렇게 일본이 불법과 강제로 대한 제국과 맺은 조약을 **을사조약** 또는 **을사늑약**이라고 불러. 을사년인 1905년에 **억지로 맺은 조약**을 뜻하지.

을사조약에 대한 소식이 알려지자, 수많은 백성들이 원통해하며 전국 각지에서 이에 반대하는 투쟁을 벌였어.

 ## 헤이그 특사 파견과 국채 보상 운동

일본에게 외교권을 빼앗긴 대한 제국의 고종 황제는 이를 되돌리기 위한 노력을 기울였어. 그는 을사조약이 무효라는 것을 세계에 널리 알리려 세 명의 특사를 네덜란드 헤이그에 보냈는데, 이들의 바람은 이루어졌을까?

이준: 을사조약은 협박에 의해서 맺어진 조약입니다!

이상설: 국제법상 강제적인 압력이나 협박에 의해 맺어진 조약은 무효입니다.

이위종: 을사조약은 정식 절차를 거치지도 않았고, 대한 제국 황제의 도장도 찍히지 않은 엉터리 조약입니다!

1907년 6월 15일, **네덜란드**의 **헤이그**라는 도시에 세계 각국의 외교관들이 모였어. **만국 평화 회의**라는 모임에 참석하기 위해서였지. 이 중에는 대한 제국에서 온 세 명의 인물도 있었어. 바로 **이준, 이상설,**

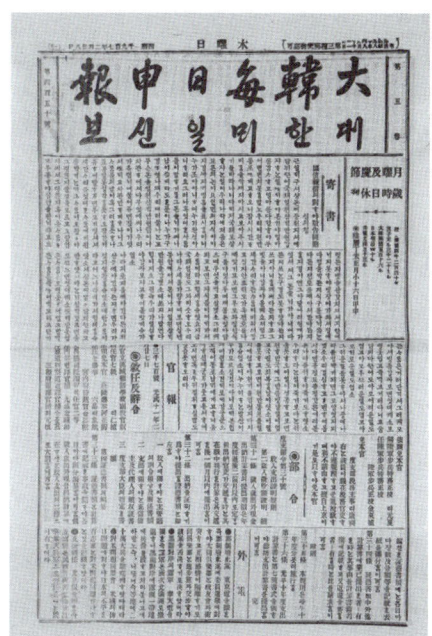
▶ 국채 보상 운동 관련 기사가 실린 《대한매일신보》

이위종으로 이들은 고종 황제가 보낸 **특사**, 즉 특별한 임무를 맡기고 보낸 외교관이었지. 세 사람은 을사조약이 무효라는 것을 세계에 널리 알리기 위해 이 회의에 참석하려 했어.

그러나 일본 정부의 방해로 이들은 만국 평화 회의에 참석할 수 없었어. 어쩔 수 없이 회의장 앞에서 그들의 주장이 담긴 문서를 다른 나라 외교관들에게 나눠 주었지만, 이들의 노력은 헛수고로 돌아갔지. 그 뒤 일본은 이 일을 핑계로 고종을 황제의 자리에서 물러나게 했어.

일본은 심지어 대한 제국의 **경제권**까지 빼앗으려 했어. 그래서 대한 제국 정부로 하여금 일본 은행에서 억지로 돈을 빌리게 하여 엄청난 빚을 지게 만들었지. 이에 1907년, 대구를 시작으로 국민들이 앞장서서 나라의 빚을 갚자는 운동을 벌이기도 했어. 이를 **국채 보상 운동**이라고 해.

43 이토 히로부미를 저격한 안중근

대한 제국의 청년 안중근은 멀리 중국의 하얼빈에서 민족의 원수이자 불법으로 을사늑약을 맺게 한 장본인 이토 히로부미를 총으로 쏘아 죽일 계획을 품었어. 안중근의 계획은 성공했을까?

독립군: 이토 히로부미가 가는 곳마다 경비가 삼엄할 텐데, 괜찮을까요? 그가 얼마 후 중국 하얼빈에 온다는 소식이 있습니다.

안중근: 철저한 계획과 준비를 해야지요. 그를 암살하지 못하면 내 스스로 목숨을 끊어서라도….

탕! 탕! 탕!

1909년 10월 26일, 만주(지금의 중국 북동부) 하얼빈역에서 갑자기 총소리가 울려 퍼졌어. 대한 제국의 청년 **안중근**이 **이토 히로부미**를 향해 총을 쏜 거야. 안중근은 을사늑약이 맺어진 이후, 나라의 독립을 위해

힘쓴 인물이었어.

'대한 제국을 침략한 일본의 우두머리! 나라와 민족, 세계 평화를 위해 반드시 너를 없애리라!'

안중근은 굳은 결의를 다진 뒤 빈틈없는 경비망을 뚫고 하얼빈역 안으로 들어갔어. 드디어 이토 히로부미가 열차에서 내려 자신을 환영 나온 사람들 쪽으로 향하던 순간, 안중근이 그를 향해 총을 발사했어. 총을 맞은 이토 히로부미는 그 자리에 쓰러져 숨을 거두었고, 안중근은 힘차게 "대한 독립 만세!"라고 외쳤지.

1910년 2월 14일, 안중근은 일본 재판부로부터 사형 선고를 받았고, 3월 26일에 일본의 점령지였던 뤼순(지금의 중국 랴오닝성 다롄시) 형무소에서 결국 처형당했어. 그는 죽기 전 다음과 같은 글을 남겼지.

"나는 천국에 가서도 대한의 독립을 위해 힘쓸 것이다!"

한일 강제 병합, 국권 피탈

1910년, 일본 제국은 친일파 대신들을 앞세워 대한 제국의 권리를 완전히 빼앗는 조약을 맺음으로써 대한 제국, 즉 조선을 식민지로 삼았어. 그렇게 500년 넘게 이어져 온 조선 왕조의 역사는 이후 어떻게 흘러갔을까?

> **조선 백성 1:** 아! 일제에게 우리나라의 주권을 완전히 빼앗기다니, 너무나 치욕스럽다!

> **조선 백성 2:** 오천 년 역사를 이어 온 우리 민족의 운명이 이렇게 무너지다니, 너무나 슬프고도 원통하다!

1910년 8월 22일, 대한 제국을 일본의 식민지로 만들기 위해 일본의 통감 데라우치 마사타케로부터 지시를 받은 친일 내각의 총리대신 이완용은 대신들과 형식적으로 회의를 한 뒤에 조선의 제27대 왕 **순종** 황제 앞에서 문서에 도장을 찍었어. 그것은 **한일 병합 조약**, 즉 대한 제

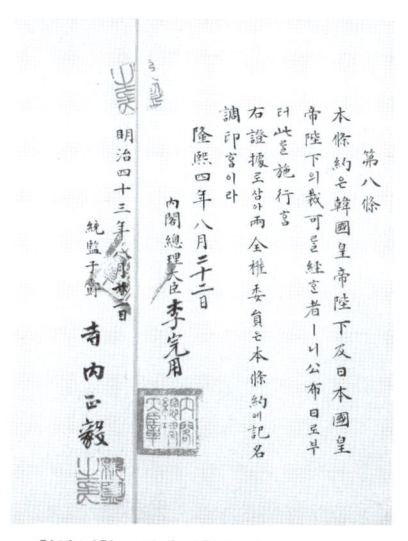
▶ 한일 병합 조약에 관한 문서

국을 일본에 병합한다는 내용의 문서였지.

병합은 둘 이상의 단체나 나라를 하나로 합치는 것을 말하는데, 이 조약의 실제 내용은 일본이 대한 제국을 **식민지**로 삼는다는 것이었어.

그 뒤 일본은 한국 국민들의 거센 반대가 두려워 한동안 발표를 미루었어. 그래서 사람들의 모임을 금지시키는 등 여러 대책을 세워 두고, 8월 29일 순종 황제로 하여금 이 조약에 대한 발표를 하게 했지.

"제1조, 한국 황제는 한국 정부에 관한 모든 통치권을 완전히 또는 영원히 일본 황제에게 넘긴다. 제2조, 일본국 황제는 이를 받아들여 한국을 일본 제국에 완전히 병합함을 승낙한다. (후략)"

이로써 **조선 왕조**는 **519년** 만에, **대한 제국**은 **13년** 만에 역사 속으로 사라졌어. 일본의 식민지가 된 채로 말이야. 이렇게 일본의 침략과 강제적인 힘에 의해 한일 병합 조약을 맺은 것을 **국권 피탈**이라고 해. 경술년에 일어난 국가의 치욕(부끄럽고 욕됨)이라 하여 **경술국치**라고도 부르지.

7

일제 강점기

1945년

일제, 연합국에 항복 / 대한민국 해방

 민족 자결주의와 **독립 선언**

일제에 강제로 주권을 빼앗긴 대한민국 국민들은 독립을 위해 나라 안팎으로 투쟁을 벌였어. 1919년에는 독립운동가, 민족 지도자, 유학생 들이 모여 독립 선언을 하기에 이르렀는데, 그 이유와 배경은 무엇일까?

> **한국인 1:** 미국 대통령이 '각 민족은 정치적 운명을 스스로 결정한다'고 발표해서 많은 식민지들이 희망을 갖게 되었대!

> **한국인 2:** 그럼 우리 민족도 독립을 이룰 희망이 생긴 거잖아!

연합국(영국, 프랑스, 러시아, 미국, 일본 등)과 동맹국(독일, 오스트리아, 헝가리 등)이 벌인 **제1차 세계 대전**이 연합국의 승리로 끝나 갈 무렵인 1918년 1월 8일, 미국 의회에서 **윌슨** 대통령은 어떻게 전쟁을 마무리할 것인가에 대한 기본 규칙을 발표했어. 그 기본 규칙 중에는 '각 민족은 정치적 운명을 스스로 결정한다'는 내용이 있었는데, 이를 **민족 자결주의**라고 해.

민족 자결주의에 따라 독일, 오스트리아 등 제1차 세계 대전에서 패배한 나라의 여러 식민지들이 독립을 이루었어. 한편, 독립을 이루지 못한 민족들은 독립에 대한 희망을 품었지. 그중에는 일본의 지배를 받던 한국도 있었어.

1919년 2월 1일, 만주 지린성에서 조소앙, 박은식, 신채호 등 해외에서 활동하던 독립운동 지도자 서른아홉 명이 **독립 선언**, 즉 대한민국의 독립을 널리 알렸어. 이어 2월 8일에는 일본 도쿄에서 한국 유학생들이 독립 선언을 하였고, 3월 1일에는 민족 지도자 33인이 종로 **태화관**이라는 곳에서 다음과 같은 글로 시작되는 **독립 선언문**을 세계만방에 발표했지.

"조선은 독립국이며 조선인은 자주민임을 선언하노라!"

2 1919년에 일어난 민족 독립운동, 3·1 운동

1919년 3월 1일, 서울 탑골 공원을 시작으로 전국에 걸쳐 만세 운동이 일어났어. 이 운동은 조국의 독립을 간절히 바라던 대한민국 국민들 사이로 불길처럼 삽시간에 퍼져 나갔는데, 그 규모는 어느 정도였을까?

한국 국민들: 대한 독립 만세! 대한 독립 만세!

일본 경찰: 독립을 외치는 한국인들을 모조리 잡아들여라!

    1919년 3월 1일 오후 2시 30분경, 서울 **탑골 공원**(당시 파고다 공원)에서 수천 명의 학생들과 시민들이 모여 **"대한 독립 만세!"**라고 외치는 소리가 울려 퍼졌어. 그들은 독립 선언문을 낭독한 뒤 **태극기**를 흔들면서 목이 터지도록 조국의 독립을 외쳤지.
    때마침 고종의 장례식을 보기 위해 지방에서 서울로 올라온 수많은

▶ 1919년 3월 1일, 덕수궁 앞에서 벌어진 만세 시위

국민들도 이들에 동참해 "대한 독립 만세!"를 외치며 서울 시내 거리를 당당하게 행진했어. 이렇게 1919년 3월 1일에 일어난 민족 독립운동을 3·1 운동이라고 불러. 그때부터 독립을 외치는 한국인들의 만세 운동은 1년 가까이 계속되었지. 이 운동은 대한민국의 방방곡곡, 각 지방의 도시와 작은 마을로까지 퍼져 나갔을 뿐 아니라 만주, 연해주, 미국, 일본 등 해외로까지 번졌어.

이에 일제는 헌병, 경찰, 군대까지 동원하여 평화적으로 독립 만세를 부르짖는 한국 국민들을 향해 총을 쏘거나 칼을 휘두르며 만세 운동을 막으려고 했어. 이렇게 일본인들은 3·1 운동에 앞장선 사람들을 죽이거나 감옥에 가두었고, 감옥에 갇힌 이들에게 심한 고문과 매질을 함으로써 독립을 향한 이들의 의지를 꺾으려 했지.

3 감옥에서도 대한 독립 만세를 외친 유관순

'대한 독립 만세' 하면 떠오르는 인물 중 한 명이 바로 유관순 열사야. 유관순은 만세 운동을 주도하다가 결국 일본 경찰에 붙잡혀 감옥에 갇힌 뒤 심한 고문을 당했지. 이 어린 소녀는 어떤 운명을 맞았을까?

> **일본 경찰:** 감옥에서 고문을 당하면서도 대한 독립 만세를 외치다니, 고통스럽지 않느냐?

> **유관순:** 내 손과 다리가 부러져도 그 고통은 이길 수 있으나, 나라를 잃어버린 고통은 견딜 수가 없다.

> **일본 경찰:** 목숨이 아깝지도 않느냐?

> **유관순:** 나라에 바칠 목숨이 오직 하나뿐인 것이 안타까울 따름이다.

1919년 4월 1일, 충남 천안의 **아우내 장터**에 모여 있는 사람들에게

▶ 유관순의 모습이 담긴 일제 감시 대상 인물 카드

태극기를 나눠 주는 열여덟 살의 여학생이 있었어. 이 소녀가 바로 **유관순**이야.

만세 운동이 시작된 3월 1일, 서울 **이화학당**에 다니고 있었던 유관순은 거리로 나와 사람들과 함께 만세 운동을 벌였어. 그러던 3월 10일, 일제가 모든 학교에 휴교령을 내리자 유관순은 고향인 천안으로 내려가 교회와 학교를 찾아다니며 함께 만세 운동을 벌이자고 사람들을 설득했어. 그리고 마을의 지도자들을 모아 장날인 4월 1일에 아우내 장터에서 만세 운동을 벌이기로 한 뒤, 친구들과 함께 사람들에게 나눠 줄 태극기를 만들었지.

▶ 서대문 형무소 옥사 내부

드디어 4월 1일, 아우내 장터에서 만세 운동이 벌어졌고 일본 헌병들은 장터에 모인 사람들을 향해 닥치는 대로 총을 쏘아 댔어. 이때 유관순의 아버지와 어머니가 일본 헌병이 쏜 총에 맞아 목숨을 잃었고, 부상을 당한 유관순은 만세 운동을 일으키고 이에 앞장섰다는 죄로 체포되어 공주 재판소로 끌려갔어.

그 뒤 **서대문 형무소**로 옮겨진 유관순은 그곳에서도 멈추지 않고 "대한 독립 만세!"를 외쳤고, 함께 감옥에 갇힌 사람들에게 용기를 북돋아 주었어. 하지만 그럴 때마다 일본 경찰들에게 심한 매질과 고문을 당했고, 결국 1920년 9월 28일에 서대문 형무소의 어두운 감방 안에서 숨이 끊어지고 말았지. 이때가 유관순이 감옥에 갇힌 지 1년 6개월째, 나이는 고작 열아홉 살이었어.

4 상하이와 대한민국 임시 정부

3·1 운동의 영향으로 국내와 해외에서 활동하던 독립운동가들은 임시 정부를 세워 보다 조직적으로 일제에 맞서려고 했어. 대한민국 임시 정부는 어떻게 만들어졌고, 또 독립을 위해 어떤 일들을 했을까?

독립운동가 1: 3·1 운동을 이어 가기 위해서는 더욱 적극적으로 독립운동을 펼쳐야 합니다.

독립운동가 2: 그러려면 여러 조직들이 힘을 합쳐야 해요.

독립운동가 3: 임시적으로 정부와 같은 조직이 필요할 것 같은데….

독립운동가 4: 그럼 나라 밖에서라도 임시 정부를 세웁시다!

1919년 4월 10일, 한국 국내는 물론 해외에서까지 활동을 이어 가던 **독립운동가들**이 중국 땅 **상하이**로 모여들었어. 일본의 감시와 탄압을 피해 나라 밖에 한국의 **임시 정부**를 세우기 위해서였지.

 독립운동가들은 중국 상하이를 포함하여 러시아 연해주, 한성(서울) 등 여러 곳에 정부와 비슷한 단체를 조직했어. 그런데 '여러 곳에 흩어져 있는 임시 조직 정부가 하나로 뭉쳐 통일돼야 더 큰 힘을 발휘할 수 있다'는 주장에 따라, 중국 상하이에 있던 임시 정부를 중심으로 하나의 임시 정부를 세우기로 한 거야.

 상하이의 외국인(프랑스인) 거주 지역에 있던 3층짜리 건물에 모인 독립운동가들은 임시 정부의 법률을 만들어 정하는 입법 기관, 즉 지금

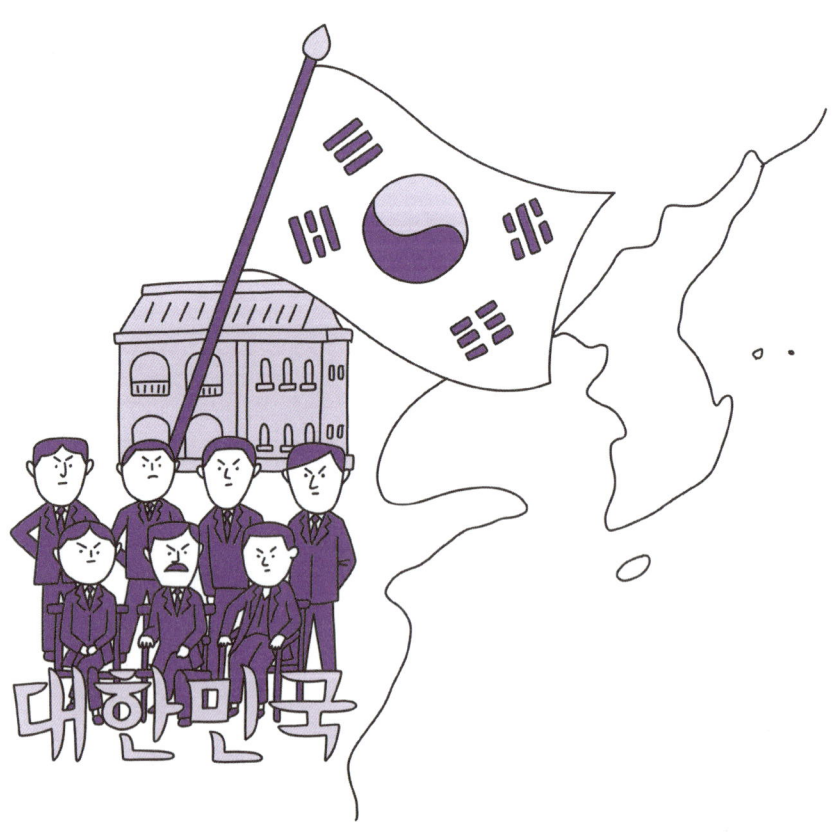

의 국회와 같은 임시 의정원을 구성했어. 그리고 다음 날인 4월 11일에는 나라 이름을 **대한민국**으로 정하고, 정치 제도는 **민주 공화제**(국가의 최고 권력인 주권이 국민에게 있고, 주권의 쓰임새는 국민의 뜻에 따라 이루어지는 제도)로 내세우는 등 임시 헌법을 만들었지. 또한 대한민국 임시 정부에서 나랏일을 맡아서 할 의정원 의장과 국무총리 등의 인물도 정했어. 이때부터 **대한민국 임시 정부**는 일제에 대항하는 **민족 운동의 중심지**로서 움직이기 시작했지.

대한민국 임시 정부의 활동
- 국내에 임시 정부의 소식을 전하거나 독립 자금을 모집함.
- 학교를 세워 동포의 자녀들을 교육시킴으로써 한민족의 얼을 심어 줌.
- 일본의 대한민국 침략 사실과 대한민국 역사의 우수성을 알리는 책들을 펴냄.
- 상하이에 육군 무관 학교를 세웠으며, 비행사 양성소, 간호 학교 등을 세워 독립군을 키워 내고 도와줌.
- 외교 활동을 통해 대한민국 임시 정부를 알리는 동시에 국제 사회에서 대한민국의 독립을 보장받기 위해 노력함.

 ## 봉오동·청산리 전투와 독립 전쟁

한국인들은 조국의 독립을 위해 독립군과 같은 군대를 조직하여 일본군과 치열한 전투를 벌이기도 했어. 일본군을 크게 물리친 대표적인 전투에는 어떤 것이 있을까?

독립군 1: 우리는 자랑스러운 대한의 독립군!

독립군 2: 만주 봉오동과 청산리에서 일본군을 크게 혼내 주었지!

3·1 운동 이후 한반도 북부의 간도와 그 너머 만주, 그리고 간도와 만주 동쪽의 러시아 땅인 연해주 일대에서 여러 **독립군**들이 활동했어. 그들은 무기를 갖추고 군대를 이루어 일본군과 크고 작은 전투를 벌였지. 또한 사관 학교나 사관 양성소를 세워 독립군을 교육시켰고, 동포들이 마련해 준 자금으로 무기를 사들여 전투력을 키워 나갔어.

독립군은 간도에 있는 일본인 시설을 파괴하는 한편, 한국에 있는 일본 주재소(지금의 파출소)와 면사무소 등을 습격했어. 또한 일본군이 머물고 있는 부대를 기습 공격하거나 만주 지역으로 출병한 일본군과 치열한 전투를 벌였지.

그중 봉오동 전투와 청산리 전투는 독립군이 일본군과 벌인 전투 중 가장 빛나는 승리를 거둔 전투로 꼽을 수 있어.

봉오동 전투는 1920년 6월에 **홍범도** 장군이 이끄는 독립군이 만주 지린성의 봉오동 골짜기에서 일본군을 크게 물리친 전투야. 또 **청산리 전투**는 1920년 10월 21일부터 26일까지 만주 지린성에 있는 청산리를 비롯한 여러 지역에서 **김좌진** 장군이 이끄는 독립군과 홍범도 장군이 이끄는 독립군이 일본군과 여러 차례 격전을 벌여 큰 승리를 거둔 전투를 말해.

6 국산품 애용과 물산 장려 운동

상하이에 임시 정부가 세워지고 만주에서는 독립군이 조국을 위해 일본군과 치열한 전투를 벌이고 있을 때, 국내에서는 민족의 경제적인 힘을 키우자는 운동이 벌어지기도 했어. 어떤 운동이었을까?

민족 지도자 1: 우리 땅에서 나는 물건을 사용합시다!

민족 지도자 2: 조선 사람은 조선 것을 사용합시다!

1920년, 교육자이자 독립운동가였던 **조만식**은 **평양**에서 **조선 물산 장려회**라는 모임을 만들었어. 이 모임을 시작으로 1920년대에 한국에서 나거나 만든 물건을 사용하자는 운동이 본격적으로 시작되었지.

나라 밖에서 한국인들이 독립을 위해 외교 활동을 벌이거나 군대를 조직해 일본과 맞섰다면, 나라 안에서는 **경제적인 힘**을 키우기 위한 운동을 벌인 거야. 즉, 일본의 경제 침략에 맞서 **국산품**을 쓰며 민족 기업을 키우자는 운동이었는데, 이를 **물산 장려 운동**이라고 불러. 물산 장려 운동은 평양에 이어 인천, 서울 등 전국으로 퍼졌고, '남자는 양복이 아닌 무명이나 베 두루마기(남자 한복의 겉옷)를, 여자는 검정 물감을 들인 치마를 입는다', '설탕, 소금, 과일, 음료를 제외한 음식은 우리 땅에서 나는 것을 사 먹는다', '매일 쓰는 물건은 우리 땅에서 만들어진 것을 쓰되, 어쩔 수 없이 외국 제품을 쓰더라도 생활에 꼭 쓸모가 있는 물건만 써서 절약한다'와 같은 원칙들을 세워 지켜 나갔지.

하지만 이 운동은 일제의 방해와 일부 기업가들의 욕심 때문에 발전하지 못하고 사라지고 말아.

7 의열단과 한인 애국단

대한민국의 독립을 방해한 일본의 주요 인물이나 시설에 피해를 입히기 위해 자신의 목숨을 바친 독립운동가들이 있었어. 그들은 어떤 활동을 펼쳤으며, 일제에 어떤 피해를 주었을까?

의열단 단원: 우리는 일제의 관리나 친일파의 우두머리를 처단한다.

한인 애국단 단원: 우리는 대한 독립에 방해가 되는 일제의 주요 인물을 제거하지.

1920년 9월, **박재혁**이라는 26세의 한국인 청년이 **부산 경찰서** 안에서 **폭탄**을 던졌어. 많은 독립운동가들을 고문한 부산 경찰서장 하시모토를 암살하기 위해서였지. 박재혁이 던진 폭탄에 경찰서장은 큰 부상을 당했어. 박재혁은 사형 선고를 받고 형무소에 갇혀 있다가 심한 고

▶ 김구(왼쪽)와 윤봉길(오른쪽)

문을 이기지 못해 결국 목숨을 잃고 말았지.

일제 강점기에 박재혁과 같은 한국의 용감한 청년들이 있었어. 바로 **의열단**과 **한인 애국단**이라는 조직에서 활동한 젊은 독립운동가들이야. 이들은 일제의 높은 관리나 우리 민족에 해를 끼친 인물, 또는 일본의 첩자 노릇을 한 사람들을 비밀리에 죽이거나 일제의 주요 기관을 폭파하여 피해를 입혔어.

1921년 조선 총독부에 폭탄을 던진 **김익상**, 1924년 일본 궁성의 다리인 니주바시에 폭탄을 던진 **김지섭**, 1926년 한국 경제를 착취하기 위해 세워진 동양 척식 주식회사와 식산 은행에 폭탄을 던진 **나석주** 등이 의열단 단원들이었어. 1932년 일본 국왕을 향해 폭탄을 던진 **이봉창**과 상하이 홍커우 공원에서 일본 육군 대장을 향해 폭탄을 던진 **윤봉길** 등은 한인 애국단 단원들이었어. 이들은 조국의 독립을 위해 자신의 젊음과 목숨을 바친 인물들이었지.

8 일제의 민족 말살 정책

일제는 다른 나라와 전쟁을 치르기 위해 한반도로부터 인력과 물자를 수탈하는 것으로도 모자라, 한민족의 문화까지 송두리째 없애려고 했어. 일제는 어떤 방법으로 한민족의 문화를 짓밟으려 했을까?

> **일본 경찰**: 이제 한국인들은 조선어를 쓸 수 없다! 성과 이름을 모두 일본식으로 바꿔야 한다!

> **한국인들**: 일제로부터 우리 민족의 역사와 문화를 지켜야 돼!

일제는 1931년 만주 침략에 이어 1937년에는 중일 전쟁을 일으켰고, 1941년에는 미국을 상대로 태평양 전쟁을 일으켰어. 그 과정에서 한국을 자신들의 침략 전쟁을 위한 **병참 기지**, 즉 전쟁을 치르는 데 필요한 인력이나 물자를 공급하는 곳으로 만들었지.

　그들은 전쟁에 필요한 식량을 강제로 거둬들였고, 한국인들을 일본의 광산이나 공장, 비행장 등 군사 시설로 보내 일을 시켰어. 심지어는 어린 학생들을 병사로 훈련시켜 전쟁터로 보냈으며, 한국인 여성들을 끌고 가 **성 노예**로 만들기도 했어.

　그뿐 아니라 한민족 고유의 전통과 문화를 없애려는 **민족 말살 정책**까지 펼쳤어. 즉, 한국인들로 하여금 강제로 일본어만 사용하게 했으며, 한국인의 성과 이름을 일본식으로 바꾸는 **일본식 성명 강요**를 했고, 전국 곳곳에 신사를 지어 일본 조상과 공신들에게 억지로 참배하게 한 거야. 그러나 일제의 이런 만행에도 불구하고 한국 사람들은 한국 고유의 역사와 문화를 지켜 내기 위해 온갖 노력을 했지.

9 일본의 진주만 공격과 태평양 전쟁

독일, 이탈리아 등과 한편이 되어 제2차 세계 대전을 일으킨 일본은 하와이 진주만에 있는 미군의 함대를 공격했어. 이에 미국은 일본에 대한 전쟁을 선포하며 본격적으로 세계 대전에 뛰어들었지. 미국과 일본이 벌인 전쟁은 세계와 대한민국의 역사를 어떻게 바꾸었을까?

> **일본**: 우리가 인도차이나를 침략했다는 이유로 미국이 우리에게 석유 수출을 해 주지 않는다고? 그렇다면 미국과도 전쟁이다!

> **미국**: 일본이 감히 우리 미국과 전쟁을 벌이려 하다니…. 일본과의 전쟁을 선포한다!

제2차 세계 대전이 한창 벌어지고 있던 1941년 12월 7일 일요일 아침, 미국 태평양 함대의 해군 기지가 있는 하와이의 **진주만** 하늘 위로 비행기들이 새카맣게 날아들었어. 바로 일본군의 전투기였지.

두두두두! 쓩쓩! 슈우욱 쾅! 쾅쾅!

이윽고 일본 전투기와 폭격기가 정박 중이던 미군의 전함과 비행장에 줄지어 늘어선 비행기들을 향해 맹렬하게 폭격을 퍼부어 댔어. 전쟁을 시작하겠다는 뜻을 공식적으로 알리는 선전 포고도 없이 이루어진 **기습 공격**이었지. 여섯 척의 일본군 항공 모함에서 날아오른 일본의 전투기와 폭격기 360대는 그렇게 진주만에 무자비한 공격을 가했어.

진주만은 순식간에 아수라장이 되었어. 그 결과, 미군의 전함 열여덟 척과 비행장에 세워 둔 180대가 넘는 비행기가 파괴되었고, 수천 명의 미국 병사들이 폭격을 맞아 목숨을 잃었지.

"감히 우리 미국을 상대로 전쟁을 일으키다니…. 일본을 가만두어선 안 된다!"

일본의 진주만 기습 침략에 관한 소식을 들은 많은 미국인들 사이에서 **미국**도 전쟁에 나서야 한다는 의견이 높아졌어. 미국의 **루스벨트** 대통령은 일본이 진주만을 기습한 이날을 치욕의 날로 선포했고, 미국 하원 역시 압도적인 찬성표로 일본과의 전쟁 결의안을 통과시켰어. 이로써 미국은 일본과의 전쟁인 **태평양 전쟁**을 시작으로, 제2차 세계 대전에 본격적으로 뛰어들었지.

일본에 떨어진 원자 폭탄

일본군의 진주만 기습 공격을 시작으로 미국은 일본과 여러 차례 치열한 전투를 벌였어. 그리고 전쟁을 끝내기 위해 일본 땅에 원자 폭탄을 떨어뜨리기로 결정했지. 과연 일본은 미국과 연합군의 공격을 막아 낼 수 있었을까?

미국: 일본에게 원자 폭탄의 맛을 보여 줘야겠군!

일본: 으악, 항복하겠습니다!

진주만에서 일본에 기습 공격당한 미국은 일본을 향한 반격에 나섰어.

1942년 4월 18일, 미국은 일본의 수도인 도쿄를 B-25 폭격기로 공격했고, 1942년 6월 4일에는 하와이 북서쪽 미드웨이섬과 가까운 바다에서 전투를 벌여 일본 함대에 큰 피해를 주었어.

또한 1942년 8월부터 1943년 2월까지 남태평양 솔로몬 제도 중 하나인 과달카날섬과 그 주변에서 일본군과 치열한 전투를 벌인 끝에 승리한 미국은 전쟁에서 유리한 위치에 서게 되었지.

미국은 영국, 중국과 함께 일본에게 무조건 항복할 것을 여러 차례 요구했지만, 일본은 이를 받아들이지 않았어.

마침내 1945년 8월 6일과 8월 9일, 미국 폭격기 B-29가 태평양을 날아 일본 **히로시마**와 **나가사키**에 **원자 폭탄**을 떨어뜨렸어. 원자 폭탄이 터지며 거대한 버섯 모양의 구름이 생기더니, 이내 도시 전체가 폐허로 변했어. 그 결과, 히로시마에서는 7만 8,000여 명이 죽었고 1만여 명이 실종되었으며 3만 7,000여 명이 부상을 당했지. 게다가 8월 8일에는 소련도 일본을 공격하겠다는 선전 포고를 했어. 더 이상 버틸 수 없었던 일본 천황은 1945년 8월 15일, 미국·영국·중국·소련에 대한 전쟁을 멈추겠다고' 선언했어. **연합국**에 **무조건 항복**을 한 거야.

제2차 세계 대전의 결과

1936년 이탈리아, 독일, 일본은 국제 사회의 중심 국가가 되자며 서로 동맹을 맺었어. 그리고 1939년 9월에 독일이 폴란드를 공격하며 영국, 프랑스, 소련, 미국을 상대로 전쟁을 일으켰지. 이것이 제2차 세계 대전의 시작이었어. 그렇게 전쟁은 수천만 명의 희생자를 내고 1943년 9월 이탈리아의 항복, 1945년 5월 독일의 항복에 이어 1945년 8월 15일 일본의 항복으로 끝이 나게 돼. 연합국을 이루어 이들에 맞선 영국, 프랑스, 소련, 미국 등의 국가가 결국 승리를 거머쥔 것이지.

 일본의 패망과 대한민국 광복

원자 폭탄으로 인한 피해와 소련군의 선전 포고에 더 이상 버틸 수 없었던 일본은 결국 연합국에 항복했어. 이와 동시에 대한민국은 마침내 광복을 맞을 수 있었지. 광복 이후 대한민국의 역사는 또 어떻게 펼쳐질까?

연합국: 일본의 식민지 중 하나인 한국의 독립을 인정한다.

한국인들: 와! 드디어 해방이다! 대한 독립 만세!

1943년 11월 22일, 이집트의 **카이로**에서 **연합국**인 미국과 영국, 중국의 최고 통치자들이 만났어. 제2차 세계 대전이 끝나고 난 뒤의 일에 대해 의논하기 위해서였지. 이 모임에서는 여러 중요한 내용들을 다루었는데, 그중에는 **한국**의 **독립**을 돕는다는 내용도 포함돼 있었어.

1945년 7월 26일, 제2차 세계 대전이 막바지에 이르렀을 때 독일

▶ 광복을 맞이하여 거리로 나와 함께 기뻐하는 대한민국 사람들

　베를린의 **포츠담**에서 다시 연합국의 최고 통치자들이 만났어. 그들은 이 회담에서 '**카이로 선언**의 내용을 지켜 나갈 것이다'라고 선언함으로써 한국의 독립을 다시 한번 확인시켜 주었지.

　이처럼 연합국의 최고 통치자들이 회담에서 한국의 독립에 대해 이야기하고 약속한 것은 그동안 한국인들이 3·1 운동을 비롯해 독립을 위해 힘쓰고 일본에 맞서 싸워 온 것을 세계에 알렸던 덕분이야.

　결국 **1945년 8월 15일**, 일본이 연합국에 항복을 하겠다고 선언함과 동시에 일본군의 점령 아래 있던 아시아의 여러 민족이 해방의 기쁨을 누렸어. 35년 동안 일제의 지배를 받던 **대한민국**도 빼앗긴 땅과 주권을 되찾아 **광복**을 맞이할 수 있었지.

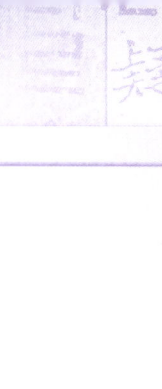

8

대한민국

1980년

1987년

5·18 민주화 운동

6월 민주 항쟁 /
대통령 직선제 실시

 미국과 소련의 신탁 통치

광복을 맞은 한반도는 38도선을 경계로 남쪽에는 미군, 북쪽에는 소련군이 머물렀어. 이때부터 미국과 소련은 한국을 대신 통치하게 되었는데, 그 이유는 무엇일까?

> **한국인 1:** 이제 대한민국은 국민이 스스로 주권을 행사할 수 있게 되었어. 만세! 만세!

> **한국인 2:** 뭐라고? 미군과 소련군이 한국을 대신 다스린다니…!

"일본이 항복한 뒤 한국에는 미군과 소련군이 머무르기로 한다."

1945년 2월, 크림반도의 얄타라는 곳에서 **미국·영국·소련**의 최고 통치자들이 모여 이와 같은 내용을 결정했어. 이 모임을 **얄타 회담**이라고 불러.

회담의 결정에 따라 한반도 남과 북의 중간쯤 되는 **북위 38도선**을 경계로 미국의 군대는 남쪽에, 소련의 군대는 북쪽에 머물며 각국의 군대 최고 지휘자인 사령관이 임시로 한국을 통치하는 군정을 실시했지.

그러던 1945년 12월, 미국·영국·소련의 외무 장관들이 소련의 수도 모스크바에 모여 제2차 세계 대전 이후의 문제를 처리하기 위해 **모스크바 3상 회의**를 열었는데, 한국에 대해서는 다음과 같은 결정을 내렸어.

'한국에 임시 정부를 세운다', '한국에 미·소 공동 위원회를 조직한다', '미국·영국·소련·중국 4개국이 스스로 나라를 다스릴 능력이 부족한 한국을 5년간 대신 통치한다'.

이에 따라 미국과 소련은 한국에 자신들의 군대를 머무르게 함으로써 **신탁 통치**를 하게 된 거야.

2 대한민국 정부 수립과 남북 분단

한반도에 대한 신탁 통치가 결정됨에 따라 남쪽에는 민주주의와 자본주의를 따르는 미국이, 북쪽에는 사회주의와 공산주의를 따르는 소련이 각각 자리를 잡았어. 이들은 남한과 북한에 어떤 영향을 미치게 될까?

> **한국인 1(자본주의자)**: 우리는 신탁 통치에 반대한다!
> 우리의 정치적 운명을 스스로 결정할 것이다!

> **한국인 2(사회주의자)**: 우리는 신탁 통치에 찬성한다!
> 연합국의 도움을 받아야 한다!

 한국의 국민들 가운데 미국처럼 **민주주의·자본주의**를 따르는 사람들은 신탁 통치에 반대했고, 소련처럼 **사회주의·공산주의**를 따르는 사람들은 신탁 통치에 찬성하며 서로 맞섰어. 이에 국제 연합은 총회를 열어 인구 비례에 따라 남북한 **총선거**를 실시하도록 결정했어. 하지만

▶ 대한민국 정부 수립 축하 기념식

한반도 북쪽에 따로 공산주의 정권을 세우려 했던 소련과 공산주의에 찬성하는 사람들은 이를 반대했지.

결국 국제 연합은 남한에만 따로 정부를 세우게 했고, 1948년 5월 10일 남한에서 총선거가 실시되었어. 이렇게 뽑힌 국회의원들이 **국회**를 이루고, 국가의 최고 법규인 **헌법**을 만들어 정한 다음 이를 7월 17일에 널리 알렸어. 7월 20일에는 국회에서 선거를 통해 **이승만**을 초대 대통령으로 뽑았지.

그리하여 1948년 8월 15일, 이승만 대통령은 **민주 공화국**인 **대한민국**의 **정부 수립**을 선포했어. 한편, 북한에는 **김일성**을 우두머리로 하는 **공산주의 정권**이 들어섰지. 남한과 북한이 갈라져 결국 각각의 정부를 세운 거야.

한국 전쟁을 일으킨 북한

1950년 6월 25일, 소련의 도움으로 군사력을 키운 북한은 기습적으로 남한을 침략했어. 같은 민족끼리 서로 총부리를 겨누는 비참한 전쟁이 벌어진 순간이었지. 북한은 왜 전쟁을 일으킨 걸까?

김일성: 남한을 침략해 한반도 전체를 공산주의 국가로 만들어야지. 6월 25일 새벽을 틈타 기습 공격이다!

이승만: 북한군이 38선을 넘어 남한을 침략했다고? 같은 민족끼리 전쟁을 벌이다니!

제2차 세계 대전 때, 같은 연합국에 속했던 미국과 소련은 전쟁이 끝난 뒤 각각 자본주의 국가와 공산주의 국가의 대표로서 서로 맞서게 되었어.

이에 따라 소련은 동유럽의 여러 나라들을 공산주의 국가로 만들었는데, 북한을 앞세워 한반도 역시 공산주의 국가로 만들려고 했지.

이렇게 미국과 소련을 중심으로 한 자본주의와 공산주의의 대립을 **냉전**이라고 불러. 무기와 병사를 앞세워 실제 전쟁을 벌인 것은 아니었지만 외교와 경제, 정보 등과 관련하여 전쟁 못지않게 서로 강력히 맞섰다는 뜻이야.

"남한 침략을 소련과 중국에게 인정받고 도움을 요청해야겠다!"

북한의 **김일성**은 소련의 지도자 스탈린에게 남한 침략을 인정받고, 중국의 지도자 마오쩌둥으로부터는 이에 대한 도움을 약속받았어. 그렇게 북한은 남한을 침략할 기회를 엿보다 1950년 6월 25일 새벽, 38선을 넘어 **남한**을 기습적으로 **침략**하기에 이르렀지. 이를 **한국 전쟁**, 또는 6월 25일에 일어난 전쟁이어서 **6·25 전쟁**이라 불러.

▶ 한국 전쟁으로 폐허가 된 남한의 도시

4 인천 상륙 작전으로 전세가 역전되다

한국 전쟁 초반에는 북한군이 곧 남한을 점령할 듯 기세를 떨쳤지만, 유엔군의 참전과 대한민국 국군의 활약으로 전세가 바뀌기 시작해. 과연 한국 전쟁은 어떤 결말을 맺게 될까?

북한군: 유엔군이 인천에 상륙했다고? 후퇴하라!

국군과 유엔군: 북한군을 한반도 밖으로 몰아내자!

1950년 6월 25일 일요일 새벽 4시경, 10만 명의 북한군이 탱크와 기관 단총을 앞세워 기습적으로 공격해 오자 남한의 군대와 국민들은 크게 당황했어.

결국 북한군은 3일 만에 서울을 점령했고, 국제 연합에서는 위험에 빠진 대한민국을 도와주기 위해 남한으로 **유엔(UN)군**을 보냈어.

　북한군이 맹렬한 기세를 떨치며 남쪽으로 계속 밀고 내려오자, 유엔군 총사령관인 **맥아더** 장군의 지휘 아래 대규모 유엔군이 인천 지역에 상륙하여 북한군의 뒤쪽을 공격하는 **인천 상륙 작전**을 펼쳤어. 이로 인해 전쟁의 기세가 바뀌면서 국군과 유엔군은 9월 28일에 서울을 되찾았고, 38선을 넘어 북으로까지 나아갔어. 하지만 중국 공산당이 엄청난 규모의 **중공군**을 보내 북한을 도와주자, 다시 국군·유엔군과 북한군·중공군 사이의 밀고 밀리는 전투가 계속됐지. 그러다 1953년 7월 27일, 유엔군과 공산군(북한군·중공군)은 **판문점**에서 **휴전 협정**, 즉 전쟁을 멈추자는 약속을 맺었어.

　그 결과 한반도 가운데를 가로지르는 군사 경계선인 **휴전선**이 생겨났고, 그때부터 한반도는 지금까지도 남한과 북한으로 갈라져 있어.

5 4·19 혁명을 불러일으킨 3·15 부정 선거

이승만과 자유당 정권은 불법으로 권력을 이어 나가려다 결국 부정 선거를 저지르고 말았어. 이에 국민들은 이승만과 자유당 정권을 반대하고자 거리로 뛰쳐나왔는데, 과연 국민들의 바람은 이루어졌을까?

> **대한민국 국민들**: 엉터리 선거다! 우리는 정부를 믿을 수 없다!

> **자유당 정권**: 시민들이 정부를 반대하는 행진을 벌인다고? 무슨 수를 써서든 막아라!

대한민국의 초대 대통령이었던 **이승만**은 제2대와 제3대 대통령까지 지내며 그 자리를 이어 갔어. 경찰 등을 동원하거나 헌법을 어겨 가며 강제로 권력을 잡았던 거야.

그러던 **1960년 3월 15일**, 제4대 대통령과 부통령을 뽑는 선거가 치

▶ 국립 4·19 민주 묘지에 있는 4월 학생 혁명 기념탑

러졌어. 그런데 당시 이승만 대통령이 속했던 **자유당**은 부통령 선거에서 승리하기 위해 투표함을 바꿔치기하거나 개표, 즉 투표함을 열어 본 결과를 거짓으로 꾸미는 등 **부정 선거**를 저지르고 말았지.

그 후 자유당의 이승만·이기붕 후보가 무려 80퍼센트가 넘는 비율의 표를 얻어 각각 대통령과 부통령으로 당선되었다는 결과가 발표되었고, 1960년 4월 19일 국민들은 이에 반발하며 거리 행진을 벌였어.

이렇게 학생과 시민들이 자유당 정권의 부정과 독재에 반대하고 나선 것을 **4·19 혁명**이라고 해. 이로 인해 결국 이승만 대통령은 자리에서 물러났고, 자유당 정권은 무너지고 말았지.

5·16 군사 정변과 군사 정권

이승만 정권이 무너진 뒤 사회 곳곳이 혼란에 빠졌어. 이 틈을 타 일부 군인들은 군사적인 힘을 앞세워 권력을 손에 넣고 대한민국을 다스리려 했어. 이들은 대한민국의 앞날에 어떤 영향을 미칠까?

박정희: 사회가 너무 혼란스럽군. 누군가가 나서서 바로잡아야 할 텐데….

박정희 후배 군인: 아무래도 또 한 번 혁명이 일어나야 할 것 같습니다.

1960년 9월, 육군 소장 **박정희** 등 육군 사관 학교 출신 군인들 중 몇몇이 모여 이야기를 나누었어.

이승만 정권이 무너진 뒤, 대한민국의 정치는 국회의원의 수가 많은 정당이 행정부를 이루어 나라를 이끌어 가는 **내각 책임제**로 바뀌었어.

이에 따라 **민주당**이 권력을 쥐게 되었지. 하지만 국민들은 자신의 권리만을 찾으려 노동조합을 조직하는 등 걸핏하면 여기저기서 시위를 벌였어. 이처럼 사회 곳곳에서 크고 작은 혼란이 계속되었지만, 정부는 이를 제대로 막아 내지 못했어.

결국 박정희를 포함한 몇몇 군인들은 군사적인 힘을 앞세워 정부를 무너뜨릴 계획을 세웠어. 1961년 5월 16일 새벽, 이들은 250여 명의 장교와 3,500명이 넘는 군사를 이끌고 서울의 주요 기관을 점령한 뒤 권력을 손에 넣었지. 이를 **5·16 군사 정변**이라고 해. 군사 정변을 일으켜 권력을 차지한 박정희 등 일부 군인 세력은 자기들 마음대로 통치 기관을 만들고 정부를 대신하여 대한민국을 다스렸는데, 이를 **군사 정권**이라고 불러.

경제 개발로 국민을 풍요롭게

군사 정변을 일으킨 박정희는 결국 대통령 선거에 당선되어 새 대통령이 되었어. 박정희 정부는 대한민국의 경제를 발전시키기 위해 많은 노력을 기울였지. 이후 대한민국은 어떻게 변화되었을까?

> **박정희:** 경제를 살려 가난을 몰아내면 국민들도 우리 정권을 인정해 주겠지? 그래, 경제 개발 정책을 시행해서 잘사는 나라를 만드는 거야!

군사 정권은 헌법을 바꾸어 다시 **대통령제**를 실시하기로 했어. 그리하여 민주 공화당이라는 정당을 만든 **박정희**는 1963년 10월 대통령 선거에 나가 당선되었고, 결국 12월 17일에 대한민국의 **제5대 대통령**이 되었지.

박정희 정부는 가난을 몰아내고 국민들을 잘살게 만들어야 한다는

▶ 《새마을》 잡지의 표지

목표 아래 **경제 개발**을 이루기 위해 애썼어. 그리하여 전력, 철강, 석유 등 경제 발전의 기초가 되는 산업을 키우고 도로와 항만, 철도, 통신, 전력 등 사회적으로 두루 관계되는 시설들을 적극적으로 개발했지. 또한 발전소, 제철소, 공업 단지를 건설하고 금융 기관을 세워 자본을 늘리는 데도 힘썼어.

'우리 대한민국처럼 천연자원이 부족한 나라는 **수출**만이 살길이다!'

이렇게 생각한 박정희는 물건을 만들어 다른 나라에 팔아 외국으로부터 돈을 벌어들이는 데도 적극 나섰어.

1971년부터는 농촌을 개발하기 위해 **새마을 운동**을 시행하기도 했어. 이에 따라 '근면', '자조', '협동'을 기본 정신으로 하여 농촌의 허름한 주택을 고치고, 마을 길을 넓히고, 하천을 정비하는 등 여러 가지 **농촌 개발 사업**을 벌여 큰 성과를 거두었지.

 독재의 뿌리가 된 유신 헌법

박정희는 대통령을 국민들이 직접 뽑는 것이 아니라 기관을 통해 간접적으로 뽑는 것으로 헌법을 바꾸면서 오랜 기간 권력을 휘둘렀어. 그러던 어느 날 박정희 정권은 한순간에 무너지고 마는데, 어떤 사건 때문이었을까?

> **박정희 정권 부하들:** 국가의 경제 발전을 위해 각하께서 좀 더 나라를 이끌어 가셔야 합니다.

> **박정희:** 당신들의 생각이 정 그렇다면….

1967년, 제5대에 이어 제6대 대통령에까지 당선된 박정희는 지난 이승만 정권이 그랬던 것처럼 **장기 집권**을 꿈꾸며 오랫동안 권력을 잡기를 희망했어.

1971년, 박정희는 야당의 김대중 대표를 누르고 또다시 대통령에 당선되었어. 하지만 1972년 10월 17일, 권력을 계속 이어 가기 위해

10월 유신이라는 이름으로 **국회**를 **해산**하고 헌법을 다시 고쳤어. 주요 내용은 대통령의 지위와 권한을 키우고, 대통령 선거도 국민들이 직접 뽑는 것이 아닌 '통일주체국민회의'라는 기관을 통해 간접적으로 뽑는다는 것이었지. 이렇게 만들어진 헌법을 **유신 헌법**이라고 해.

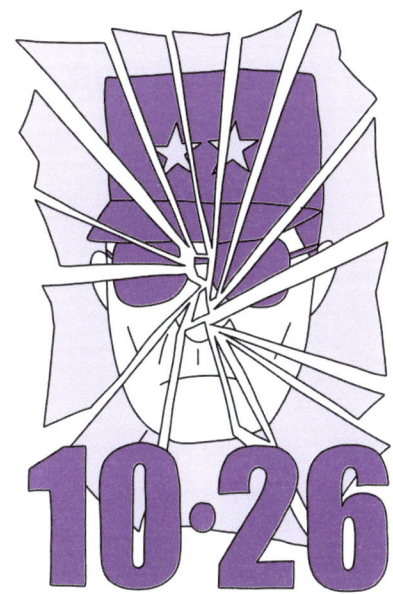

1972년 12월 23일 통일주체국민회의는 박정희를 다시 대통령으로 뽑았고, 결국 그는 제8대 대통령이 되었어. 자신의 장기 집권에 반대하던 언론 및 정치인들, 국민들을 힘으로 억눌렀지. 박정희 대통령과 유신 정권은 그로부터 약 7년 가까이 권력을 이어 갔는데, 1979년 **10월 26일** 박정희가 그의 부하 직원인 중앙정보부장 김재규가 쏜 총에 맞아 서거하면서 그와 그의 정권은 순식간에 무너져 버리고 말아.

신군부와 5·18 민주화 운동

박정희 정권이 무너진 뒤에도 일부 군인들이 또다시 반란을 일으켜 권력을 잡았어. 진정한 민주주의를 바라던 대한민국의 수많은 국민들은 큰 실망에 빠졌고, 이에 광주에서는 학생과 시민들이 민주화를 외치며 들고일어났지. 그들의 열망은 실현될 수 있었을까?

> **대한민국 국민들:** 드디어 유신 정권이 막을 내렸다! 이제 민주주의가 꽃을 피우겠구나!

> **전두환과 하나회 군인들:** 이럴 때 군인들이 다시 나라의 질서를 잡아야 돼! 흐흐!

20년 가까이 이어져 온 박정희 정권의 장기 집권이 막을 내리자, 국민들은 민주주의를 향한 새로운 희망을 품었어. 그러나 희망도 잠시, 다시 일부 군인들이 권력을 손에 넣고 휘두르기 시작했지. 그들은 바로

전두환, 노태우 등 군대 안에서 하나회라는 조직을 만들어 세력을 키우던 사람들이었어.

전두환은 정부 주요 기관을 점령하고 권력을 움켜쥐었어. 이렇게 전두환과 하나회를 중심으로 하는 일부 군인 세력, 즉 **신군부**가 1979년 12월 12일에 반란을 일으켜 국가 권력을 손에 넣은 사건을 **12·12 사태**라고 해.

또다시 군인들이 정변을 일으켜 권력을 잡자, 민주주의를 간절히 바라던 학생들과 시민들은 이들에 강하게 반발했어. 그러던 1980년 5월 18일, **전라남도 광주**에서 민주화를 부르짖던 수많은 학생들과 시민들이 신군부가 보낸 군인들에 의해 처참하게 희생당하는 사건이 일어났어. 이를 **5·18 민주화 운동**이라고 불러.

10 6월 민주 항쟁의 불꽃, 독재를 몰아내다

전두환이 대통령 선거에서 당선되자, 대학생과 시민들은 전두환 정권에 맞서며 민주화 운동을 벌였어. 또한 국민들이 직접 대통령을 뽑아야 한다고 소리 높여 외쳤지. 과연 대한민국은 민주화를 이루었을까?

> **대한민국 국민들**: 전두환 정권은 물러가라!
> 독재 정권을 무너뜨리자!

> **노태우**: 민주화 운동의 분위기가 심상치 않군.
> 어쩔 수 없이 대통령 선거를 직선제로 바꿔야겠어.

    1980년 8월 16일, 박정희의 뒤를 이어 대통령이 되었던 최규하가 대통령 자리에 물러났어. 그러자 **전두환**이 통일주체국민회의 선거에서 유일한 대통령 후보로 나와 당선되는 사태가 벌어졌어. 그는 이렇게 대한민국 **제11대 대통령**이 되었고, 이후 **제12대 대통령**에까지 당선되었지.

그러자 국민들은 거리로 나와 국민들이 직접 선거를 통해 대통령을 뽑는 **직선제**로 바꿀 것을 요구했어. 그러던 중 1987년 1월에 대학생 **박종철**이, 6월에는 **이한열**이 각각 경찰의 고문과 전경이 던진 최루탄에 맞아 사망하는 사건이 일어났어. 이에 분노한 수많은 국민들은 거리로 나가 외쳤어.

"호헌 철폐! 독재 타도!"

이렇게 1987년 6월 10일 전두환 정권에 맞서 벌어진 **민주화 운동**을 **6월 민주 항쟁**이라 불러. 민주 항쟁의 물결이 거세지자, 1987년 6월 29일 정부 여당의 **노태우** 대통령 후보는 직선제를 수용하겠다고 선언했어. 그리고 대통령 재임 기간은 5년으로 하고, 한번 대통령직을 맡았으면 다시는 대통령이 될 수 없는 **단임제**를 내용으로 하는 헌법이 새로 만들어졌지. 그리하여 그해 12월 16일, 직접 선거를 통해 민정당의 노태우 대통령이 제13대 대통령에 당선되었어.

호헌 철폐와 독재 타도

'호헌 철폐'는 헌법을 보호하고 지키는 일을 거둬들이라는 말이야. 당시 헌법은 군사 정권이 계속 이어질 수 있는 바탕이 되었거든. 한편, '독재 타도'는 독재, 즉 어떤 개인이나 집단이 모든 권력을 쥐고 국가와 국민을 마음대로 다스리는 것을 무너뜨리자는 뜻이지.

세계 속의 대한민국

민주화 운동 이후 대한민국은 평화적인 정권 교체를 바탕으로 민주주의가 크게 발달하기 시작했어. 또 눈부신 발전과 동시에 세계에 우수한 문화를 널리 알렸지. 대한민국의 역사는 앞으로 또 어떻게 펼쳐질까?

> **외국인 1:** 대한민국은 전쟁의 아픔을 딛고 눈부신 경제 발전을 이룬 대단한 나라입니다!

> **외국인 2:** 아시아에서는 민주주의의 모범 국가이지요! 또 한국의 문화는 세계인이 반할 정도로 훌륭합니다!

대한민국의 제14대 대통령은 여당인 민주자유당의 **김영삼** 후보가, 제15대 대통령은 당시 야당이었던 새정치국민회의의 **김대중** 후보가, 그리고 제16대 대통령은 여당인 새천년민주당의 **노무현** 후보가 당선되면서 대한민국을 이끌었어. 또 제17대 대통령은 야당인 한나라당의

이명박 후보, 제18대 대통령은 여당인 새누리당의 **박근혜** 후보, 제19대 대통령은 야당인 더불어민주당의 **문재인** 후보, 제20대 대통령은 야당인 국민의힘 **윤석열** 후보가 당선되었지. 이렇게 네 차례의 **정권 교체**가 이루어지며 대한민국은 아시아에서 **민주주의**가 가장 발달한 **모범 국가**로 손꼽히게 되었어.

또한 한국 전쟁의 아픔을 딛고 **한강의 기적**이라 일컬어질 정도로 경제 발전을 이룬 데 이어 1988년에는 서울에서 **올림픽**을 개최하며 세계에 대한민국의 발전을 널리 알렸고, 1996년에는 경제협력개발기구(OECD)의 회원국이 되었어. 2002년에 열린 **한일 월드컵 축구 대회**를 통해서는 대한민국 국가 대표 팀의 성적뿐 아니라 국민들의 질서 의식, 그리고 우수한 기술과 상품으로 전 세계를 깜짝 놀라게 했지.

2020년부터는 경제와 기술, 문화 등 여러 분야에 걸쳐 주목과 인정을 받으며 당당하게 선 대한민국은 국제 사회에 좋은 영향을 끼치며 계속해서 발전하고 있어.

찾아보기

ㄱ

가야 70, 72, 86, 87, 88, 94, 118, 119
가족 공동묘 62, 63
간석기 18, 33, 35
갑신정변 263, 321, 323
강감찬 202, 203, 204
강동 6주 201
강화도 조약 319
개로왕 106, 107, 108
거북선 281
견훤 170, 172, 173, 174, 175, 180, 181, 182, 183, 184, 185
결혼 정책 189
경국대전 264, 265, 266
경대승 217
경문왕 166, 167, 168
경순왕 181, 184, 185
경술국치 341
경애왕 180, 181, 182
계백 144, 145
계유정난 261, 263, 264, 274
고국원왕 95, 99
고국천왕 82, 83
고려 45, 178, 179, 180, 182, 183, 184, 185, 188, 189, 190, 191, 192, 194, 195, 197, 198, 199, 200, 201, 202, 203, 204, 205, 206, 207, 208, 209, 210, 211, 212, 213, 214, 215, 216, 218, 219, 220, 221, 222, 223, 224, 226, 227, 228, 229, 230, 231, 232, 233, 234, 235, 238, 240, 242, 243, 246, 259
고이왕 89, 90, 116
고인돌 39, 41
고조선 45, 46, 47, 48, 49, 50, 51, 52, 53, 55, 56, 57, 58, 60, 66
고종 314, 315, 318, 319, 322, 329, 330, 331, 332, 333, 334, 335, 336, 337, 346
고창 전투 182, 183
곧선사람 20, 21
골품 제도 134, 135
공민왕 222, 223, 224, 225, 227, 229
공복 제도 89, 90
공산 전투 182, 183
공양왕 235, 247
과거 제도 194, 195, 196, 215, 229
관산성 전투 122
관창 145
광개토 대왕 99, 100, 101, 102, 116
광개토 대왕릉비 75, 81, 100
광종 194, 195, 196, 215
광해군 283, 284, 285, 286, 287, 294, 297
교정도감 216, 217
구석기 18, 19, 20, 21, 22, 23, 24, 25, 26
구식 군대 321
구형왕 119

국권 피탈 340, 341
국내성 79, 81, 102, 103
국사(역사책) 129
국자감 197, 199
국채 보상 운동 336, 337
국학(교육 기관) 159
군사 정권 380, 381, 382, 389
군역 302, 303
군포 302, 303
궁예 170, 171, 172, 173, 175, 178, 179, 188
권문세족 225, 228, 229
귀주 대첩 202, 204
규장각 304, 305, 306
균역법 302, 303
균역청 303
근초고왕 94, 95, 99, 116
금관가야 72, 87, 118, 119, 139
기벌포 151
김부식 212, 213, 214
김수로 70, 72, 88
김옥균 323
김유신 137, 138, 139, 144, 145
김육 293, 294, 295
김익상 359
김일성 373, 374, 375
김정호 311
김정희 311
김종서 261, 262
김좌진 355
김지섭 359
김춘추 137, 138, 139, 146

ㄴ

나가사키 365
나당 전쟁 150, 151
나석주 359
나제 동맹 104, 105
난중일기 281
남부여 121
남인 296, 297
남진 정책 103
냉전 375
노국 대장 공주 224, 225
노비안검법 194, 196
노태우 387, 388, 389
농경 26, 28, 47
농본민생 242, 243
농사직설 259
누르하치 285, 287
눌지왕 105

ㄷ

단군왕검 44, 45
단종 261, 262, 263
당나라 136, 137, 140, 142,
    143, 144, 145, 146,
    147, 150, 151, 152,
    153, 154, 155, 156,
    160, 161, 162, 164,
    165, 169, 200
대가야 87, 118, 119, 129
대동법 293, 294, 295, 298
대마도 259
대조영 154, 155, 156, 160
대통령제 382
대한 제국 329, 332, 333,
    334, 335, 336, 337,
    338, 339, 340, 341

대한민국 임시 정부 351, 353
데릴사위 60, 61
도림 107, 108
도방 216, 217
도산서원 268, 269
도요토미 히데요시 275, 276,
    282
독립 선언문 345, 346
독립 협회 332
독립신문 332
독서삼품과 157, 159
동맹(풍습) 60, 61
동명성왕 72, 75, 76, 77
동모산 155, 156, 162
동부여 71, 73, 74, 76, 79,
    100
동북 9성 209
동예 64, 65
동학 324, 325
동학 농민 운동 324, 325, 327
뗀석기 18, 19, 25

ㄹ

루스벨트 363

ㅁ

마립간 84, 85, 98, 112
마한 54, 65, 66, 67, 90, 94
만국 평화 회의 336, 337
만장일치 제도 125
말갈족 154, 155, 156
매소성 151
맥아더 377
명나라 222, 223, 228, 230,
    231, 232, 238, 239,
    243, 275, 276, 283,

284, 285, 286, 287, 288
명량 해전 282
명성 황후 318, 319, 321, 322,
    327, 328, 329, 330, 331
명종 268, 269
모스크바 3상 회의 371
목축 26, 28
묘청의 난 210, 212
무령왕 109, 110, 111
무령왕릉 111
무신 정권 213, 215, 221, 229
무왕(백제) 126, 127
무왕(발해) 160, 161
무제 56
문무 대왕릉 153
문무왕 150, 152, 153
문왕 160, 161, 176, 177
문주왕 106, 107
물산 장려 운동 356, 357
미륵사 127
미천왕 92, 93
민며느리제 62, 63
민족 말살 정책 360, 361
민족 자결주의 344, 345
민주 공화제 353

ㅂ

박술희 191, 192
박영효 323
박은 254, 255
박새혁 358, 359
박정희 380, 381, 382, 383,
    384, 385, 386, 388
박제가 311
박지원 311
박혁거세 70, 71, 84

반구대 암각화 38
반굴 145
반달 돌칼 37, 38
반원·자주 정책 222, 223, 224
발해 154, 156, 160, 161, 162, 174, 176, 177, 190
백제관 95
법흥왕 98, 116, 117, 118, 119, 120
벼농사 36, 37, 39, 87
벽란도 205, 206, 207
변한 65, 66, 67, 87
별기군 321
별무반 208, 209
병인양요 316, 317
병자호란 263, 288, 289, 290, 291, 311
보장왕 141, 147
봉림 대군 291
봉오동 전투 354, 355
부산포 해전 282
부자 상속제 83, 95
부정 선거 378, 379
북벌 정책 290, 291, 292
북진 정책 188, 190
불교 96, 97, 98, 118, 121, 129, 193, 197, 198, 207, 243
붕당 272, 274, 275, 301
비류 75, 76, 77, 78
비유왕 104, 105
비파형동검 48, 49
빗살무늬 토기 29, 30, 31

ㅅ
사대교린 242, 243

사도 세자 307, 308, 309
사림파 272, 274
사병제 249
사비 120, 121, 122, 127, 144, 145
사직 241, 244, 245
사출도 58, 59
살리타 219, 220, 221
살수 대첩 132, 133
삼국사기 60, 72, 75, 107, 109, 212
삼국유사 45, 72, 88, 127, 135, 167
삼별초 220, 221
삼전도의 굴욕 289
삼한 66, 67, 87
상평창 197, 199
상평통보 298, 299
새마을 운동 383
서광범 323
서대문 형무소 350
서동요 126
서라벌 71, 84, 85, 86
서인 271, 272, 273, 274, 286, 296, 297
서희 200, 201, 202
석가모니 96, 97
석기 16, 18, 38
선덕 여왕 135, 136, 137, 138, 139, 168
선사 16, 17, 18, 38
선조 270, 271, 272, 273, 275, 277, 283, 286
선화 공주 126, 127
성균관 225, 229, 230, 269, 300

성리학 225, 228, 229, 230, 268, 269, 272, 274, 310, 311
성왕 120, 121, 122
성종(고려) 197, 198, 199, 200
성종(조선) 265, 266, 267, 274
세도 정치 312, 313, 314, 315
세속 오계 125
세조 261, 263, 264, 265, 274
세종 254, 255, 256, 257, 258, 259, 260, 261, 262, 265, 306
세형동검 48, 49
소도 67
소서노 75, 76, 77, 78
소손녕 200, 201
소수림왕 96, 97, 100, 116
소현 세자 291
쇄국 정책 316, 317
수나라 130, 131, 132, 133, 142
수신사 319, 320
수양 대군 261, 262, 263
숙종(고려) 208, 209
숙종(조선) 295, 296, 297, 298, 299, 300, 301
순조 312, 313
숭유억불 242, 243
승정원 252
시무 10조 168
시무 28조 198
신검 184, 185
신권 정치 247
신덕 왕후 248, 249, 250

신돈 224, 225, 229
신문고 253
신미양요 316, 317
신사 유람단 318, 320
신사임당 271
신석기 18, 26, 28, 29, 30, 31, 32, 33, 36, 38, 40
신석기 혁명 28
신진 사대부 225, 228, 229, 230, 234, 235
신탁 통치 370, 371, 372
신흥 무인 세력 226, 229, 230, 234
실학 310, 311
쌍기 194, 195
씨족 사회 32, 33

ㅇ

아관파천 330
아우내 장터 348, 349, 350
안동 김씨 312, 313, 314, 315
안시성 142
안압지 153
안중근 338, 339
얄타 회담 370
양만춘 142, 143
어영청 291
여진족 200, 201, 208, 209, 218, 227, 283, 285
연개소문 140, 141, 142, 143, 146, 147
연나라 50, 51, 52
연등회 193, 207
연맹 왕국 58, 61
연산군 266, 267
영고 58, 59

영류왕 140, 141, 142
영선사 320
영양왕 132, 140
영조 300, 301, 302, 303, 304, 309, 312
옥저 62, 63, 64, 65
온조 75, 76, 77, 78
왕건 178, 179, 180, 182, 183, 184, 185, 188, 189, 191, 192
왕권 정치 247
요나라 200, 201, 202, 203, 204, 205
요동 93, 100, 150, 231, 232, 233
우거왕 55, 57
우경법 113
우금치 326
우산국 113, 114, 115
우왕 227, 231, 232, 235
우중문 133
움집 30, 32, 33
웅진 106, 107, 110, 120, 121, 145
원나라 222, 223, 224, 225, 227, 228, 230, 231, 232
원성왕 157, 159, 163
원자 폭탄 364, 365, 366
위례성 76, 77, 78, 107, 108, 121
위만 52, 53, 54, 55
위만 조선 44, 52, 53
위화도 회군 231, 233
유관순 348, 349, 350
유리왕 79, 80, 82
유신 헌법 384, 385

유엔(UN)군 376, 377
유형원 311
육조 직계제 252
윤관 208, 209
윤봉길 359
을미사변 328
을사조약(을사늑약) 334, 335, 336, 337, 338
을지문덕 131, 132, 133
을파소 82, 83
의금부 252
의병 278
의열단 358, 359
의자왕 137, 144, 145, 146
의정부 251, 252, 257
의종 214, 215
의창 199
이동 생활 22, 23
이방원 235, 246, 247, 248, 249, 250, 251
이봉창 359
이사금 84, 85
이사부 113, 114, 115, 119
이상설 336
이성계 44, 226, 227, 230, 231, 232, 233, 234, 235, 238, 239, 240, 241, 242, 246, 247, 248, 249, 250
이순신 278, 279, 280, 281, 282
이승만 373, 374, 378, 379, 380, 384
이위종 336, 337
이이 270, 271, 274, 295
이익 311

이자겸의 난 211
이준 336
이차돈 98
이토 히로부미 334, 335, 338, 339
이황 268, 269, 270, 271, 274
인조 287, 289, 290, 291, 294, 297, 299, 303
인조반정 286, 287
인종(고려) 210, 211, 212, 214
인천 상륙 작전 376, 377
일본식 성명 강요 361
임오군란 321, 322, 323
임진왜란 263, 275, 276, 278, 279, 281, 282, 283, 285, 286, 311

ㅈ

장보고 163, 164, 165
장수왕 102, 103, 104, 106, 107, 108, 116
장영실 260
전두환 386, 387, 388, 389
전봉준 324, 325, 326
정도전 228, 229, 230, 234, 235, 240, 241, 242, 246, 247, 248, 249, 250
정몽주 228, 229, 230, 234, 235, 247
정묘호란 286, 287, 288, 289
정약용 306, 311
정조 304, 305, 306, 307, 308, 309, 312
정종 250, 251
정중부 213, 214, 215, 217

정착 생활 26, 28, 29, 32
정혜 공주 176, 177
정효 공주 176, 177
제1차 세계 대전 344, 345
제1차 왕자의 난 250
제2차 세계 대전 362, 363, 365, 366, 371, 374
제2차 왕자의 난 250
제너럴셔먼호 317
조만식 356
조선 물산 장려회 356
족외혼 65
졸본 60, 61, 72, 73, 75, 79, 80, 81
졸본 부여 72, 74, 75
종묘 241, 244, 245
주먹 도끼 19, 20, 21, 25
주몽 60, 70, 71, 72, 73, 74, 75
준왕 52, 53, 54
중계 무역 55, 56, 165
중방 216, 217
지증왕 112, 113, 114
진대법 82, 83
진덕 여왕 135, 168
진성 여왕 168, 169, 170, 172
진주 대첩 278, 279
진한 65, 66, 67
진흥왕 116, 117, 119, 122, 123, 124, 128, 129
진흥왕 순수비 129
집현전 254, 255, 259, 306

ㅊ

차차웅 84, 85

창왕 235
책화 65
처인성 전투 220, 221
척준경 211
척화비 316, 317
천주교 317, 325
철기 16, 18, 50, 87
첨성대 137
청나라 288, 289, 290, 291, 318, 320, 322, 323, 327, 329, 334
청동 검 41, 49
청동기 16, 18, 34, 35, 36, 37, 38, 39, 40, 41, 44, 46, 48, 50
청산리 전투 354, 355
청해진 163, 164, 165
초계문신 304, 306
최무선 227
최승로 197, 198
최영 226, 227, 231, 232, 234
최제우 325
최충헌 217
최치원 168, 169
칠지도 95
침류왕 97
칭기즈 칸 218, 222

ㅋ

카이로 선언 367
쿠빌라이 222

ㅌ

탑골 공원 346
탕평책 300, 301
태종(당나라) 136, 137,

142, 143
태종(조선) 251, 252, 253, 254, 258, 259, 265
태평양 전쟁 360, 362, 363

ㅍ
팔관회 193, 205, 206, 207
포석정 180, 181
포츠담 367
풍양 조씨 313, 314, 315

ㅎ
하멜 292
한강 77, 78, 122, 129, 241, 308
한강의 기적 391
한국 전쟁(6·25 전쟁) 374, 375, 376, 391
한나라 52, 53, 55, 56, 57, 58
한사군 57, 93
한산도 대첩 278, 279, 281
한양 240, 241, 244, 277, 278, 322, 323
한인 애국단 358, 359
한일 병합 조약 340, 341
한일 의정서 334, 335
해동성국 160, 161, 162
행주 대첩 278, 279
헤이그 특사 336
혜경궁 홍씨 307, 308
호모 사피엔스 21, 24
호족 183, 188, 189, 190, 194, 195, 196
호패법 253
홍건적 226, 227
홍대용 311

홍범도 355
홍타이지 287, 288
화랑 119, 123, 124, 125, 129, 138, 139, 145, 167
화백 123, 124, 125, 136
화성 307, 308, 309
화통도감 227
환국 296, 297, 301
황룡사 129, 137
황보인 261, 262
황산벌 144, 145
효종 290, 291, 292, 293, 295
후고구려 170, 172, 173, 174, 175, 178
후금 283, 284, 285, 286, 287, 288, 291
후백제 173, 174, 175, 179, 180, 181, 182, 183, 184, 185, 188
후삼국 시대 175, 184
훈구파 274
훈민정음 256, 257
훈요십조 191, 192, 193
휴전 협정 377
흥덕왕 163, 164
흥선 대원군(이하응) 314, 315, 316, 317, 318, 319, 321, 322, 328
홍수아이 24, 25
홍화진 203, 204
히로시마 365

10월 유신 385
12·12 사태 387
12목 197, 198
16관등 89, 90, 91
1책 12법 59
3·1 운동 346, 347, 351, 354, 367
4·19 혁명 378, 379
4군 6진 259
5·16 군사 정변 380, 381
5·18 민주화 운동 386, 387
5부족 연맹 60, 61
6두품 134, 159, 167, 169
6월 민주 항쟁 388, 389
6좌평 89, 90, 91
8조법(8조법금) 46, 47

사진 출처

1. 선사 시대
20쪽 주먹 도끼, 국립중앙박물관
25쪽 흥수아이, 충북대학교 박물관
30쪽 빗살무늬 토기, 국립중앙박물관
  움집, 문화재청
33쪽 가락바퀴, 국립청주박물관
  갈돌과 갈판 / 뼈바늘, 국립중앙박물관
35쪽 청동 거울 / 청동 방울(팔주령),
  국립중앙박물관
  청동 방울(조합식 쌍두령), 국립광주박물관
37쪽 청동기 시대의 농사 도구, 국립중앙박물관

2. 고조선과 그 후의 나라들
49쪽 세형동검, 국립중앙박물관
  비파형동검, 국립경주박물관

3. 삼국 시대
74쪽 우뉘산성, 국립중앙박물관
77쪽 몽촌토성, 한성백제박물관
81쪽 고구려 무덤군, 성균관대학교 박물관
87쪽 가야의 갑옷, 국립중앙박물관
95쪽 칠지도(모조품), 국립중앙박물관
97쪽 반가 사유상, 국립중앙박물관
  마애여래 삼존상, 한국민족문화대백과사전
  정림사지 5층 석탑 / 석가탑 / 다보탑 /
  석굴암, 문화재청
100쪽 광개토 대왕릉비, 국립중앙박물관
110쪽 공산성, 문화재청
111쪽 무령왕릉 외부와 내부, 문화재청
  무령왕 유물 금제관식 / 무령왕비 유물
  베개, 국립공주박물관
121쪽 백마강에서 바라본 부소산성,
  게티이미지뱅크
127쪽 익산 미륵사지 석탑, 문화재청
129쪽 북한산 순수비, 국립중앙박물관
137쪽 첨성대, 문화재청
139쪽 김유신 묘 / 무열왕릉비, 문화재청
145쪽 황산벌 전투 기록화, 전쟁기념관

4. 남북국 시대
153쪽 문무 대왕릉, 한국민족문화대백과사전
162쪽 동모산 / 서고성 궁전지,
  한국학중앙연구원 김진광
164쪽 장보고 동상, 한국관광공사 김지호
  청해진 유적지, 게티이미지뱅크
177쪽 정혜 공주 무덤, 한국학중앙연구원
  김진광
  정효 공주 무덤 내부 복원, 국립민속박물관
179쪽 태조 왕건 동상, 국립중앙박물관
181쪽 포석정, 문화재청

5. 고려 시대
195쪽 광종 헌릉, 국립중앙박물관
203쪽 강감찬 장군 사적비, 문화재청
204쪽 낙성대 안국사, 문화재청
206쪽 〈개성전도〉, 서울대학교
  규장각한국학연구원
209쪽 〈척경입비도〉, 고려대학교 박물관
212쪽 《삼국사기》, 국립중앙박물관
225쪽 공민왕과 노국 대장 공주의 초상,
  국립고궁박물관
229쪽 정몽주 초상, 국립중앙박물관
  정도전 동상, 문화재청
235쪽 개성 선죽교, 국립중앙박물관

6. 조선 시대
241쪽 〈대동여지도〉 '도성도', 국립중앙박물관
245쪽 종묘 정전, 문화재청
255쪽 경복궁 수정전, 문화재청
257쪽 《훈민정음》 해례본_세종 대왕의
　　　 서문(영인본), 국립한글박물관
259쪽 《농사직설》, 서울대학교
　　　 규장각한국학연구원 중앙도서관
　　　 자격루, 문화재청
　　　 《칠정산》, 서울대학교 규장각한국학연구원
　　　 앙부일구, 게티이미지뱅크
265쪽 《경국대전》, 국립중앙도서관
269쪽 도산서원, 한국관광공사 양지뉴 필름
271쪽 강릉 오죽헌, 한국민족문화대백과사전
276쪽 〈동래부 순절도〉, 울산박물관
281쪽 《난중일기》, 충무공기념사업재단 소장,
　　　 현충사 관리소 제공
289쪽 삼전도비, 게티이미지뱅크
292쪽 《하멜 표류기》, 국립제주박물관
299쪽 상평통보, 국립중앙박물관
305쪽 규장각, 유엔제이
308쪽 〈화성능행도〉 중 '시흥환어행렬도',
　　　 국립고궁박물관
315쪽 흥선 대원군 초상 / 고종 어진,
　　　 국립중앙박물관
317쪽 척화비, 한국민족문화대백과사전
319쪽 강화도 조약 관련 보고서 / 강화도 조약
　　　 을 강요하는 일본군의 무력시위 / 수신사
　　　 김기수 / 수신사 수행원 현제순, 고영희,
　　　 이용숙, 국립중앙박물관
　　　 《심행일기》, 국립중앙도서관
325쪽 동학 혁명 위령탑, 문화재청

326쪽 전봉준이 살던 집, 문화재청
331쪽 서울 구러시아 공사관, 문화재청
333쪽 덕수궁 석조전 대한 제국 역사관,
　　　 덕수궁관리소
335쪽 대한 제국 쪽의 을사조약 문서,
　　　 서울대학교 규장각한국학연구원
337쪽 《대한매일신보》, 한국금융사박물관
341쪽 한일 병합 조약에 관한 문서,
　　　 서울대학교 규장각한국학연구원

7. 일제 강점기
347쪽 덕수궁 앞에서 벌어진 만세 시위,
　　　 독립기념관
349쪽 유관순의 모습이 담긴 일제 감시 대상
　　　 인물 카드, 국사편찬위원회
350쪽 서대문 형무소 옥사 내부, 문화재청
359쪽 김구와 윤봉길, 백범김구선생기념사업회
367쪽 광복을 맞이하여 거리로 나와 함께
　　　 기뻐하는 대한민국 사람들, 독립기념관

8. 대한민국
373쪽 대한민국 정부 수립 축하 기념식,
　　　 독립기념관
375쪽 한국 전쟁으로 폐허가 된 남한의 도시,
　　　 전쟁기념관
379쪽 4월 학생 혁명 기념탑, 국립 4·19
　　　 민주 묘지
383쪽 《새마을》, 국립민속박물관

한 권으로 끝내는 필수 한국사

초판 1쇄 발행 2024년 2월 15일
초판 3쇄 발행 2025년 9월 8일

글 지호진 | **그림** 방상호
펴낸곳 올리 | **펴낸이** 이원주
기획편집 최현정 장혜란 정선우 김수정 | **디자인** 전성연 김다현 | **외주 진행** 유엔제이 글씸 방상호
온라인홍보 박미진 | **마케팅** 양근모 권금숙 양봉호 신하은 현나래 최혜빈
디지털콘텐츠 최은정 | **해외기획** 우정민 배혜림 정혜인 | **경영지원** 김현우 강신우 이윤재 | **제작** 이진영

출판등록 2006년 9월 25일 제406-2006-000210호
주소 서울시 마포구 월드컵북로 396 누리꿈스퀘어 비즈니스타워 18층
전화 02-6712-9800 | **팩스** 02-6712-9810
이메일 allnonly.book@gmail.com | **인스타그램** @allnonly.book

ⓒ 지호진, 방상호 2024
ISBN 979-11-6534-868-7 73910

- 책값은 뒤표지에 있습니다.
- 인쇄 제작 및 유통상의 파본 도서는 구입하신 서점에서 바꿔드립니다.
- 저작권법에 의해 한국 내에서 보호를 받는 저작물이므로 무단전재와 복제를 금합니다.
- 올리 _ all&only는 쌤앤파커스의 어린이 브랜드입니다.

품명 도서 **제조자명** 쌤앤파커스 **제조년월** 2025년 9월 **제조국** 대한민국
KC마크는 이 제품이 공통안전기준에 적합하였음을 의미합니다.